罗尔斯正义理论中的稳定性问题研究

董伟伟 著

人民出版社

目　　录

绪　　论

稳定性是社会的重要"德性"。自古以来，人们都希望建立一种和平稳定的社会秩序。早在古希腊时期，柏拉图和亚里士多德等哲学家就十分重视城邦政体的稳定性。在其早期著作《理想国》中，柏拉图把正义看作城邦的根本德性，并以此为标准，构造了一种特殊的理想政体，即社会各阶层（或者说各等级）各守其位、各尽其责而又和谐相处的政体。但是后来，柏拉图意识到，《理想国》中提出的理想政体过于依赖于优良的道德人性，而现实中的人们的道德德性远远达不到这样高的要求，因此，理想政体是很不稳固的。为了确保城邦政体的稳固性，乃至于不朽性，在后来的《法律篇》中，柏拉图转而诉诸一种次优的、守法的政体。亚里士多德也十分重视城邦政体的稳定性。关于城邦，亚里士多德认为，与其他动物相比，人类的特性就在于具有善恶、正义或不正义等这类知觉（perception）；正是凭着这类知觉，人类才创造了家庭和城邦这样的共同体。在论及政体的稳定性时，亚里士多德认为："一种政体如果要达到长治久安（持久稳定）的目的，必须使全邦各部分的人民都能参加而怀抱着让它存在和延续的意愿。"① 在谈到何为优良的法制时，亚里士多德认为，

---

① ［古希腊］亚里士多德：《政治学》，吴寿彭译，商务印书馆1965年版，第88页。

一个城邦即使制定了优良的法律，但是如果得不到人们心甘情愿的遵守的话，也不能说是建立了优良的法制，因此，优良法制的一层含义是公民恪守业已颁订的法律。可见，柏拉图和亚里士多德都把稳定性看作城邦政体的一个重要方面。

近代以来，西方社会经历了一次影响深远的转型。资本主义社会取代了封建社会，民主制度取代了专制制度，以理性为基础的科学（包括哲学）取代了宗教神学。总之，旧的社会秩序及其所依赖的理论根据失去了生命力，其结果是，人们在思想意识、价值观念和人身等方面获得了空前的自由，这些自由在法律上被确定为各种权利。人们希望在这个新的起点上，建立起新的社会制度。于是，近代社会契约理论产生了；霍布斯、洛克以及卢梭是契约理论的重要代表。社会契约理论的核心目标是为社会基本制度（包括政治制度）提供合法性的依据，有了这个合法性依据，所建立起来的社会制度和社会秩序才能被大家所遵守；而这样的社会也就是稳定的社会。正如萨缪尔·弗雷曼所认为的："社会契约学说一直关注正义社会秩序的稳定性，那个秩序体现为正确规范和正义原则。"①

与霍布斯和洛克等契约理论家们重点强调社会基本制度的契约性质（即大家的一致同意）不同，休谟和密尔等人则更强调人们的习惯和道德情感（或道德能力）在维护社会制度之稳定性方面发挥的作用。休谟认为："习惯对于心灵有两种原始的效果，一种是使任何行为的完成或对任何对象的想象顺利无阻，一种是以后使它对于这种行为或对象有一种趋向或倾向。"② 可见，人们对既存的社会制度或

---

① ［美］弗雷曼：《罗尔斯》，张国清译，华夏出版社 2013 年版，第 251 页。

② ［英］休谟：《人性论》（下册），关文运译，商务印书馆 1980 年版，第 456 页。

社会秩序的遵守，很大程度上也是受到了习惯的影响，人们习惯于这样的制度，从而产生了继续遵守它的倾向。密尔在谈到"功利原则"的约束力时，把一切道德体系所具备的约束力分为两种，即"外在的约束力"和"内在的约束力"。其中，内在的约束力只有一种，即我们内心的情感。这种内心的主观情感如果是公正无私的，就是良心的本质。因此，这种情感是一切道德的最终约束力，也是一个由经验证明了的人性事实，它对受过良好教养的人发挥着巨大的作用。①

　　罗尔斯政治哲学的目标，就是要为现代民主社会寻找一种合理的正义观念和正义原则，使其指导社会基本制度。这种正义观念及其指导下的社会基本制度因其能够得到人们的普遍遵守，因而具有较好的稳定性。罗尔斯的这一理论志向某种意义上可以说是继承和发展了亚里士多德、近代契约理论家以及密尔等人的理论志趣。罗尔斯对正义的探讨可以明显地分为前后两个时期，前期的代表著作是《正义论》，其成果是论证了作为公平的正义这样一种正义观；后期代表作是由一系列讲座构成的《政治自由主义》，其目的是论证一种基于合理多元论事实的政治正义观念，这一观念不同于《正义论》中作为一种完备性观念的公平的正义。

　　在《正义论》中，罗尔斯把秩序良好的社会理解为由一种公共的和共享的正义观指导的公平合作体系，而要维持这种合作体系的稳定，首先在于提出一种为人们所公认的、稳定的正义观；只有在这种正义观的指导下，社会合作体系才是内在地稳定的。其次，罗尔斯提出了一种独特的正义观，即"作为公平的正义"，或者，"公平即正义"。而为了体现"公平"，罗尔斯批判地继承了近代契约论的建构

---

①　［英］穆勒：《功利主义》，徐大建译，上海人民出版社2008年版，第27—29页。

模式，认为正义原则应当是人们在公平的原初状态下共同选择的道德原则，是人们之间达成的一种"契约"。最后，为了证明这种正义理论（或者正义观）是相对稳定的，也就是说，它能够得到现实社会中大多数人的自愿遵守和维护，罗尔斯从正义制度下人们的道德能力的发展和正义与人们的善之间的契合性关系这两个方面，对公平的正义的"稳定性"进行了论证。

我们可以从下述方面理解罗尔斯在《正义论》中对稳定性问题的关注和研究。

首先，罗尔斯正义理论产生的背景以及罗尔斯对正义理论之稳定性的重视。马克思曾指出，"问题就是时代的口号"①。罗尔斯"公平的正义"理论的提出以及对该理论之稳定性的论证，具有强烈的现实针对性和指向性。罗尔斯酝酿和写作《正义论》的年代即 20 世纪 50—70 年代，美国正经历着一段社会动荡、人心彷徨的"晦暗时期"。在这一时期，美国对外战争和纷争不断，朝鲜战争、越南战争等，给美国社会和人民生活造成了重大的损失，厌战、反战情绪高涨。在美国社会内部，一方面，民权运动、黑人反暴力运动、校园学生运动不断发生，贫富差距问题也日益引起人们的重视；另一方面，麦卡锡主义掀起反共运动，号称自由的国度却在意识形态领域发起了一场斗争。这些社会运动体现了人们的一种普遍要求：消除贫困和歧视，争取更多的平等权利和公平的机会。总之，当时的美国社会陷入了深刻的危机和动荡之中，亟须凝聚新的价值共识，调整社会关系，实现社会的公平正义和和平稳定。

罗尔斯把正义看作社会基本制度的首要德性。但是，一个"良

---

① 《马克思恩格斯全集》第 40 卷，人民出版社 1982 年版，第 289 页。

序社会"（well-ordered society）除了具备正义这一首要德性之外，还应当具备稳定、效率等德性。因此，稳定性是社会的一个重要德性。但是，与霍布斯那样企图通过外在强制力而实现社会的稳定不同，罗尔斯更加看重"基于正当理由的稳定性"，这种稳定性是由于人们自愿地遵循了一种正义观（或正义理论）而得到的。因此，罗尔斯的主要任务就是要提出一种稳定的正义观，当社会基本制度按照这种正义观建立起来的时候，生活于其中的人们能够自愿地遵守和维护社会制度，从而实现社会的和平稳定。这样，罗尔斯就把稳定性看作正义理论应当具备的一个重要特征；在其他条件相同的情况下，稳定性也就成了衡量一种正义理论之优劣的重要标准。

可见，罗尔斯把探求社会基本制度的稳定性的问题，集中到探求一种稳定的正义观（或者正义理论）的问题上来了。因此，稳定性就是正义理论应当具备的一个重要特征，而对其自身之稳定性的论证，也就成了正义理论的一个重要组成部分。

其次，《正义论》中"公平的正义"理论的论证结构。

罗尔斯提出的"公平的正义"理论集中体现在 1971 年出版的《正义论》这部著作中。《正义论》包含三个部分，也就是"三编"。第一编为"理论"，是对正义理论的基本问题的论证；其中，第三章"原初状态"是对"公平的正义"及其正义诸原则的论证。第二编为"制度"，主要考察正义诸原则在社会基本制度（包括政治制度和经济制度）中的应用。第三编为"目的"，主要考察公平的正义指导下的社会基本制度对人们的思想情感和目标志向的影响，这些影响把人们引向对正义原则和正义制度的自愿遵守。也就是说，公平的正义在社会中的实施能够产生出支持它自身的力量，从而证明"公平的正义"是可行的和稳定的。

　　这样，罗尔斯对公平的正义的论证就包含两个部分，即"理想性论证"和"非理想性论证"。"理想性论证"也可以看作是"可欲性论证"，是在假设的理想状态下的论证，主要指"原初状态"的论证。"非理想性论证"可以看作是"可行性论证"，是基于现实社会的论证，包括"制度编"和"目的编"中的论证，其中，"目的编"中的论证又被称为"稳定性论证"。①

　　罗尔斯首先对公平的正义进行了"理想性论证"。罗尔斯在《正义论》的开篇就提出，正义是社会制度的首要德性。但是，由于每个人的家庭出身和社会背景不同，先天禀赋和自然资质不同，人们对何为"正义"有着不同的理解，因此，在选择正义原则时就很难达成共识。为了保障每个社会成员做出合理的选择，罗尔斯继承了近代社会契约论的传统，提出了"原初状态"（original position）② 的概念。"原初状态"是一种假设的公平状态，在这种状态中，参与选择正义观和正义原则的社会各阶层的代表（即原初状态中的各方），都处于"无知之幕"之下。第一，他们不知道自己的家庭出身和社会地位；第二，他们不知道自己的天然禀赋和自然能力；第三，他们不知道自己具有何种特殊的善观念；第四，他们还不知道他们所在的社

---

　　① "稳定性论证"特指公平的正义对个人的影响以及个人的反应态度，"可行性论证"则既包括"稳定性论证"，也包括公平的正义应用于社会制度的情况。在不太严格的情况下，可行性的问题也就是稳定性的问题。

　　② 不同的契约理论对"最初状态"（initial situation）有着不同的解释。罗尔斯提出的"公平的正义"理论作为契约理论中的一种，它对"最初状态"（initial situation）有着独特的解释，在它那里，"最初状态"（initial situation）的独特版本就是"原初状态"（original position）这一概念。另外，中文文献对"original position"有不同的译法：有的译作"原初状态"；有的则译作"原初地位"。本书将统一采用"原初状态"的译法。至于有些引文中出现的"原初地位"的表述，我们只要记住两者都是指"original position"就可以了。

会之政治、经济以及文明的发展状况或者发展阶段。总之，那些会影响他们对正义原则做出公正选择的偶然因素，他们都没有任何知识或信息。但是，他们也并非全然无知，而是知道以下一些基本事实。第一，他们知道他们的社会正在受着"正义环境"的制约，即资源的中等匮乏状况，这就使得人们参与社会合作既有必要又有可能，这是人类社会需要正义的基本条件。第二，他们知道人类社会的一般事实，理解社会中的政治事务和经济事务。第三，他们还知道人类的心理学法则，特别是人们的道德心理，这意味着各方在原初状态中选择的正义原则在他们走出"无知之幕"以后对他们具有道德上的约束力，从而使原初状态中的选择不至于白费。

另外，为了确保特定的正义原则能够被切实有效地选出，罗尔斯还假定了原初状态中的各方具有某些"理性"。第一，他们虽然不知道将来的特殊生活计划是什么，不知道他们要追求哪些具体的善，但是，对于权利、自由、机会、财富和收入等这些社会"基本善"，他们都想要较多的份额而非较少的份额。第二，他们对别人的善持有一种"相互冷淡"的态度，对于社会基本善的分配和享有，他们既不打算让渡自己的份额从而施惠于别人，也不打算谋求减少别人的份额；更不会受妒忌之心的驱使，宁可减少自己的份额，也要阻止别人得到较高的份额。第三，为了确保正义原则在现实社会中能够得到严格的服从，他们必须考虑"承诺的强度"（strains of commitment）。也就是说，他们要考虑所选择的正义观是否符合普遍的道德人性，是否对人的道德能力提出了过高的要求，从而带来沉重的道德负担。因此，人们只能提出人们有能力遵守的正义原则，这样的原则也就是具有稳定性的原则。可见，原初状态中的各方在选择正义观时，稳定性是他们需要考虑的一个重要方面。

现在，在设定了无知之幕和各方的理性之后，原初状态中的各方就要对正义原则做出选择了。按照罗尔斯的论证，人们将一致地选择两个正义原则及其优先规则。第一个正义原则（也被称为"平等自由原则"）说的是，人们对最广泛的基本自由享有平等的权利；第二个正义原则包含两个部分，即"差别原则"和"公平机会原则"。"差别原则"说的是，社会和经济的不平等只有在有利于最少受惠者的条件下才是可允许的；"公平机会原则"说的是，在机会公平平等的条件下，职务和地位向所有人开放；"优先规则"主要是指第一个正义原则优先于第二个正义原则。①

罗尔斯在完成了对公平的正义的"理想性论证"之后，还对其进行了"非理想性论证"，即论证公平的正义如何应用于社会基本制度以及这种应用将对人们产生怎样的影响。这是《正义论》第二编和第三编的任务。

《正义论》第二编"制度"，主要论证了公平的正义如何应用于社会基本制度。罗尔斯把社会基本制度看作社会公平正义的主题，他

---

① 这里是对罗尔斯在"理论"编中初步提出的两个正义原则的简单概括。罗尔斯在"制度"编（第46节）中给出了两个正义原则的最后陈述：第一正义原则："每个人对与所有人所拥有的最广泛平等的基本自由体系相容的类似自由体系都应有一种平等的权利"；第二正义原则："社会和经济的不平等应这样安排，使它们：①在与正义的储存原则一致的情况下，适合于最少受惠者的最大利益；并且，②依系于在机会公平平等的条件下职务和地位向所有人开放"；第一优先规则（自由的优先性）："两个正义原则应以词典式次序排序，因此，自由只能为了自由的缘故而被限制。这有两种情况：①一种不够广泛的自由必须加强由所有人分享的完整自由体系；②一种不够平等的自由必须可以为那些拥有较少自由的公民所接受"；第二优先规则（正义对效率和福利的优先性）："第二个正义原则以一种词典式次序优先于效率原则和最大限度追求利益总额的原则；公平的机会优先于差别原则。这有两种情况：①一种机会的不平等必须扩展那些机会较少者的机会；②一种过高的储存率必须最终减轻承受这一重负的人们的负担"。参见［美］罗尔斯：《正义论》（修订版），何怀宏、何包钢、廖申白译，中国社会科学出版社2009年版，第237页。

的正义理论主要探讨的是社会主要制度的正义，因为"是社会主要制度分配基本权利和义务，决定由社会合作产生的利益之划分的方式"①。而所谓主要制度，罗尔斯指的是政治宪法和主要的经济和社会安排。《正义论》"理论编"探讨的是人们在假设的理想状态（这种状态也可以看作是一种理想的制度安排）下怎样自主地选择了正义原则。但是，当人们走出无知之幕、进入现实社会制度时，他们选择的正义原则是否能够合理有效地运用，是否能够建构起公平正义的现实的政治和经济制度，这是罗尔斯必须予以探讨的问题。因此，从理论论证转向现实社会制度的论证，是正义理论不可或缺的一个重要环节。罗尔斯《正义论》的第二编"制度"，就是对正义理论在应用于社会制度时的合理性和有效性的证明。在"制度"编，"无知之幕"被逐步打开，人们按照正义的原则制定宪法，制定法律，以及法官和行政人员依照法律执行公务。之后，人们又运用正义的原则来安排社会的经济分配制度，设置各种政府经济部门，以确保社会经济资源分配的公平正义。这一编还探讨了正义原则对个人行为的规范作用，包括个人的义务和职责。

《正义论》第三编"目的"，主要论证公平的正义在社会基本制度中的应用将会对人们的思想情感和目标志向产生怎样的影响，这些影响怎样把人们引向对正义原则和正义制度的自愿遵守。这些就是罗尔斯对公平的正义之稳定性的论证。通过这种论证，罗尔斯想表明，公平的正义理论能够充分培养人们的正义感，即自愿遵守正义原则和正义社会制度的道德情感。同时，公平的正义理论能够使人们把对正义的追求和对善的追求相互协调起来：一方面，人们对善的追求要在

---

① ［美］罗尔斯：《正义论》（修订版），何怀宏、何包钢、廖申白译，中国社会科学出版社 2009 年版，第 6 页。

正义原则的调节下进行；另一方面，遵守公平正义不会损害人们的善，而且实际上还有利于提升人们的善。这样，稳定性论证就包含两个部分，即基于道德情感或正义感的论证和基于正义与善的契合性的论证。

罗尔斯认为，一旦"公平的正义"的稳定性得到论证，它将表明："我们的本性使我们能贯彻在原初状态中的选择。在这个意义上，我们可以说人类具有一种道德本性。"① 这里体现了罗尔斯整个正义理论的终极旨归：人是具备潜在的道德能力的，只要确立起合理的正义观及其指导的社会制度，人们就能够发展出较高的道德素质；而道德素质是一种强大的力量，它在维护正义和社会制度的稳定性方面发挥着重要的作用。

《正义论》所构想的作为公平的正义可以说开启了正义理论研究的新范式，它借助契约论的建构主义模式，一反功利主义和各种直觉主义的道德理论，发展了一种新的关于正义的理论建构模式。作为公平的正义也重构了正义观念，使分配正义问题成为实践伦理学的主题。但是，《正义论》和作为公平的正义受到了一些人的质疑，这引发了罗尔斯对其自身理论的反思。反思的结果是，罗尔斯认为《正义论》的整个背景是理想化的，即没有考虑现代民主社会人们在思想观念上的多元性。更准确地说，它不是从这种多元性出发，也不是打算要维持这种多元性，而是试图以一种完备性的正义学说来指导社会基本制度结构。

各种思想学说上的多元论事实，使得作为公平的正义在付诸实施时，面临很大的困难。即使它在道德上是可欲的，有足够的道德正当

---

① ［美］罗尔斯：《正义论》（修订版），何怀宏、何包钢、廖申白译，中国社会科学出版社 2009 年版，第 458—459 页。

性，但是在可行性方面却是有问题的，因为它和多元论事实是相悖的。为了确立一种更加现实的、稳定的正义观念，罗尔斯可以说几乎放弃了整个《正义论》的理论建构思路，开始考虑在多元论的条件下，怎样构建一种具有可行性、稳定性的正义理论。于是，他转向了"政治自由主义"的思路，不再寻求一种具有完备性的道德正义观，而是寻求一种政治的正义观念。

政治自由主义转向的目的是为现代民主社会论证一种能够得到人们普遍认可的政治正义观念，使得这种观念以及由这种观念规导下的社会基本结构能够长治久安。因此之故，对一种政治正义观念的论证，也就必然包含两个部分：一是确立一种独立于各种完备性学说的政治正义观念，二是论证这种观念将何以得到人们的普遍遵守。后者就是对一种正义观念的稳定性的论证。

依笔者的理解，罗尔斯对政治正义观念的稳定性的论证主要表现在三个方面：第一，公民具备基本的道德能力，能够成为充分参与社会公平合作的成员；第二，政治正义观念要成为各种完备性学说达成的重叠共识的核心，从而能够获得这些学说的支持；第三，在宪法根本和正义基本问题发生危机时，公民能够通过诉诸公共理性来解决问题。

罗尔斯对"稳定性"问题的重视，是由他的正义理论的伦理实践性品格所决定的。因此，本书对罗尔斯正义理论之稳定性的研究具有重要的理论意义和实践意义。

第一，罗尔斯把稳定性看作正义理论值得向往的一个重要特征。在《正义论》中，他把稳定性论证看作公平的正义理论的一个重要组成部分，没有这个部分，公平的正义理论就是不完整的，对公平的正义的论证也就是未完成的。首先，从普遍性上说，稳定性是任何一种实质性正义理论都应当重视的一个方面。作为一种面向社会实践的规范理论，合理的正义理论必须具备稳定性的特征，也就是说，它应当符合社会发展的基本事实和人性特征，从而能够得到人们的普遍遵守。缺乏稳定性的正义理论，无论其内容如何，都称不上是一种优越的正义理论。其次，从特殊性上说，稳定性论证是罗尔斯正义理论的重要组成部分。众所周知，罗尔斯提出了一种特殊的正义观，即"作为公平的正义"，或者"公平即正义"。而为了体现"公平"，罗尔斯继承和发展了近代契约论的建构模式，认为正义原则应当是人们在公平的原初状态下共同选择的道德原则，是人们之间达成的一种"契约"。原初状态是一种假想的理想状态，公平的正义是人们在这种状态下达成的契约，那么，现实社会中的人们是否会遵守这种契约呢？这就是稳定性论证需要阐明的问题。如果缺乏这种论证，从而其稳定性是未得到阐明的，那么公平的正义理论就是不完整的、未完成的；公平的正义的合理性和优越性也就无从体现。最后，罗尔斯也十分重视对公平的正义之稳定性的论证，但是他本人的论证是相对粗糙的，缺乏清晰性和贯通性的。同时，稳定性问题也没有引起学界的足够重视，除了个别文献做了一定的分析之外，大多数文献对这一问题只是捎带而过，没有给予全面系统的研究。总之，稳定性问题是罗尔斯正义理论中的一个非常重要的问题，但是，学界对这一问题的研究还是很不充分的。因此，我们对这一问题作系统的研究是很有必要的。

罗尔斯提出的公平的正义理论，特别是其中的稳定性论证，遭到了一些理论家的批评。罗尔斯后来也意识到，《正义论》是建立在康德式的"完备性"（comprehensive）① 自由主义学说基础之上的，它

---

① 在《政治自由主义》中，一个很重要的表达就是"comprehensive doctrine"，中文文献对此有不同的译法。有的译作"统合性学说"；有的译作"完备性学说"；还有的译作"整全性学说"。本书将采用"完备性学说"这个译法。

假定"良序社会"中的人们共享着相同的正义观；特别是在稳定性的论证中，它把良序社会中的人们理解为一种康德意义上的道德人或者道德人格，假定人们对"善"有着较为一致的理解。这样，罗尔斯就认为，在公平的正义和人们的善之间不存在不可调和的冲突，相反地，正是公平的正义和善之间的契合性加强着公平的正义的稳定性。但是，在现代民主社会，人们的道德信念和善观念是多元化的，互不相容的宗教学说、哲学学说和道德学说多元共存，而且自由制度本身还强化和鼓励着这些学说的多元化。罗尔斯承认这是无可争辩的事实，因此，在后来的《政治自由主义》中，他继承和修正了之前的正义理论。罗尔斯不再追求基于康德哲学的"道德正义"，而是致力于提出作为各种正义观之"重叠共识"的"政治正义"。在"政治正义"的层面上，现代自由民主社会才能最大程度地达到团结一致，从而维护一种和平稳定的局面。因此，本论题的研究有利于阐明，从《正义论》到《政治自由主义》、从"道德正义"到"政治正义"，虽然理论本身发生了很大的变化，但是罗尔斯的初衷没有变：他要为现代自由民主社会提供一种合理和稳定的正义理论。因此，从某种意义上说，政治自由主义的转向，是罗尔斯坚定地追求一种稳定的正义理论的必然结果。

第二，研究罗尔斯正义理论中对一种正义观念之稳定性的论证，还具有重要的实践意义。罗尔斯正义理论的优越之处在于它的实践品格，它不仅仅满足于提出一种抽象的正义理论，而是要论证一种切实可行的或者稳定的正义理论。

首先，促进社会的公平正义既是凝聚社会各方面力量的一种重要价值共识，也是维护社会稳定的重要途径。公平的正义以实现公平为根本的价值诉求，体现了现代民主社会的一种价值共识，因而是一种相对稳定的正义观。只有以这种价值共识为指导，所确立起来的社会基本制度才能够得到人们的普遍遵守。罗尔斯的正义理论和他对公平的追求，其影响不仅限于美国等西方发达资本主义国家，而且对于社会主义的中国也具有十分重要的借鉴意义。公平正义是社会主义制度的核心价值追求。马克思、恩格斯创立马克思主义理论的初衷和目的，就是为了改变不公平、不合理的资本主义制度，建立公平、平等的社会主义制度。当前，中国正处在实现中国特色社会主义共同理想、实现中华民族伟大复兴的"中国梦"和全面建成社会主义现代化强国的重要历史时期，实现社会的公平正义是中国特色社会主义共同理想的题中应有之意，也是社会主义核心价值观的重要内容。公平正义在社会中实现得越充分，就越能牢固树立人们对社会主义共同理想的信念，越能增强人们对中国特色社会主义的道路自信、理论自信、制度自信和文化自信，越能最大程度地凝聚方方面面的力量，共同推动伟大的中国梦的实现。

其次，不同的正义观及其指导的社会制度对人们的道德发展有着不同的作用，塑造着不同的人格理想和人生目标。在罗尔斯看来，人是具备潜在的道德能力的，只要确立起合理的正义观和正义制度，人们就能够发展出较高的道德素质；而道德素质是一种强大的力量，它在维护正义和社会制度的稳定性方面发挥着重要的作用。公平的正义之所以是稳定的，主要原因在于它的实施能够提升人们的正义感这种道德能力，这种能力反过来维护着正义和社会的稳定。社会主义现代化建设需要人们的广泛参与，需要人们的道德素质的普遍提高。而要提高公民的道德素质，引导他们自觉参与到社会主义现代化建设中来，主要还在于健全公平正义的社会制度。

第一章　公平的正义及其对稳定性的诉求

　　罗尔斯的"公平的正义"理论实际上也是一种道德理论，它的目的是要描述人的一种道德能力，揭示人的道德本性。公平的正义的稳定性论证就是要表明，人在现实社会中是"有道德的"或者是"讲道德的"；同时，人的道德能力是在社会生活中逐渐发展起来的，因而不同的社会制度安排对人的道德发展有着不同的影响。

　　罗尔斯的上述理论旨趣具有"转折"和"复兴"的重要意义。在罗尔斯之前，20世纪的西方伦理学中占主导地位的是"元伦理学"（meta-ethics）。与传统的"实践伦理学"（包括规范伦理学和应用伦理学）主要关注什么是"善"、什么是"正当"等"实质的"（substantive）道德问题不同，"元伦理学"（或分析的伦理学）以伦理学自身为研究对象，注重对道德语言的意义和逻辑的分析，而不关注人们的现实道德实践。罗尔斯的目的就是要扭转这种局面，让实质性的道德问题重新占据伦理学的中心位置；"公平的正义"理论就是他重建道德理论的一个例证。公平的正义作为一种正义理论和道德理论，是要在现实社会中付诸实践的，这就必然涉及"可行性"的问题；在公平的正义理论中，"可行性"的论证就包含在"稳定性论证"之中。

第一节　20世纪元伦理学的发展及其局限性

一、现代西方元伦理学的发展及其主要观点

在20世纪70年代之前英美国家的伦理学界，占主导地位的是"元伦理学"。与传统伦理学主要研究实质性的道德问题不同，"元伦理学"以伦理学自身为研究对象。因此，传统伦理学被称为"实践伦理学"（包括"规范伦理学"和"应用伦理学"），相比较而言，"元伦理学"又被称为"后设伦理学""分析伦理学"或者"批判伦理学"。①

现代西方元伦理学既有"破"，也有"立"。传统伦理学总是想要回答"哪些事物或行为是善的或者恶的""哪些行为是正当的或者应该的"等这样的问题，因而它们总是想要"制定一些规则，用以指出某些行为方式一般地或总是对的，而另一些则一般地或总是错的"②。但是在元伦理学看来，传统伦理学在没有搞清楚"善""恶""正当""应该"等语词的意义之前，就想对上述问题做出回答，而且不同的理论家们给出的回答又是不同的。因此，元伦理学就是要"破"传统伦理学中存在的概念模糊不清、观点矛盾冲突和逻辑混乱之处。现代西方元伦理学的"立"，主要是借助于分析哲学和语言哲学，在回答实质性的道德问题之前，首先对道德语言和

---

①　本节关于"现代西方元伦理学"的概述，主要参照了孙伟平先生的著作。参见孙伟平：《伦理学之后：现代西方元伦理学思想》（修订本），中国社会科学出版社2014年版。

②　转引自石元康：《罗尔斯》，广西师范大学出版社2004年版，第1页。

伦理学自身进行一番批判和分析。因此，元伦理学也被称为"分析的伦理学"。

20世纪元伦理学的发展，大致经历了"直觉主义""情感主义"和"规定主义"这样三个阶段。

1903年，摩尔出版的《伦理学原理》一书，标志着20世纪伦理学革命的开端。对于以往人们在伦理学上的众说纷纭以及伦理学面临的重重困难，摩尔在《伦理学原理》的"序言"中就开门见山地指出："照我看来，在伦理学上，正像在一切哲学学科上一样，充满其历史的困难和争论主要是由于一个十分简单的原因，即由于不首先去精确发现你所希望回答的是什么问题，就试图作答。"① 摩尔的这个断言，让我们想起康德在近代哲学史上所发起的哥白尼式的革命。在康德看来，传统哲学的困境（更准确地说是"迷误"）就在于，在没有对我们的认识能力本身做出批判和分析之前，就想确立起哲学（科学）知识的大厦。因此，康德的批判哲学就是要首先批判和分析我们的认识能力，在此基础上，才能建立真实可靠的哲学（科学）知识。现在，摩尔在伦理学领域也要发起一场类似的革命，他要在回答传统伦理学中"何者为善""何者为恶"这样的问题之前，先弄清楚所谓的"善""恶"是什么意思。

在揭示了传统伦理学的"对象谬误"之后，摩尔规定了"新"伦理学的研究任务。摩尔指出，"伦理学的特点不是研究关于人类行为之各断言，而是研究关于事物两个性质，即用'善的'一术语所表示的性质和用'恶的'一术语所表示的相反性质之各断言。为了确定伦理学的各结论，必须研究一切这种断言的真理性……"②。在

---

① ［英］摩尔：《伦理学原理》，长河译，商务印书馆1983年版，第1页。
② ［英］摩尔：《伦理学原理》，长河译，商务印书馆1983年版，第43页。

摩尔看来，伦理学的任务不是研究人的行为规范、人的行为的道德性质，而是研究关于事物之"善""恶"的论断。以此为"总纲"，摩尔用"善的不可定义""自然主义谬误"等观点，批判分析了"自然主义伦理学""快乐主义"（或"幸福主义"）、"形而上学的伦理学"以及"关于行为的伦理学"等传统伦理学理论。

摩尔不仅是 20 世纪元伦理学的鼻祖，而且也是"直觉主义"伦理学的开创者。直觉主义理论认为，有些概念从根本上说是不可定义的，也就意味着无法用推理来把握，无法做进一步的解释和说明，而只能通过直觉去把握、去认识。而伦理学中的核心概念"善"就属于这样的概念。以摩尔的伦理学"革命"为开端，包括普理查德、罗斯等人的直觉主义理论在内，元伦理学的发展经历了它的第一个阶段。

现代西方元伦理学发展的第二个阶段是"情感主义"。以罗素（B. Russell）、艾耶尔（A. J. Ayer）和史蒂文森（C. L. Stevenson）等为代表的"情感主义"，将科学哲学中的"可检验性原则"、意义标准以及逻辑与语言分析方法引入伦理学，严格区分了"事实"与"价值"、语言的"描述性"和"评价性"表达，否定了道德语言的可证实性和描述意义，认为它们只具有情绪、情感和态度意义，并进而否定了伦理学作为一门科学的可能性。①

艾耶尔在《语言、真理和逻辑》一书中认为，伦理命题不是有意义、可证实的命题，它们只是在表达我们的感情。艾耶尔指出："就价值陈述是有意义的陈述而言，价值陈述是一些通常的'科学的'陈述；就它们不是科学的陈述来说，则价值陈述就不是在实际

———————

① 孙伟平：《伦理学之后：现代西方元伦理学思想》（修订本），中国社会科学出版社 2014 年版，第 31—32 页。

意义上有意义的陈述，而只是既不真又不假的情感的表达。"①

艾耶尔把常见的各种伦理学理论或伦理学体系分为四个大类。第一类，是表达伦理学的词的定义的命题，或者是关于某些定义的正当性或可能性的判断；第二类，是描写道德经验现象和这些现象的原因的命题；第三类，是要求人们在道德上行善的劝告；第四类，是实际的伦理判断。在艾耶尔看来，上述第二类应当归于心理学或社会学；第三类纯粹算不上是命题，而只是一些叫喊或命令；第四类也不属于伦理哲学，因为严格的哲学著作不应当做出伦理判断；只有第一类才构成伦理哲学。② 可见，在艾耶尔看来，真正的伦理学（或"伦理哲学"）是对道德语言（或者"伦理学的词"）的分析；而通常意义上的伦理判断或者"价值陈述"只是表达了我们的道德情感，算不得"科学"。艾耶尔的情感主义观点在史蒂文森那里得到了发展和完善。③

现代西方元伦理学发展的第三个阶段是"规定主义"。图尔敏（S. E. Toulmin）、黑尔（R. M. Hare）是"规定主义"的代表。他们一方面继承了情感主义关于事实与价值、道德语言的描述性与评价性等的区分，同时又反对极端情感主义的非理性主义立场，在道德语言分析中突出了逻辑、理性的作用，加强了对道德判断的理由或根据的探讨。④

---

① ［英］艾耶尔：《语言、真理与逻辑》，尹大贻译，上海译文出版社 2015 年版，第 82 页。

② ［英］艾耶尔：《语言、真理与逻辑》，尹大贻译，上海译文出版社 2015 年版，第 83 页。

③ 史蒂文森被公认为典型的元伦理学家，"情感主义"的集大成者；代表作有《伦理学与语言》《事实与价值》等。

④ 孙伟平：《伦理学之后：现代西方元伦理学思想》（修订本），中国社会科学出版社 2014 年版，第 32 页。

当然，上述三个阶段的介绍只是一种非常宏观而简要的介绍，具体的元伦理学理论要复杂得多；而且，自规约主义的后期，元伦理学已经开始了某种自我反思和修复。特别是新兴的"描述主义"，预示着元伦理学在经历了分析哲学的"洗礼"之后，在更高层次上向传统伦理学的"复归"。但是，我们不打算仔细地讨论这些问题，因为我们的重点是罗尔斯，元伦理学只是充当了一种"背景角色"。

二、现代西方元伦理学的基本特征和局限性

现代西方元伦理学从研究对象到研究方法，包含着十分丰富的内容。但是，总体来看，与传统的实践伦理学相比，现代西方元伦理学体现了"基础化""科学化""（语言）分析化""（价值）中立化"的基本特征和倾向，把注意力集中在科学地分析道德语言的意义、提供道德思考的方法上，不再关心现实的道德实践，不再对道德问题和道德规范提供指导。[①]

现代西方元伦理学更加注重对伦理学的基础问题进行研究。从摩尔开始，元伦理学家们都首先对伦理学的研究对象和研究方法进行反思和界定。摩尔《伦理学原理》的第一章就是"伦理学的研究对象"，摩尔的结论是，伦理学的研究对象不是关于人的行为的各种断言，而是关于事物的两种判断即"善的"或"恶的"的断言；他把研究事物之善恶判断作为研究其他伦理学问题的基础。可见，在摩尔那里，伦理学的基础是关于事物之善恶判断之意义的研究。这就与传统实践伦理学注重关于人的"（德性）善"或人的行为之善恶的研究

---

① 孙伟平：《伦理学之后：现代西方元伦理学思想》（修订本），中国社会科学出版社 2014 年版，第 374 页。

大不相同。这种注重伦理学之基础的研究，虽然具有重要的意义，但是对于人们的现实道德实践来说，显然太不贴近了，对于帮助人们进行道德判断、道德评价和道德选择来说，不能提供直接的、具体的指导。

现代西方元伦理学受现代科学主义的影响，试图将伦理学变成一门真正的科学。伦理学的"科学化"意味着伦理学的知识要建立在确定而明晰的概念之上，其命题和判断要经得起"科学"的检验。因此，传统伦理学中那些无从检验的、似是而非的、含混不明的、"既不真也不假"的语言表达就被视为"无意义"的，因而应该排除出伦理学领域。

现代西方元伦理学受分析哲学的影响，试图以逻辑真理为标准，对日常的道德语言进行抽丝剥茧地分析，然后去伪存真。分析哲学的研究方法，简单地说，就是"一种分析的、逻辑的和经验的研究方法，采用这种研究方法的目的是追求对真、善、美的清晰的、确定性的认识"[①]。在元伦理学家看来，传统伦理学中充满了模糊、混乱和矛盾之处，因此，要想建立确定的伦理学知识，首先必须对伦理学中的逻辑和语言进行一番分析。摩尔就认为："在伦理学上，正像在一切哲学学科上一样，充满其历史的困难和争论主要是由于一个十分简单的原因，即由于不首先去精确发现你所希望回答的是什么问题，就试图作答。"[②] 所以，元伦理学"运动"正是希望通过逻辑学的、语义学的、修辞学的分析，使伦理学的概念明确，判断无歧义，道德问题清晰，逻辑形式简明，从而减少不必要的思想上的浪费或全然无意

[①]　龚群、陈真：《当代西方伦理思想研究》，北京大学出版社 2013 年版，第3 页。

[②]　[英] 摩尔：《伦理学原理》，长河译，商务印书馆 1983 年版，第 1 页。

义的智力劳作。① 可见，元伦理学就是要用分析的方法，运用"奥卡姆剃刀"去除传统伦理学中以及日常道德语言中无用的"赘疣"，建立起明晰而确定的伦理学知识。

现代西方元伦理学试图遵守科学的"中立性"态度，不谋求对人们的道德判断和道德选择做出指导。元伦理学家们试图把伦理学建立在一种"科学"的基础上，而现代科学的一个主要特征就是在价值判断上保持"中立"。孙伟平教授指出，大多数元伦理学家坚持超脱于具体的文化传统、社会制度、意识形态，以及人们的人生价值观，坚持对于任何道德规范体系、任何具体道德原则和规范、任何具体道德问题的"中立性"。② 摩尔就曾指出，在他的时代，道德哲学家们的主要工作就是对人类道德判断及对话中的主要概念进行分析；"对""错""好""坏"这些概念，是人类道德生活中最重要的一些概念，道德哲学的主要工作就是分析它们的意义，或是探讨在我们使用这些概念时，究竟我们要它们承担哪些工作。因此，道德哲学的工作不再是建立一套原则来判别什么行为是对的或错的，以及什么东西是好的或坏的这种规范性的工作。③ 总之，现代西方元伦理学致力于构建一套科学的伦理学知识，而放弃了对人们的现实道德实践的指导。

上面我们简要地介绍了现代西方元伦理学的一些基本特征。现在，我们从伦理学的首要任务是指导人们的道德实践的角度，阐述现

---

① 孙伟平：《伦理学之后：现代西方元伦理学思想》（修订本），中国社会科学出版社 2014 年版，第 372 页。

② 孙伟平：《伦理学之后：现代西方元伦理学思想》（修订本），中国社会科学出版社 2014 年版，第 373 页。

③ 石元康：《罗尔斯》，广西师范大学出版社 2004 年版，第 1—2 页。

代西方元伦理学的主要缺陷。

　　传统的伦理学家们都非常重视伦理学的实践品格，从亚里士多德到康德和黑格尔，以及近现代大多数伦理学家，他们都把伦理学视为一门"实践科学"。"他们大都提出过某种道德理想，或建构过各具特色的规范伦理学体系，或对人生的价值和意义有过理论上的探讨和追求。"① 例如，亚里士多德就将道德理解为一种实践智慧，他在《尼各马可伦理学》中认为："我们当前所进行的工作，不像其他分支那样，以静观、以理论为目的（我们探讨德性是什么，不是为了知，而是为了成为善良的人，若不然这种辛劳就全无益处了）。所以，我们所探讨的必然是行动或应该怎样去行动。"② 而康德则在《实践理性批判》的"结论"中说出了那句震撼心灵的话："有两样东西，越是经常而持久地对它们进行反复思考，它们就越是使心灵充满常新而日益增长的惊赞和敬畏：我头上的星空和我心中的道德法则。"③ 可见，传统伦理学家们都把研究人的道德德性以及探究人应当怎样行动，作为道德哲学或者伦理学的根本任务。

　　马克思主义认为："伦理学的最终使命是通过对道德问题的研究（认知）而改善人类社会的道德生活，为社会的文明进步、个体的自由而全面发展提供理论指导。"④ 人的生活包含着两个维度，即个体的维度和社会关系的维度；因此，伦理学的实践性品格也表现在对这

---

　　① 孙伟平：《伦理学之后：现代西方元伦理学思想》（修订本），中国社会科学出版社 2014 年版，第 385 页。

　　② 苗力田主编：《亚里士多德全集》第八卷，中国人民大学出版社 1994 年版，第 29 页。

　　③ 李秋零主编：《康德著作全集》第 5 卷，中国人民大学出版社 2006 年版，第 169 页。

　　④ 《伦理学》编写组：《伦理学》，高等教育出版社 2012 年版，第 9 页。

两个方面的关照。

　　一方面，"伦理学为社会道德文化的设计和运行提供理论支持，为构建公正合理的社会秩序提供价值支撑"[1]。伦理学是随着人类社会的发展而发展起来的，它既不存在于人类社会之前，也不存在于人类社会之上，而就存在于人类社会之中。马克思曾指出，人的本质，"在其现实性上，它是一切社会关系的总和"[2]。因此，对人的关注，首先是对其生活于其中的社会关系的关注。柏拉图《理想国》的主旨就是要揭示用以安排城邦秩序的"正义"概念。当代应用伦理学的兴起，特别是制度伦理学的兴起，其目标直指社会制度。众所周知，罗尔斯的正义理论，特别是他提出的两个正义原则，主要就是应用于社会基本制度的。可见，道德哲学或者伦理学的一个主要任务，就是探讨人们应该确立怎样的社会制度，并为人们从道德上判断和比较社会制度提供根据。

　　另一方面，"伦理学为个人道德生活提供思想启迪，为个体素质和境界的提升提供理论指导"[3]。伦理学对个人的关注还可再细分为三个方面：第一，它为人们的社会行为提供道德规范。人是社会性的动物，人必然生活在社会中，是特定社会中的成员。个人离不开社会，个人的行为必然受到社会制度的约束和规范。因此，伦理学的重要任务就是要为个人行为确立起一套规则和规范并为其提供合理的理由。而这样的伦理学也被称为"规范伦理学"，它是"研究人们正确的道德行为规范，或行为的应然性（ought）的理性反思活动"[4]。因

---

① 《伦理学》编写组：《伦理学》，高等教育出版社 2012 年版，第 9 页。
② 《马克思恩格斯选集》第 1 卷，人民出版社 2012 年版，第 135 页。
③ 《伦理学》编写组：《伦理学》，高等教育出版社 2012 年版，第 10 页。
④ 龚群、陈真：《当代西方伦理思想研究》，北京大学出版社 2013 年版，第 7 页。

此，伦理学的一个重要特征就是教导人们应当遵循什么样的道德原则而行动，什么样的行为是"善"的或者符合道德的，什么样的行为是"恶"的或者不符合道德原则的。

第二，伦理学还关注应当把什么确立为我们的人生理想和人格目标，它影响着我们的善观念以及其他一些价值观。例如，利己主义者遵循利己主义的原则，他把实现自我利益的最大化作为终极的人生目标，在这个原则下，凡是不利于实现这个目标的事物和行为，都被认为是没有意义和没有价值的。相反，集体主义者会把有利于集体的行为也看作是有价值和有意义的，即使这样的行为会使他自身的利益受到某种程度的损失。可见，伦理学提供的道德原则对个人的人生志向和价值观有着非常重要的影响。

第三，伦理学也关心人自身，因而也是一种"人学"①。伦理学自诞生之日起，就对人的本性、目的、利益和需要有着深刻的关切，它为了人、关心人和服务于人。它关心人的"德性"（virtue）的完善，关心人的目标和利益的实现。正如罗尔斯所指出的："所有值得我们注意的伦理学理论都须在判断正当时考虑结果，不这样做的伦理学理论是不合理的和疯狂的。"② 在某种意义上，我们可以说，伦理学的核心目标就是"人本身"。

总之，正如孙伟平教授所指出的："伦理学的主要任务并不是分析道德语言的意义、用法和功能，而是要确立人生的意义和社会建构的原则，弄清什么是正当的行为和不正当的行为，寻求行为之正当与

---

① 孙伟平：《伦理学之后：现代西方元伦理学思想》（修订本），中国社会科学出版社 2014 年版，第 386 页。

② ［美］罗尔斯：《正义论》（修订版），何怀宏、何包钢、廖申白译，中国社会科学出版社 2009 年版，第 24 页。

否的理由，使人成为'道德的人'，使社会成为'道德的社会'。"①

相比之下，人们普遍认为，现代西方元伦理学所缺少的，正是对人的社会道德实践的关注，对人本身的关注。实际上，作为现代西方元伦理学的开创者，摩尔早就为现代伦理学确定了方向："伦理学的直接目的是知识，而不是实践。"②

现代西方元伦理学是在黑格尔哲学瓦解以后，在克尔恺郭尔和尼采等人的反传统形而上学、反传统价值观"运动"造成了价值世界的无序，乃至于"虚无"的特殊历史境况中发展起来的，是伦理学自我反思、自我追问、自我批判的产物。现代元伦理学的这种努力，对于澄清传统伦理学的谬误之处，推动伦理学的发展具有重要意义。但是，从某种意义上说，现代西方元伦理学在反传统的道路上走得很远，但是在"推进"传统伦理学的终极旨趣的道路上基本无所作为，甚至根本就不想推进。石元康教授在《罗尔斯》一书的"自序"中就认为："自从伦理学受分析哲学的影响，把注意力完全集中在后设伦理学以来，哲学与道德、公正等规范性的问题就开始脱节。因此，在英语世界中，哲学与现实人生、文化变得几乎完全不相干。"③

总之，现代西方元伦理学丢掉了传统伦理学的实践品格，放弃了对人的道德生活和人本身的关注和指导，这就等于丢掉了伦理学的"灵魂"。而没有"灵魂"的伦理学，即使其逻辑基础十分牢固，即使它是一种精确的"科学知识"，那也只是一些冷冰冰的知识而已。它无法在人们的心中激发起应有的道德情感，也无法指导人们去解决

① 孙伟平：《伦理学之后：现代西方元伦理学思想》（修订本），中国社会科学出版社2014年版，第401页。
② ［英］摩尔：《伦理学原理》，长河译，商务印书馆1983年版，第26页。
③ 石元康：《罗尔斯》，广西师范大学出版社2004年版，第3页。

实际的道德问题。这样，现代元伦理学就背离了伦理学的初衷，从而失去了自己的生命力。

正是因为这种缺陷，加上其自身发展本身所面临的问题，现代元伦理学招致了人们的广泛批评。于是，20世纪六七十年代，现代元伦理学走向了衰落。

同时，实质性伦理学得到了复兴；特别是应用伦理学的发展给伦理学带来了新的生命气息。罗尔斯公平的正义理论的主旨是要提出一组用以指导和评价社会基本制度的道德原则（即正义原则），因而《正义论》也就被看作实质性伦理学在当代复兴的标志性著作。

第二节 公平的正义

罗尔斯对现代元伦理学的研究路径表示"不满"，他认为概念分析的方法在道德理论上只能具有从属的地位，而最重要的是建立一种实质性的道德理论。实质性道德理论的首要任务是揭示人的道德本性和道德能力，制定实质性的道德原则，解决人们在社会生活中遇到的实质性道德问题。"公平的正义"就属于这样的道德理论。

一、道德理论的目的和特征

罗尔斯向我们表明了他的道德理论的目的。罗尔斯的根本意图是要为现代自由民主社会提供一种切实可行的正义理论，用以指导社会的基本制度安排，并且规范人们的道德行为。

罗尔斯认为，在建立道德理论的过程中，道德概念的分析尽管有用，但是这种分析自身并不能让我们明白道德原则的实质内容。相反地，罗尔斯"希望强调研究实质性道德观念的中心地位"①。罗尔斯认为："无论如何，仅仅在逻辑的真理和定义上建立一种实质性的正义论显然是不可能的。对道德概念的分析和演绎（不管传统上怎样理解）是一个太薄弱的基础。必须允许道德哲学如其所愿地应用可能的假定和普遍的事实。"② 也就是说，道德理论不能像现代元伦理学那样，仅仅局限于对道德概念和道德语言的分析，而是要致力于解决实质性的道德问题。

道德理论的建立，也不能仅仅依靠对道德概念和道德语言的分析，而是要以人们实际表现出来的道德特性（比如道德情感、道德态度、道德判断和道德行为等）和社会中的道德现象为依据。因此，罗尔斯认为，我们可以把道德理论看作是描述我们的道德能力的理论；就公平的正义理论来说，即是把正义理论看作是描述我们的正义感能力的理论。罗尔斯说："一种正义理论至少在其最初阶段只是一种理论，一种有关道德情感（重复一个 18 世纪的题目）的理论，它旨在建立指导我们的道德能力，或更具体地说，指导我们的正义感的原则。"③

我们不难发现，现实社会中的人们，当其达到一定的年龄以及具备基本的理性能力的时候，都会表现出一些基本的道德特性或者道德能力。第一，人们都具备进行道德判断的能力。他们能对各种行为主

---

① ［美］罗尔斯：《正义论》（修订版），何怀宏、何包钢、廖申白译，中国社会科学出版社 2009 年版，第 40 页。

② ［美］罗尔斯：《正义论》（修订版），何怀宏、何包钢、廖申白译，中国社会科学出版社 2009 年版，第 40 页。

③ ［美］罗尔斯：《正义论》（修订版），何怀宏、何包钢、廖申白译，中国社会科学出版社 2009 年版，第 39—40 页。

体的行为做出善恶、对错、是否、正义或不正义、应该或不应该的判断，他们还能对各种社会制度、社会政策以及社会规范做出判断。第二，人们大都具备某种道德理解力，他们能够为他们的道德判断找到相应的理由，这样的理由通常就是一些道德原则或者道德信念。第三，人们还普遍地具有各种道德情感。这些情感不同于人们的自然情感，而是由特定的道德原则或者道德信念引起的。比如，当一个人看到他人受到了不公正的对待时，他就会表现得义愤填膺；而当他自己做出了不道德的事情时，他就会感到自责、羞愧，甚至产生一种负罪感。第四，特别地，人们还具有正义的观念，或者正义观。正如罗尔斯所认为的，尽管现实社会中的人们可能对何为正义、何为不正义各执己见，但是，"他们每个人都有一种正义观（a conception of justice）。亦即，他们懂得：他们需要，他们也准备来确定一系列特定原则来划分基本的权利和义务，来决定他们心目中的社会合作的利益和负担的适当分配"①。第五，也许最重要的是，人们还都具备一种不同程度的正义感，即按照正义行事的欲望。正义感是道德人格的重要组成部分；同时，对于建立一种稳定的正义理论来说，正义感是一种最根本的、最高阶的调节性欲望或者动机。没有这种欲望，想要建立一种能够得到人们自愿服从的正义理论几乎是不可能的。

我们可以把道德理论看作是对人们的这些道德能力（包括道德情感、道德判断能力，以及道德观念）的一种理论说明，一种理论上的澄清和整理。当然，这种澄清、整理或者描述的工作，并不是仅仅罗列出我们对人们的行为、社会制度或者事件的道德判断，然后附上我们做出这些判断时所依据的理由。正如石元康教授所指出的，如

---

① ［美］罗尔斯：《正义论》（修订版），何怀宏、何包钢、廖申白译，中国社会科学出版社 2009 年版，第 5 页。

果道德理论的工作是这样的话，它就只是一种纯粹经验性的工作，而实际上，"建立道德理论的工作是要提出一组原则，当我们把这组原则在适当的经验环境中应用时，从其中我们可以导出道德的判断，而这些判断必须跟我们未经有意识地应用这组原则的判断相吻合。如果一个道德理论可以建构起这样一组原则，则我们可以说这个道德理论对我们的道德能力提供了一个说明"①。同时，"只有当我们已经系统地、在广泛的情况下都知道了这些原则是什么的时候，我们才算理解了我们自己的正义感"②。也就是说，道德理论的任务就是要概括出我们的日常道德判断所依赖的深层原则结构；而只有对这些深层原则结构有了广泛而明确的了解之后，我们才算真正理解了我们在日常生活中所表现出来的道德能力，包括正义感的能力。

罗尔斯在描述我们的道德能力的道德理论和描述我们对母语的语法感的语言学理论之间做了一个有益的比较。人们对于自己的母语都有一种直观的能力，这种能力使得人们能够正确地判断出他的母语中那些句子是合理的。这种能力大多不是通过学习既有的语言学理论得来的，而是在直接模仿别人说话以及在和别人的交流中潜移默化地形成的。典型的例子是，那些文化程度很低的成年人以及具备基本的语言交流能力的儿童，他们虽然都没有关于语言学的知识，但是他们能够直观地判断哪些表达是正确的，哪些是错误的。语言学的工作就是要从理论上描述或者说明人们对母语的这种语感，即："通过概括出一些明确的原则——这些原则在判定句子是否符合语法时要能够做出和以该语言为母语的人同样的判断——从而描绘认出结构正确语句的

---

① 石元康：《罗尔斯》，广西师范大学出版社 2004 年版，第 4—5 页。
② ［美］罗尔斯：《正义论》（修订版），何怀宏、何包钢、廖申白译，中国社会科学出版社 2009 年版，第 37 页。

能力的特征。"① 在道德理论中存在着类似的情况。在日生活中，人们表现了他们的道德能力，他们具有道德情感、道德判断力、道德观念以及道德行为。但是，人们所熟知的常识性准则并不能准确地表明人们的这些道德能力的特性。所以，对道德能力的正确解释必然要依赖于特定的原则和理论构造，这就是道德理论所要做的工作。

总之，罗尔斯把公平的正义看作想要描述和解释人们的道德正义感能力的理论尝试。这种描述和解释依赖于特定的理论结构，需要确立特定的理论框架。也就是说，"需要通过一种思辨的理性，概括出一种包含有普遍原则的正义论体系来"②。而我们知道，罗尔斯选择的是一种"契约论"的理论结构。

罗尔斯不仅重新界定了道德理论的目的，而且还指出了道德理论独立于哲学的其他分支理论的特征。弗雷曼就指出："无论早期还是晚期，罗尔斯工作的另一个重要特点是道德理论独立于形而上学和知识论的观念。"③ 特别是在《正义论》发表之后，罗尔斯的这种倾向更加明显了。

在《正义论》之后，罗尔斯写了《道德理论的独立性》④（1975）一文，专门阐述道德理论与形而上学等哲学的其他领域之间的关系。罗尔斯认为："道德理论很大程度上是独立于哲学其他分支的。一般而言，意义理论、认识论、心灵哲学对道德理论贡献甚少。

---

① ［美］罗尔斯：《正义论》（修订版），何怀宏、何包钢、廖申白译，中国社会科学出版社2009年版，第37页。
② 何怀宏：《正义理论导引：以罗尔斯为中心》，北京师范大学出版社2015年版，第260页。
③ ［美］弗雷曼：《罗尔斯》，张国清译，华夏出版社2013年版，第318页。
④ ［美］罗尔斯：《罗尔斯论文全集》全二册，陈肖生等译，吉林出版集团有限责任公司2013年版，第322—340页。

事实上，在研究道德理论时，若一心关注这些哲学分支里的主要问题，很可能会阻碍道德理论研究的推进。"①

正如弗雷曼所指出的，形而上学的自我本质观念或人格同一性观念关于科学知识或其他理论知识的知识论标准，有关道德术语之意义的语言学观念，决定不了正确的道德理论或道德推理原则。② 道德理论或者道德原则是要表明我们应当做什么，但是，仅仅依靠知识论和意义理论，并不能制定确定的道德原则，不能决定我们应当做什么。

罗尔斯在"道德哲学"（moral philosophy）和"道德理论"（moral theory）之间做了区分，认为道德理论是道德哲学的主要组成部分之一。罗尔斯指出："道德理论是对实质性道德观念的研究，也就是研究正当、善、道德价值等基本概念被如何安排从而形成不同的道德结构的。道德理论尝试去鉴别这些道德结构之间的相似性和差异，并且去刻画这些结构与我们道德感受力（moral sensibility）、我们的自然态度的关联方式，以及去确定如果它们要在人类生活中扮演人们期望的角色的话，它们必须满足哪些条件。"③ 也就是说，我们可以把正当、善和道德价值这些伦理学中的基本概念当作建筑材料，那么不同的道德理论就是用这些材料来构造起不同的建筑结构。比如，古典功利主义以善的最大化来界定正当，这就形成了它作为一种目的论学说的基本理论结构。而公平的正义则采取了一种契约论的结构，它赋予原初状态下的各方所一致选择的正义原则以绝对优先性，然后用这样的正义原则来评价人们欲求的满足的价值，并且限定人们对善的

---

① ［美］罗尔斯：《罗尔斯论文全集》全二册，陈肖生等译，吉林出版集团有限责任公司 2013 年版，第 323 页。

② ［美］弗雷曼：《罗尔斯》，张国清译，华夏出版社 2013 年版，第 320 页。

③ ［美］罗尔斯：《罗尔斯论文全集》全二册，陈肖生等译，吉林出版集团有限责任公司 2013 年版，第 322 页。

追求。

总之，在罗尔斯这里，道德理论试图影响我们的道德实践。正如何怀宏教授所指出的，它将促使我们对原先的常识性道德准则进行进一步的反思，加以修正，甚至彻底改变，从而也就最终改造我们的行为，改造我们所建立的社会制度。① 这正是作为一种实质性道德理论的公平的正义的实践意义所在。

二、作为一种道德理论的公平的正义

罗尔斯主张道德理论应当是实质性的，应当帮助人们解决在社会生活中遇到的道德问题。在确立了道德理论的目的之后，罗尔斯的主要任务就是要提出一种具体的道德理论。一般来说，古代伦理学关注的重点是"善"的问题，而现代实践伦理学关注的重点则是正当或者正义的问题。因此，对罗尔斯来说，重要的是要为现代民主社会提供一种实质性的正当理论或者正义理论。

（一）公平的正义理论的提出

罗尔斯的主要成就是提出了"公平的正义"这种正义理论。公平的正义是符合现代民主社会的正义观和正义理论。罗尔斯把现代民主社会理解为一种由自由平等的理性公民自愿参与的公平合作体系。这就涉及产生正义的环境问题。关于正义的环境，罗尔斯从两个方面做了界定。

第一，现代民主社会的基本特征呼唤正义。现代社会的基本特征

---

① 何怀宏：《正义理论导引：以罗尔斯为中心》，北京师范大学出版社 2015 年版，第 261 页。

是"资源中等匮乏",这就使人们参与社会合作成为必要,因为只有参与社会合作,人们才能最大限度地满足他们的需求,实现他们的目的,参与社会合作比不参与社会合作更有利。也就是说,现代社会既不是一种由于资源极度匮乏因而使得社会合作无利可图的社会,也不是一种资源无限丰富从而使得人们可以任意各取所需的社会。在这两种情况下,不存在社会合作中的分配正义问题,乃至于社会合作本身成为不必要的,因而也就不需要正义。另外,现代民主社会的主要特征是自由平等,而不是弱肉强食、专制或者奴役。后一种情况是无所谓正义的,因为社会把一切都交给了专制的力量。

第二,生活在互惠的社会中的人们能够发展出有效的正义感,这使得实施正义既有必要又有可能。罗尔斯把生活于现代民主社会中的公民理解为具备一定的有效正义感能力的公民。也就是说,作为一种道德人格,人们既不是极端自私自利的,也不是充满无限仁慈和同情的。这样,在分配社会合作的产品时,人们都想要多的而不是少的,但是,当给定一种公平的分配原则之后,人们也就不想通过违背公平原则来谋取更多的东西,人们只愿意求取属于自己的那一份。因此,作为一种公平的合作体系,现代民主社会就既不是一个自私自利的社会,也不是一个充满无限仁慈和自我牺牲精神的社会,而是一个"既争取又让渡"社会。人们不会无限地让渡自己的份额,所以必须制定正义的分配原则;同时,人们又能够满足于只得到按照正义原则所应得的份额,所以正义是可行的。

在做了这样的设定之后,为了提出大家都能够接受的、符合现代民主社会特征的正义原则,罗尔斯提出了原初状态的概念。"原初状态"是一种假设的公平状态,在这种状态中,参与选择正义观和正义原则的社会各阶层的代表(即原初状态中的各方),都处于"无知之幕"之下。第一，他们不知道自己的家庭出身和社会地位；第二，他们不知道自己的天然禀赋和自然能力；第三，他们不知道自己具有何种特殊的善观念；第四，他们还不知道他们所在的社会之政治、经济以及文明的发展状况或者发展阶段。总之，那些会影响他们对正义原则做出公正选择的偶然因素，他们都没有任何知识或信息。当然，各方也并非完全无知，而是知道一些基本事实。比如，他们知道他们的社会正在受着"正义环境"的制约；他们也知道人类社会的一般事实，理解社会中的政治事务和经济事务；他们还知道人类的心理学法则，特别是人们的道德心理。

原初状态中的各方还具有某些重要的"理性"。第一，他们虽然不知道将来的特殊生活计划是什么，不知道他们要追求哪些具体的善，但是，对于权利、自由、机会、财富和收入等这些社会"基本善"，他们都想要较多的份额而非较少的份额。第二，他们对别人的善持有一种"相互冷淡"的态度，对于社会基本善的分配和享有，他们既不打算让渡自己的份额从而施惠于别人，也不打算谋求减少别人的份额。第三，为了确保正义原则在现实社会中能够得到严格的服从，他们必须考虑"承诺的强度"（strains of commitment）。也就是说，他们要考虑所选择的正义观是否符合普遍的道德人性，是否对人的道德能力提出了过高的要求，从而带来沉重的道德负担。

现在，在设定了无知之幕和各方的理性之后，原初状态中的各方就要对正义原则做出选择了。按照罗尔斯的论证，人们将一致地选择两个正义原则及其优先规则。第一个正义原则（也被称为"平等自由原则"）说的是，人们对最广泛的基本自由享有平等的权利；第二个正义原则包含两个部分，即"差别原则"和"公平机会原则"，"差别原则"说的是，社会和经济的不平等只有在有利于最少受惠者的条件下才是可允许的，"公平机会原则" 说的是，在机会公平平等的条件下，职务和地位向所有人开放；"优先规则" 主要是指第一个正义原则优先于第二个正义原则。①

不难发现，公平的正义的诸正义原则以及诸优先规则，都是实质性的原则，它们共同指导着现实社会中的基本制度安排。

（二）公平的正义理论中的稳定性问题

既然公平的正义是一种实质性的道德理论，它为现代自由民主社会提供了明确的正义原则及其优先规则，它的终极目的是要介入人们的道德实践，这就有一个可行性的问题。如果说对公平的正义的原初状态的论证是一种理想性论证的话，那么可行性论证就属于非理想性论证。广泛地说，公平的正义的可行性论证既包括正义诸原则适用于社会制度的情况，也包括这种应用给公民个人带来的影响。罗尔斯把对后一个问题的论证称为公平的正义的稳定性论证，即它的应用能否在社会中培养起支持自身的力量。这就是说，一种适用于现代社会的

---

① 这里是对罗尔斯在"理论"编中初步提出的两个正义原则的简单概括。罗尔斯在"制度"编（第46节）中给出了两个正义原则的最后陈述：第一正义原则："每个人对与所有人所拥有的最广泛平等的基本自由体系相容的类似自由体系都应有一种平等的权利"；第二正义原则："社会和经济的不平等应这样安排，使它们：①在与正义的储存原则一致的情况下，适合于最少受惠者的最大利益；并且，②依系于在机会公平平等的条件下职务和地位向所有人开放"；第一优先规则（自由的优先性）："两个正义原则应以词典式次序排序，因此，自由只能为了自由的缘故而被限制。这有两种情况：①一种不够广泛的自由必须加强由所有人分享的完整自由体系；②一种不够平等的自由必须可以为那些拥有较少自由的公民所接受"；第二优先规则（正义对效率和福利的优先性）："第二个正义原则以一种词典式次序优先于效率原则和最大限度追求利益总额的原则；公平的机会优先于差别原则。这有两种情况：①一种机会的不平等必须扩展那些机会较少者的机会；②一种过高的储存率必须最终减轻承受这一重负的人们的负担。"参见［美］罗尔斯：《正义论》（修订版），何怀宏、何包钢、廖申白译，中国社会科学出版社2009年版，第237页。

正义理论，必须证明它是相对稳定的，即表明它自身具有稳定性。

原初状态的人们在选择一种正义观或者正义理论时，已经考虑到了"稳定性"的问题，因此"稳定性"特征实际上已经是对将要提出的正义观的一个限制性条件。罗尔斯认为，原初状态中的各方在选择正义原则时，还需要考虑与人类心理学的普遍事实和道德学习的原则相关的问题。"如果一种正义观不可能产生对自身的支持，或缺少稳固性，这一事实就绝不可忽视，因为人们就可能转而选择另一种正义观。"① 因此，"原初状态的各方是理性的，他们将不签订一种他们知道他们不可能维持，或这样做将带来很大困难的契约。随同别的考虑一起，他们也计算契约承诺的强度（strains of commitment）"②。也就是说，人们将要选择的正义观必须能够使现实社会中的人们培养起有效的正义感，即自愿遵守正义的欲望；同时，遵守正义的负担不能过重，不能超出一般道德人性的承受范围。

那么，公平的正义是如何在现实社会中培养起支持自身的力量的呢？这就是稳定性论证需要阐明的问题。

公平的正义的稳定性论证包含两个部分。第一部分是从良序社会中人们的正义感的发展和运用的角度出发所作的论证。我们可以称之为"道德心理学论证"。它要表明，在公平的正义指导下的良序社会中，人们能够常态地获得一种有效的正义感，这种道德情感体现了道德人格的一个本质的方面，同时，它又反过来支持着正义的社会基本制度。在罗尔斯看来，人们支持正义的道德能力（即正义感）是人

---

① ［美］罗尔斯：《正义论》（修订版），何怀宏、何包钢、廖申白译，中国社会科学出版社 2009 年版，第 112 页。

② ［美］罗尔斯：《正义论》（修订版），何怀宏、何包钢、廖申白译，中国社会科学出版社 2009 年版，第 112 页。

们作为社会性存在物的本质的必要组成部分。因此，正义观的作用之一就在于培养人们的合群能力和追求正义的能力，使人们能够成为从事社会合作的社会性动物。因此，公平的正义理论必须包含道德心理学理论的内容，它能够描述我们的道德能力和道德情感的发展，使我们知道我们是有道德能力和道德情感的，并且愿意实践我们的这种能力和情感。这样，公平的正义理论就把人们对正义的服从建立在人们的道德能力的基础上了，人们对正义的服从是自愿的、是出于正义感的道德动机的，而不是由于外在的强制。

良序社会中的人们获得有效的正义感还意味着，人们能够将善观念从属于正义观之下，能够将对善的追求从属于对正义的追求。公平的正义一旦在现实社会中得到实施，它就引导着我们成为某种类型的人。也就是说，作为一种实质性的道德理论，公平的正义不仅为我们提供了确定而合理的道德原则，而且通过社会道德生活，影响着人们的人格发展，影响着人们的价值观和人生理想。

公平的正义的稳定性论证的第二个部分，是从公平的正义指导下的良序社会中正义与人们的善之间的契合性关系这个角度进行的论证。我们可以称之为"契合性论证"。从伦理学的角度看，公平的正义理论是一种"温和的义务论"，这就是说，它不是离开善而界定正当或正义的，而是在一定程度上顾及善的。首先，在公平的正义这里，原初状态中两个正义原则的论证，是以人们具备"善的弱理论"所描述的社会基本善观念为基础的，离开这个基础，人们就可能会选出不同的正义原则；其次，公平的正义还考虑到它的实施将对现实社会中人们对善的追求所产生的影响。

罗尔斯在对正义原则的原初状态论证中，为了能够运用"演绎"或"推理"的方法导出公平的正义的原则，从而使正义原则的提出达到一种"道德几何学"的严密性，他只是引入了"善的弱理论"意义上的社会基本善的概念。但是，在对公平的正义的稳定性论证中，罗尔斯发展了"善的强理论"，引入了大量的善观念。罗尔斯从传统理论中寻求资源，亚里士多德的完善论观念，康德的道德自律的人的观念，以及洪堡等人的共同体价值的观念，都被罗尔斯纳入了进来。这些"善"是现实中的人们所追求的，或者是他们应当追求的。罗尔斯想要证明，"公平的正义"与所有这些重要的价值理想都是相容的。

可见，在稳定性论证中，罗尔斯把公平的正义这个正义观和人们的多样化的善观念联系起来了。这种"一元正义观"与"多元善观念"并存的结构，为罗尔斯后来的政治自由主义转向埋下了伏笔。但是，在政治自由主义中，稳定性论证的基本结构没有多大变化，"正义感"仍然是需要的；只不过人们的正义观不再是各方在原初状态下"一致"选择的结果，而是在政治现实中达成的"重叠共识"。

最后，需要说明的是，我们的任务不是要论证一种关于稳定性的理论，而是要论证，在给定正义观或者正义理论之稳定性的两个方面之后，论证一种正义观（在此即"公平的正义"）是否符合这两个方面的要求。罗尔斯认为，一种正义观的稳定性表现在当其应用于社会制度时，能够在社会中产生出支持其自身的力量。这又与两个方面有关：第一，这种正义观能否培养人们的有效正义感；第二，这种正义观的实施是否兼容于人们的善观念。我们就是在罗尔斯所做的这种规定前提下进行讨论的。这样，如果阐明了公平的正义符合上述两个方面的规定，就也表明了公平的正义是具有稳定性的正义观或者正义理论。

第二章　道德心理学和正义感的发展

在公平的正义的原初状态论证中，原初状态中的各方假定人们具备正义感这种道德能力，这种能力确保已经选择的正义原则能够得到现实社会中的人们的自觉遵守。因此，对公平的正义的稳定性的论证，一个重要的方面就在于论证公平的正义一旦应用于社会基本制度，就能在社会中培养起支持自身的有效力量。也就是说，生活在由两个正义原则及其优先规则所指导的现实社会中的人们，能够常态地获得一种有效的正义感，人们受这种正义感的触动，愿意遵守和维护正义的社会制度安排。

因此，本章的核心任务是要阐明，在一个由公平的正义指导下的良序社会中，人们将普遍地获得一种有效的正义感，这种正义感反过来支撑着公平的正义。由此表明，公平的正义是相对稳定的。首先，讨论罗尔斯的道德心理学理论，包括人们的道德发展经历的主要阶段和主要特征，以及在不同的正义观条件下，人们的道德发展将受到哪些道德心理学原则的影响。其次，探讨罗尔斯关于道德人格的观点，它将表明道德情感（包括正义感）是人性或人格的重要组成部分；就人们普遍地具备道德潜力而言，人们都是潜在的道德行为主体。因此，对人提出道德要求是合理的。再次，讨论公平的正义指导下的社会制度对人们的正义感的发展的影响。公平的正义比其他正义理论（比如功利主义）更能加强道德心理学法则的作用，因而能够培育出更有效力的正义感。拥有有效的正义感意味着人们遵守正义的欲望更强烈，因而公平的正义更具稳定性。最后，讨论公平的正义理论向具有正义感能力的公民提出的合理的道德要求（或道德义务），这些要求没有超出人们的道德能力的承受范围，是现实社会中的人们能够做到的。总之，公平的正义不是乌托邦式的空想，而是切实可行的道德理论。

第一节　道德的发展和道德心理学法则

罗尔斯的正义理论与他对人的道德能力的论述密切相关，而首要的道德能力是正义感能力。探究人的道德能力，阐明道德能力的发展过程，是罗尔斯正义理论的重要组成部分。罗尔斯认为，人的道德能力是通过社会中的道德学习而获得的，经历了一个发生和发展的过程。本节将首先探讨，在道德哲学史上，存在着两种传统的道德学习理论，而罗尔斯则提出了他的新理论；其次，考察罗尔斯关于道德发展阶段和发展过程的思想，以及在这些过程中所体现的道德心理学法则；最后，综合地讨论罗尔斯所提出的道德心理学理论。

一、道德学习理论

正义感作为一种道德动机和道德能力，对于维护一种正义观的稳定性来说至关重要。关于正义感的形成和发展的道德学说，有两个重要的传统，一是经验主义的传统，一是理性主义的传统。

经验主义的道德心理学说体现在休谟、密尔以及西季威克等人的功利主义学说中，其最新发展是社会学习理论。经验主义传统的一个主要论点是，道德训练和学习的目标是提供失去的动机，即为了正当自身的原因去做正义的事的欲望和不去做不正义的事的欲望。按照功利主义的观点，正当的行为一般来说就是有利于他人和社会的行为，即利他行为；而不正当的行为一般来说就是有害于他人和社会的行为。对于后一种行为，人们有着充分的动机，比如说实现自身利益的最大化；但是对于前一种行为，即正当的行为，人们则往往缺乏有效的动机。为了引导人们按正当原则行事，阻止他们的不正当行为，人们就需要设置一套奖惩措施。通过这种"惩恶扬善"的机制，使人们最终获得做正当的事的欲望和对做不正当的事的厌恶，即获得正义感这种道德动机。

经验主义道德心理学的另一个重要观点是，人们遵循道德要求的欲望一般来说发生在人生的早期。那时，在接受道德学习和道德训练时，人们还不能很好地理解这些道德要求；因此，他们之所以愿意按照道德要求行事，主要是被塑造的结果，这些塑造有时可能是粗暴的，并且还会延续到以后的阶段。弗洛伊德的理论在一些重要之点上接近于这种观点。弗洛伊德的一个基本观点是：儿童获得道德态度的过程是以恋母情结和由此产生的深刻冲突为中心的；那些有权威的人们（在这里即父母）所坚持的道德准则能够解决儿童的这些烦恼和紧张，所以能被儿童接受。因此，儿童阶段的道德学习是被动的、强迫的，儿童对所应遵循的道德原则没有评判能力。但是，在儿童成年以后的道德学习中，他们开始反思道德标准，保留合理的要求而摈弃不合理的要求；同时，他们的道德情感也会发生变化。

　　源自理性主义的道德心理学说，表现在卢梭、康德、密尔以及皮亚杰等人的理论中。这一派的观点认为，道德学习并不是提供失去的动机，而是我们内在理性和情感能力按照它们的自然倾向的一种自由发展。也就是说，一旦人们的理智发展成熟，人们对他们的社会、对他们在社会中的地位以及他的其他同胞有了理性的认识，人们就会考虑制订公平、互惠的社会合作条款，并且愿意遵守这些条款。这样，在理性主义看来，道德学习不是为了获得新的道德动机，因为这个道德动机是人的潜在能力的一部分，在人们的成熟阶段，它自然会呈现出来。因此，真正的道德学习和道德发展阶段应该是在人的成熟时期，因为这时候人们对道德才有了充分的理解，正是在这种理性理解的基础上，人们才有了真正的道德动机。因此，正如罗尔斯所说，理性主义传统的道德学习理论为我们描绘的是一个乐观的图景，它认为正当和正义原则产生于我们的本性，行为正义属于我们内在的本性，并且不同我们的善相冲突。① 正因为如此，在理性主义看来，正义和善是内在统一的；但是经验主义的道德心理学却不能做出这样的保证。

　　在罗尔斯看来，上述两种道德学习理论或者道德心理学理论都具有一定的道理；但是，为了阐明公平的正义指导下的良序社会的人们如何发展出一种有效的正义感，仅仅简单地依靠上述两种理论是不够的。

　　罗尔斯认为，影响道德发展的因素是复杂的，道德学习的种类也是多种多样的。但是，对于他的目的来说，他没有必要做到面面俱到。因此，罗尔斯把对道德发展过程及其体现的道德心理学法则的讨

---

① ［美］罗尔斯：《正义论》（修订版），何怀宏、何包钢、廖申白译，中国社会科学出版社 2009 年版，第 364 页。

论，仅仅限定在公平正义指导下的良序社会这个特例中。因为罗尔斯的目的是要表明，"当在这种具体形式的良序社会中成长时，一个人获得对正义原则的一种理解和情感的那些主要步骤"，因此，"对道德发展的描述将始终和人们应当学习的正义观念联系在一起"①。在这个过程中，道德学习理论的经验主义传统和理性主义传统被以一种自然的方式结合了起来。

二、道德发展的三个阶段及其心理学法则

在罗尔斯看来，一个良序社会的人们的道德发展经历了三个重要的阶段：权威的道德阶段、社团的道德阶段和原则的道德阶段。经过这三个阶段的发展，在一个公平正义指导下的良序社会中，人们逐渐获得了正义感，即愿意支持已经存在的正义观，使之愿意遵守正义制度。

罗尔斯把道德发展的第一个阶段视为"权威的道德"。罗尔斯首先假定，一个良序社会的基本结构包含着一种形式的家庭，与家庭生活相关的制度和道德原则都是处于公平的正义指导之下的，因此，儿童一开始就被看作生活在一个正义的家庭中，并且处在父母的合理权威之下。儿童对道德的学习就从家庭开始。现在的情况是，儿童没有能力对权威人士（在家庭中即是指父母）向他提出的命令和道德准则做出判断。如果父母很爱自己的孩子，那么孩子也会变得爱和信任他们的父母。罗尔斯赞同卢梭的观点，认为在这个过程中，体现着这样一条心理学法则，即孩子变得爱他的父母是因为他们先表示出了对

① ［美］罗尔斯：《正义论》（修订版），何怀宏、何包钢、廖申白译，中国社会科学出版社2009年版，第365页。

他的爱。孩子之所以爱和信任他们的父母，是因为父母对孩子付出了爱，这种爱表现在对孩子的关心，而孩子从这种爱中得到了好处。对父母的这种爱也发展为对他们的信任，这种信任不是孩子们依靠成熟理性做出的判断，毋宁说是对权威的信任。随着时间的推移，孩子对父母的爱和信任导致子女顺从父母的劝告，听从他们提出的道德要求和命令。

但是，父母提出的道德要求相对于孩子们的自然欲望来说，常常表现为一种约束和限制；因此，孩子们本来没有服从父母的要求的倾向，但是由于他热爱和信任他们的父母，他们往往又能听从父母的要求。当他们违反这些要求时，他们会产生一种负罪感，而负罪感是一种不同于恐惧等自然情感的道德情感。可见，他们愿意按照道德要求行事，不是出于一种避免惩罚的考虑，而是因为他们倾向于按照父母这一权威提出的道德要求行事。正如弗雷曼所说，正是对权威的这种特殊敬重，而不是担心受到惩罚，是导致儿童以遵守道德戒律的方式来行动的首要动机。①

可见，儿童的道德是权威的道德，因为儿童还不能真正理解道德要求，不能理解他们所接受的正当原则的根据。因此，从平等自由的角度来看，儿童的权威的道德不适用于社会的基本结构。

罗尔斯把道德发展的第二个阶段称为"社团的道德"。罗尔斯认为，社团的道德涉及基于交往的范围广泛的各种实体，小到家庭，大到国家共同体。"社团道德的标志是，在其所属的各种社团中，一个人习得并在情感上关心适合于其角色（朋友、同学、邻居、队友等等）的道德标准。"② 在这个阶段上，人们分属不同的团体，扮演不

---

① ［美］弗雷曼：《罗尔斯》，张国清译，华夏出版社 2013 年版，第 260 页。
② ［美］弗雷曼：《罗尔斯》，张国清译，华夏出版社 2013 年版，第 260 页。

同的角色和身份；不同的团体和不同的身份对应着不同的道德标准。而且，不同的社团有着不同的理想目标。在社团的道德阶段，人们被他们在社团中的角色和社团的理想所吸引，想成为一个优秀的角色，比如好的运动员、好的法官，等等。罗尔斯认为，"社团的道德包括大量的理想，每一个都是以适合于那个独特身份或角色的方式被规定的。我们的道德理解随着我们在生活过程中经历一系列地位而不断提高。相应系列的理想不断要求更高的理智判断和更精细的道德区分。显然，某些理想比另外一些理想更有综合性，并对人提出不同的需要。我们将看到，不得不遵循一定的理想相当自然地导向一种原则的道德"①。也就是说，越是高级复杂的团体，越是包含着更具综合性的理想目标，对这些理想目标的理解就越需要更高的理性理解力；而与此同时，道德原则也更加抽象。简而言之，对于国家或者作为合作系统的社会整体来说，仅仅要求人们做到较小团体中的角色所要求的道德标准，显然是不够的。因此，社团的道德最终必然发展为原则的道德。

另一方面，在社团中，人们从与别人的交往对他们产生友好情感、信任和依恋感。这里所体现的心理学法则是：当伙伴们带着明显的意图实践着他们的义务和责任时，他就会产生出对他们的友好情感，以及信任感与信心。② 以一个其公共规则被公认为公正的交往为例，在这种交往中，所有人都受益，并且他们也知道他们是从中受益的。在这里，他人对职责和义务的履行被看作对每个人都是有益的。

---

① ［美］罗尔斯：《正义论》（修订版），何怀宏、何包钢、廖申白译，中国社会科学出版社 2009 年版，第 370 页。
② ［美］罗尔斯：《正义论》（修订版），何怀宏、何包钢、廖申白译，中国社会科学出版社 2009 年版，第 372 页。

"一个人重视自己的责任与义务的明显意图被看作是善良意志的一种形式，这种认识反过来又产生友谊和信任的情感。每个人的尽职行为的互惠效果逐步加强着人们的相互联系，直到达成一种平衡。"① 在这种情况下，如果我们没有尽到自己的职分，我们就会体验到一种交往的负罪感。

道德发展的第三个阶段是"原则的道德"。随着交往的扩大，社团发展到社会和国家的层面，因而也被更高的道德原则——即正义原则——所调节。人们也随之发生了变化，他现在不仅仅是一个具体的角色，而是一个公民——实际上是另一种角色，如果我们愿意这样称呼的话。他现在首要的是想成为一个正义的人，"行为公正的观念，发展公正的制度的观念，对他慢慢地具有了与以前那些次要的理想的类似的吸引力。"② 现在，正义的原则对他的道德行为和道德情感产生影响；之所以能够产生这种影响，是因为第三条心理学法则在起作用。这个法则说的是：假定我们在权威的道德和社团的道德阶段，依据其中的心理学法则，习得了相应的爱与信任、友情和互信感；现在，一旦我们认识到我们和我们所关心的那些人们都是一种牢固而持久的正义制度的受益者，那么我们就会产生一种相应的正义感；进一步，一旦我们认识到和正义原则相适应的社会安排已经提高了我们的和我们所依恋的那些人的善，我们就将产生一种运用和实行这些正义原则的欲望。③

---

① ［美］罗尔斯：《正义论》（修订版），何怀宏、何包钢、廖申白译，中国社会科学出版社 2009 年版，第 373 页。

② ［美］罗尔斯：《正义论》（修订版），何怀宏、何包钢、廖申白译，中国社会科学出版社 2009 年版，第 374 页。

③ ［美］罗尔斯：《正义论》（修订版），何怀宏、何包钢、廖申白译，中国社会科学出版社 2009 年版，第 374—375 页。

罗尔斯认为，一种正义感至少表现在两个方面：第一，它引导我们接受适用于我们的正义制度；第二，它促使我们产生出一种为建立（至少是不反对）正义制度以及正当要求时，为改革现存制度而工作的愿望。简言之，当正义制度存在时，我们遵守它；当正义制度不存在时，我们寻求建立它。罗尔斯认为，一旦道德发展到原则的道德这个阶段，人们的道德情感和道德态度"就不再仅仅与具体个人及团体的幸福和赞许相联系，而由独立于这些偶然性而被选择的一种正当的观念塑成"①。

人们何以会产生按照正当和正义的观念去行动的欲望，即道德原则如何进入我们的感情之中，对于这个问题，罗尔斯以公平的正义为先决条件而给出了四个理由。

第一，与道德原则的内容和意义有关。正义原则，或者说一般的道德原则，是理性的人们在原初状态下选择的用来调节他们之间的利益的，人们用它来评判社会制度和个人行为。由此可见，正义原则关乎人们的理性利益，对人们来说是有意义的，人们遵守它们是有意义的，也是必要的。对于那些无意义的原则——因而也就称不上是"道德原则"，人们自然没有服从它们的必要，也没有那种欲望。

第二，正义感是人类之爱的延续。仁爱的目标是多种多样的，当这些目标相互冲突时，仁爱本身就不知所措，无法做出判断，这时就需要正义原则来指导它。

第三，负罪感是我们对别人造成无辜的伤害和剥夺时我们所具有的情感，义愤则是第三者对别人造成无辜的伤害和剥夺时我们所具有的情感，在这里，我们的行为和第三者的行为都是违背正义的行为。

---

① ［美］罗尔斯：《正义论》（修订版），何怀宏、何包钢、廖申白译，中国社会科学出版社 2009 年版，第 375 页。

这表明，当我们做了或者看到别人做了不正义的行为时，我们会谴责它，这一点正好反过来说明，我们具备捍卫正义、遵守正义的道德情感，即正义感。

第四，按照对正义原则的康德式说明，对于作为自由平等的理性存在者来说，行正义是他们的善。因此，做正义的事的欲望并不是对与人们的合理目标无关的专断原则的盲目服从。① 我们发现，在这里，罗尔斯对正义感的产生的解释是多元的；但是，最核心的还是在于正义原则或者道德原则与人们的善相关。

罗尔斯认为，在解释道德动机（即正义感）时，纯粹良心行为学说是不合理的。这种学说认为，第一，最高的道德动机就是做自身就正当正义，且仅因其自身就正当正义的事的欲望，其他解释都不确切。第二，其他动机，比如说效用动机以及为了实现平等而做事的动机，这些动机虽有道德价值，但其道德价值低于仅因其自身是正当的就去做这个事的动机。也就是说，正义感或者正当感是对正义或者正当本身的欲望。在罗尔斯看来，这种解释使正义感失去了明显的理由，使它成了一种任意的偏爱，就像喜欢茶而不喜欢咖啡一样；把这种任意的道德偏爱作为调节社会基本结构的原则完全是任性的。② 而实际的情况是，正义原则和正义感有其深刻的现实基础，这个基础包括人类社会发展的客观状况以及道德人性的基本事实。正是以这些实际状况为基础，人们才提出了正义原则，并在实际的社会交往和生活中，产生了支持正义的道德情感。

---

① 参见［美］罗尔斯：《正义论》（修订版），何怀宏、何包钢、廖申白译，中国社会科学出版社 2009 年版，第 376—377 页。

② 参见［美］罗尔斯：《正义论》（修订版），何怀宏、何包钢、廖申白译，中国社会科学出版社 2009 年版，第 376—378 页。

因此，罗尔斯认为，对于理解和接受契约学说的人来说，按照正义去行动，实际上就是按照原初状态下人们所一致同意的正义原则去行动，也就是按照表现着人们作为自由平等的理性存在物的本性的那些原则去行动。[①] 可见，不能把"正义感"简单地理解为对"正义"的一种任意的、偶然的偏好，因为"正义感"与特定的正义观和正义原则相关，与特定的"人的观念"相关。由于公平的正义理论是以把人看作一种自由平等的理性存在物（即道德人格）这种观念为基础的，因此，公平的正义要求人们具备正义感，是有着普遍而合理的理由的。

在罗尔斯看来，借助于正义理论，我们能够解释道德情感——即正义感——是如何形成的，是如何调节我们的生活和行为的。因此罗尔斯认为，如果我们接受了这些正义原则和道德心理学原则，那就意味着在每个人基于所有人都会作为合理的东西而接受的观点都会承认为公平的条件下，我们希望和其他人共同生活；而在这个基础上进行合作的人们的理想对于我们的感情产生了一种自然的吸引力。[②] 也就是说，我们之所以愿意按照正义行事，即发展出正义感，是由于我们愿意在正义原则指导下的社会中生活。

由此可见，正义感是公平正义指导下的良序社会中人们能够正常地发展起来的道德情感，也是一种道德动机。正是人们的这种情感和动机，维护着公平的正义及其指导下的社会基本制度。

---

① John Rawls, A Theory of Justice, Belknap Press of Harvard University Press, Revised edition, 1999, p.418.

② ［美］罗尔斯：《正义论》（修订版），何怀宏、何包钢、廖申白译，中国社会科学出版社 2009 年版，第 378 页。

三、道德心理学法则的特征

前面的论述展示了在一个良序社会中人们获得正义感的基本过程。为了进一步阐明这种道德情感的获得与公平的正义理论的关系，我们还必须跟随罗尔斯，对这些道德心理学法则乃至整个道德心理学进行较为全面的阐述。

关于心理学法则，罗尔斯最终把它们表述如下：第一法则：假如家庭制度是正义的并且父母通过关心孩子的善而表现出对孩子的爱，那么，孩子一旦认识到他们对于他的明显的爱，他就会逐渐地爱他们。第二法则：假如一个人以与第一法则相符合的方式获得了依恋关系，从而实现了他的友好情感能力，假如一种社会安排是正义的并且所有的人都知道它是正义的，那么，当他人带着明显的意图履行他们的义务和职责并实践他们的职位的理想时，这个人就会在交往中发展同他人的友好情感和信任的联系。第三法则：假如一个人以与第一、二法则相符合的方式形成了依恋关系，从而实现了他的友好情感能力，假如一个社会的制度是正义的并且所有的人都知道它是正义的，那么，当这个人认识到他和他所关心的那些人都是这些社会安排的受惠者时，他就会获得相应的正义感。①

对于这三条心理学法则，罗尔斯给出了三点重要的评论。

第一，这些法则或者道德倾向的最明显特征是，它们都以一种正义的制度为背景，而且对于后两个法则来说，这种正义安排还是公认的。因此，在这些道德发展的过程中，道德观念本身，即正义观念，占据着重要的位置。因为对于不同的道德观念来说，人们的道德情感

---

① 参见［美］罗尔斯：《正义论》（修订版），何怀宏、何包钢、廖申白译，中国社会科学出版社 2009 年版，第 388 页。关于"第一法则"的译文有改动。

的发展可能是十分不同的。比如在儿童的道德发展阶段，如果家庭制度是不正义的，或者父母没有以我们所期望的那样对待孩子，而是对他们施以粗暴的恐吓和惩罚，那么当孩子服从父母提出的道德要求时，就不是出于对作为权威的父母的信任和敬重，而是出于恐惧。在这种情况下，正义感在权威的道德阶段的发展中可能就会被扭曲。当儿童具备对道德的理解力的时候，道德学习就更是与道德原则本身有关，与人们对道德原则的理解有关。因此，在罗尔斯看来，"我们对道德学习过程的理解也许不超出我们对需要学习的道德观念的理解"，这样，"道德学习理论依赖于对道德的本质及其各种形式的说明"。①

在罗尔斯看来，正义观念不仅影响着我们的道德发展过程，而且还深刻地影响着我们的社会情感，影响着我们对他人的行为的评价。罗尔斯指出："社会安排的正义或非正义，以及人们关于这些问题的信念，深刻地影响着社会情感；它们在相当大的程度上决定我们怎样看待另一个人接受或拒绝一种制度的观点，或者他改革或捍卫该制度的努力。"② 在一个由公平的正义公开指导的良序社会中，人们发展出普遍的友好、信任、忠诚等道德品质和道德情感，发展出认同和支持社会制度的倾向。各种积极的社会情感和社会心态，与正义感一起，维护着正义的社会制度。

第二，三条心理学法则支配着属于我们的最终目的的感情联系的变化。罗尔斯认为，在我们的最终目的之中，有我们对他人的依恋，

---

① ［美］罗尔斯：《正义论》（修订版），何怀宏、何包钢、廖申白译，中国社会科学出版社 2009 年版，第 388 页。
② ［美］罗尔斯：《正义论》（修订版），何怀宏、何包钢、廖申白译，中国社会科学出版社 2009 年版，第 389 页。

我们对他们利益实现的关切，以及正义感。①

第三，这三条法则体现的是一种"互惠"（reciprocity）的基本观念，一种以善报善的倾向。三条心理学法则表明，爱、友谊和信任这些积极情操，甚至正义感的产生，都源于他人为我们的善而努力的明显意图。因为我们认识到他们希望我们好，我们也就关心他们的幸福。所以，"我们在多大程度上感受到我们的善受制度和他人的影响，我们就在多大程度上产生对他们的依恋"②。可见，这里正体现的是一种互惠的观念：在儿童的道德阶段，孩子对他们父母的爱源于父母先前对孩子的爱；在社团的道德阶段，我们对团体其他成员的友情和信任，源自他们对我们的善的关心，对我们的善所做出的努力；在原则的道德阶段，因为按照正义原则行事有益于我们的善，也有益于我们所关心的人的善，所以我们愿意遵循正义，也就是说发展出了一种正义感。

罗尔斯认为，人们的道德发展中体现的这种互惠原则是一个重要而深刻的心理学事实。如果没有这种倾向，我们不是以善报善，而是以恶报善，我们的道德学习和道德发展可能完全就是另外一种情形。而且，就我们把社会看作一个公平的合作体系而言，这样的社会合作体系将是非常不稳固的。对于一个理性的人来说，他不会置他的善于不闻不问，人们对他的善的影响将决定着他对人们的情感。显而易见，对于促进了他的善的人，他会以善报善，并且自然地产生一种依恋的情感，而对于损害了他的善的人，他一般情况下至少不会以善报

---

① ［美］罗尔斯：《正义论》（修订版），何怀宏、何包钢、廖申白译，中国社会科学出版社 2009 年版，第 390 页。

② ［美］罗尔斯：《正义论》（修订版），何怀宏、何包钢、廖申白译，中国社会科学出版社 2009 年版，第 391 页。

恶（以善报恶是圣者的道德，超出了正义感的范围），如果不是以恶报恶的话。因此，正如罗尔斯所认为的："以善报善而形成的一种正义感能力，似乎是人的交往的一个条件。那些最稳定的正义观念，可能就是相应的正义感最坚实地建立在这些倾向之上的那些观念。"①

我们认为，虽然正义感的获得能够从多个不同的角度得到阐述，三条心理学原则在不同的阶段起着不同的作用；但是，生活于公平正义的良序社会中的人们能够习得一种有效的正义感，其核心因素还是在于公平的正义本身体现了互惠的观念。公平的正义，不适用于纯粹的利他主义者，也不适用于纯粹的利己主义者，而只适合于具有互惠性观念的有限的利他主义者。正是在这个基础上，人们发展出了有效的正义感，因而公平的正义才是相对稳定的正义观。

最后，罗尔斯简要说明了他对道德学习的描述与两种传统的道德学习理论之间的异同。我们前面已经提到，在罗尔斯看来，道德学习和道德训练是一个复杂的过程，道德学习的种类也是多种多样的。与此相比，关于道德发展三阶段的描述显然是一种简化处理，但是这对于罗尔斯的目的来说就足够了。罗尔斯认为："就其强调作为最终目标的依恋关系的形成而言，对道德学习的这种扼要描述与强调获得新动机的重要性的经验论传统相似。"②

另一方面，罗尔斯认为他的这种描述也与理性主义的传统观点有关联。第一，正义感的发展和人们的知识以及理性理解力的发展相联系。由于儿童的知识和理性能力有限，所以儿童阶段的道德情感算不

---

① ［美］罗尔斯：《正义论》（修订版），何怀宏、何包钢、廖申白译，中国社会科学出版社 2009 年版，第 391 页。

② ［美］罗尔斯：《正义论》（修订版），何怀宏、何包钢、廖申白译，中国社会科学出版社 2009 年版，第 391 页。

得正义感；随着知识的增加和理解力的提高，儿童逐渐对道德要求有了自己的理解。正是在理性成熟的基础上，正义感才得到了发展。罗尔斯指出："要获得正义情感，一个人就必须发展一种对社会世界的，对什么是正义的和不正义的事情的观念。"① 因此，正义感的获得有赖于人们的理性能力。

第二，对道德发展三阶段的描述表明，这是一种渐进的发展。随着人们生活环境的变化和理性能力的发展，道德发展也经历了一个由简单阶段到复杂阶段的发展过程。这两点正好与理性主义的观点相似，因为后者认为道德学习是我们的内在理性和道德能力的自由发展。

第二节　道德情操与道德人格

前文讨论了良序社会中正义感的发展过程及其体现的道德心理学法则。本节将主要阐明罗尔斯的这样一个观点：包括正义感在内的道德情感是人性的重要特征，是人生的一个正常组成部分；人们基于道德人格而是平等的。本节将首先讨论道德情操、道德态度、道德情感和道德原则之间的关系，表明道德情感等需要根据道德原则来做出解释。其次，阐明道德情操与爱、友谊、依恋等自然态度有关，由于我们不能否认这些自然态度，因而我们也就不能否认我们拥有正义感这种道德情操。最后，阐明道德情感是道德人格的重要组成部分，而道德人格之间是平等的，所以以道德人格的观念为基本假定的公平的正

---

① ［美］罗尔斯：《正义论》（修订版），何怀宏、何包钢、廖申白译，中国社会科学出版社 2009 年版，第 391—392 页。

义，体现的是一种平等的正义。

一、道德情感与道德原则相关

罗尔斯首先对"情操""态度""道德情感"以及"道德感情"这几个重要概念作了界定。"情操"表示那些稳定有序的调节性倾向，表示对特殊的具体个人或交往关系的持久依恋，比如正义感和人类之爱；所以，既有"自然的情操"，也有"道德的情操"。"态度"和"情操"一样，也是指一些有序的自然的或者道德的倾向，但是这种倾向不及"情操"那样具有较大的调节性或者持久性。而"道德情感"或者"道德感情"则用来指我们在具体场合中所体验到的道德情感。人们往往容易混淆道德情感和自然情感，但是罗尔斯认为，道德情操或者道德情感与道德原则有关，因而区别于自然情操或者自然情感；另外，道德情操之间也因为不同的道德观念或者道德原则而有区别。对于说明人们普遍地具有正义感来说，这种区分有着非常重要的意义。

罗尔斯通过考察在描述道德情感的过程中所出现的问题，以及道德情操的表现方式，来阐明道德情操的主要特点。

第一个重要的问题是：什么是怀有一种道德情感所需要的确切解释方式；以及对持有一种情感的解释与对持有另一种情感的解释在多大程度上不同？

人们有多种表达情感的方式，可以通过语言表达，也可以通过特殊的行为来表达，还可以通过某些特殊的感觉和动觉表现出来。比如，当一个人生气时，他可能感到热，他可能发抖。但是，这种表达方式可能表现了他的一种自然情感，也可能表达着他的一种道德情感。因此，仅仅用这种现象还不足以解释人们是否具有负罪感、羞耻感或者义愤等道德情感。要说明这些道德情感，光靠这些感觉或者动觉是不充分的，人们还必须"说明"他确实有那些道德情感，以及何以有这些道德情感。现在的问题是，当他们给出何种解释时，才是令人满意的。例如，他们就不能解释说仅仅因为担心受到惩罚所以才具有负罪感；担心惩罚可以用来解释恐惧或忧虑这种非道德的情感，但是不能解释"负罪感"。

在罗尔斯看来，"负罪感"与正当或者正义有关。罗尔斯认为，"一般地说，一个人对他自己的经验的解释诉诸一个道德概念以及与之相联系的道德原则，这是道德情感的一种必然特征，也是道德情感区别于自然态度的部分特征。他对他的情感的描述总是借助于一种公认的正当或错误概念"[①]。负罪感是做了不正当或者不正义的事，或者违反了正当或者正义时所产生的一种情感。真正说来，儿童在权威的道德阶段所体验到的对权威的负罪感往往不是真正的负罪感，因为这种情感还夹杂着别的情感。因此，在承认契约理论的条件下，对负罪感的解释就与原初状态下人们所选择的正当原则有关；当人们违背这些原则时，他就会体验到一种负罪感。

前面曾提到，同一种感觉或者动感可能来自不同的情感，可能来自道德情感也可能来自自然情感。另一种情况是，同一种行为也可能导致（同时出现）不同的情感。比如，欺骗行为可能既导致负罪感又导致羞耻。行骗者感到负罪，是因为他损害了别人，而不公正地发展了自己的利益，他违背了正义；而他感到羞耻，则是因为他的欺骗行为降低了自己在别人心中以及在自己心中的形象，他成了一个不道

---

① ［美］罗尔斯：《正义论》（修订版），何怀宏、何包钢、廖申白译，中国社会科学出版社 2009 年版，第 381 页。

德的人。在这里，同一个行为导致了不同的情感，而不同的情感又依据不同的道德原则和道德价值。

需要补充的一点是，我们并不要求人们对他的道德情感的解释是真实的，而只需要他的解释是正当的即可。比如，一个人"自认为"做了不正当的事因而感到负罪，但是实际上他的行为并不是不正当的，这时，他对他的负罪的原因的解释是不真实的，但是他的解释是正当的，因为他将其负罪感归咎于他对正当的违背，而不是对其他原则的违背。

第二个重要的问题是：当一个人体验着某种道德情感时，他将有何特殊的意图、将做出何种特殊的努力？当一个人感到愤怒时，他的特有行为可能就是奋力回击，或者去阻止那个人继续做使自己感到愤怒的事。对于一个感到负罪的人来说，他就总是希望以后行事正义，努力控制自己，不使自己再犯同样的错误；当他看到其他人行为不公正时，他也就变得无力予以谴责。至于他将做出何种具体的行为，这与他的道德发展阶段有关，权威的道德阶段的儿童感到负罪时的行为意图，和社团的道德阶段人们感到负罪时的行为意图将是不同的，而后者又与更加复杂的原则的道德阶段人们感到负罪时的行为意图有所不同。

第三个重要的问题是：当一个人怀有一种道德情感时，他将期待别人表现出何种感情、做出何种行为？在罗尔斯看来，一个因行不正义之事而怀有负罪感的人，将希望别人对他表现出不满，希望别人对他施以某种惩罚。与此同时，他也希望第三人对他表现出一种义愤。他虽然害怕人们对他做出的这些反应，但是也只有这些类似的反应才是正当的，因而是他能接受的。相比之下，对于一个感到羞耻的人，他对别人的情感反应则有着不同的期待。他感到羞耻是因为他缺乏某些美德，也就是缺乏某种"善"；他感觉到自己没有与那些有着某些美德的同伴进行交往的价值，也就是说，感觉不到自己的存在对别人有什么价值。因此，他期待着别人对他的嘲笑和轻蔑。他虽然惧怕这些，但是这些对他来说是人们做出的恰当反应。因此，罗尔斯指出："正如负罪感和羞耻感的解释诉诸不同的原则一样，它们也引导我们期待着他人的不同的态度。一般地说，负罪感、不满和义愤诉诸正当概念，而羞耻、轻蔑和嘲笑诉诸善的概念。"①

第四个重要的问题是：解除某种道德情感的特有方式是什么？显然，对于不同的道德情感，其解除方式也是不同的。罗尔斯认为，负罪感可以通过补偿和产生和解的宽恕而消解；而羞耻则通过缺点已经得到补救的证据，通过重新建立对自己的美德的自信来消除；而消解不满和义愤这两种道德情感的方式也是不同的，因为不满是我们针对别人对我们的不公正行为的，而义愤是我们针对别人对其他人的不公正行为的。②

上面的分析表明了道德情感与自然情感之间的区别，以及不同的道德情感之间的区别。接下来，罗尔斯对"负罪感"和"羞耻"这两种道德情感做了进一步的讨论；并讨论了这二者在公平的正义理论中将是怎样的。

就"羞耻"而言，罗尔斯认为，人们在任何德性方面的缺失都会引起羞耻，一个人可能会因为懦弱而感到羞耻，也会因为不够仁慈而感到羞耻。罗尔斯甚至认为："一个人珍视表现着自己优点的行为

---

① ［美］罗尔斯：《正义论》（修订版），何怀宏、何包钢、廖申白译，中国社会科学出版社2009年版，第383页。

② ［美］罗尔斯：《正义论》（修订版），何怀宏、何包钢、廖申白译，中国社会科学出版社2009年版，第383页。

形式就足以产生羞耻。"① 也就是说，当我们看到有人珍惜某种德性，珍视他自己表现其优秀特点的行为方式时，我们因没能这样做而感到羞耻。与此相似，"每当他人以某种形式受到伤害，或他人的权利受到侵犯时，这种不公正总是引起负罪感"②。当我们看到不公正的事情时，我们意识到正义原则受到了侵犯，从而产生一种负罪感。因此，负罪感反映着同他人之间的关系，而羞耻则反映着同一个人在道德行为中所表现出来的人格的关系。但是，有些道德情感特别地属于某些道德观念或者道德原则。比如在分外的道德中，羞耻占据着重要的位置。分外的道德特别强调一种更加高级的美德，比如人类之爱，或者自我牺牲。当我们选择这些道德要求作为我们主要的原则时，我们因为常常达不到这样的要求而具有羞耻感。因此，在做出如此选择的情况下，我们就必须特别倚重人们的羞耻感。

但是，罗尔斯认为，在完整的道德观念中，强调一种情感而忽视另一种情感的观点是错误的。在公平的正义这种道德理论中，两种道德情感都得到了重视。因为在这里，正当和正义是建立在互惠的概念之上的，从而使自我的观点和作为平等的道德人的他人的观点相互协调。在这里，"对他人的关心和对自己的关心都不具有优先性，因为所有的人都是平等的；同时，正义原则保证着人们之间的平衡"③。因此，人们在关注自己的善和自己的德性的同时，也关心着我们同他人的关系。这样，负罪和羞耻这两种道德情感就同等重要，而且处在

① ［美］罗尔斯：《正义论》（修订版），何怀宏、何包钢、廖申白译，中国社会科学出版社 2009 年版，第 383 页。

② ［美］罗尔斯：《正义论》（修订版），何怀宏、何包钢、廖申白译，中国社会科学出版社 2009 年版，第 383 页。

③ ［美］罗尔斯：《正义论》（修订版），何怀宏、何包钢、廖申白译，中国社会科学出版社 2009 年版，第 383 页。

一种相互协调的关系之中。

上述讨论表明了罗尔斯的如下两个重要观点：第一，道德情感和道德态度不能仅仅根据特有的感觉、动觉或者行为表现来进行解释，而应当根据道德原则以及由这些原则所决定的道德德性做出解释。第二，公平的正义这种道德理论决定了羞耻和负罪的道德是它的整个理论的一部分，没有后者，正义理论作为一种道德理论就是不完整的；而且，公平的正义所体现的互惠和平等原则，也决定了羞耻和负罪这两种道德情感之间是一种平衡、协调的关系。

二、道德情操是人性的重要特征

关于道德情感，还有一个更深层的问题，那就是它与自然态度之间的关系。罗尔斯认为，这个问题又包含两个互为其反的问题：第一，当一个人不具有某种道德情感时，这表明他不具备哪些自然态度；第二，当一个人体验到一种道德情感时，这证明他具备哪些自然态度。①

罗尔斯在描述道德发展的三个阶段时，对第一个问题已经做出了回答。在权威的道德阶段，负罪感这种道德情感的产生，依赖于父母对儿童的明显的爱，以及儿童对父母的爱和信任，这些都是一种自然联系，或者说自然态度。正是在这些自然联系的基础上，当其行为侵犯了父母的权威或者说违反了父母提出的道德要求时，儿童就会感到一种对权威的负罪感。类似地，在社团的道德阶段，人们之间存在着友谊和相互信任这种自然态度，或者自然依恋关系，在这个基础上，

---

① ［美］罗尔斯：《正义论》（修订版），何怀宏、何包钢、廖申白译，中国社会科学出版社 2009 年版，第 384 页。

当一个人没有履行社团公认的义务和职责时，他就会产生一种负罪感；而如果他没有产生这种道德情感，也就表明在他这里还不存在对别人的友谊和信任等依恋关系。这就是说，当一个人不具有某种道德情感时，表明他缺乏某种自然态度。

但是，罗尔斯又提出了另外一个观点，他认为上述这个命题不能颠倒过来，我们不能说，自然态度或者依恋关系的缺乏就表明了人们缺乏相应的道德情感。他认为像义愤和负罪感这类道德情感还会有另外的解释。他说："总的来说，道德原则由于各种原因而被肯定，接受一种道德原则，就足以获得相应的道德情感。"① 罗尔斯似乎认为，即便缺乏某些自然态度，但是当人们承认了某些道德原则时，也会产生相应的道德情感。罗尔斯在描述道德的发展阶段时曾假定，对具体个人或团体的自然联系和感情在道德发展中起着根本作用，但是他又认为在后来的道德动机发展中，这种自然依恋情感在多大程度上起着作用，还是不清楚的。但是，这种自然依恋关系和自然态度对道德的发展还是起作用的，否则就显得很奇怪。

鉴于此，我们可以得出这样一个观点，即自然态度和依恋关系在道德发展的不同阶段所起的作用是不同的；在权威的道德和社团的道德中，它的作用是根本性的，但是在发展得更加完善的原则的道德阶段，它仍然起着一种基础性的作用，但是已经不是决定性的了。这样我们就可以说，道德情感是自然态度的一种延续和升华。对此，罗尔斯有相似的表达："现在可以把自然态度和道德情操的联系表述如下：这些情操和态度都是人的特有倾向的有序系列，这些系列是如此地相互重合，以致某些道德情感的缺乏就证明缺乏某种自然联系。换

---

① ［美］罗尔斯：《正义论》（修订版），何怀宏、何包钢、廖申白译，中国社会科学出版社 2009 年版，第 385 页。

言之，一俟道德获得了必要的发展，某些自然依恋关系的存在就导致了某些道德情感倾向的发生。"①

关于第二个问题——即当一个人体验到一种道德情感时，被证明是存在着的自然态度是什么——的回答，就更为复杂了。下面的分析可以看作是对这个问题的一种回应。但是，我们的主要目的显然不是为了回答这个问题，而是为了表明，道德情操对人生来说意味着什么，或者说，在缺乏道德情操的条件下，能不能定义一种合理的人的观念。

至此，关于道德情操与自然态度之间的联系，我们可以列出如下四种观点。第一，要么既承认自然态度也承认道德情操，但是把它们混为一谈。前面关于道德情感和自然情感的区分的论述已经证明这种观点是错误的。第二，要么在否认存在自然态度的同时承认有道德情操，但是这是不可能的。第三，要么否认存在自然态度和自然依恋关系，从而否认人具有道德情感，但这在正常情况下也是不可能的，因为自然态度和道德情感都是人生的一个正常组成部分。第四，承认自然态度，但是否认道德情感，这一点也是不真实的，因为当道德发展到一定阶段时，特别是在合理的正当和正义原则的条件下，人们必然会发展出道德情操。

在前面我们已经考察了罗尔斯对第一种观点的回答，即自然情感和道德情感是不同的。关于第二种观点，罗尔斯的回答是：某些道德情感的缺乏也就表明了某些自然态度的缺乏。举例来说，假如两个人都是利己主义者，他们之间不存在对对方的爱、对对方的善的关注，也不存在友谊和信任这种自然依恋关系，因而也就不存在共同认可的

---

① ［美］罗尔斯：《正义论》（修订版），何怀宏、何包钢、廖申白译，中国社会科学出版社 2009 年版，第 385 页。

正当或者正义原则。在这种情况下，任何一方欺骗或者侵犯了对方，被侵犯者都没有抱怨的理由，他可能感到十分气愤和烦恼，但是他体验不到不满和义愤。因为气愤和烦恼是自然情感，无须借助正当原则来解释；而不满和义愤是道德情感，需要借助正当原则来解释。但是在两个利己主义者中间，不存在正当或者正义的道德原则，所以他们体验到的情感就不是道德情感，即不是不满和义愤。这就表明，某些道德情感的缺乏是由于缺乏某些自然态度。

关于第三种观点，即通过否认自然依恋关系来否认人有道德情感，对此，罗尔斯的回答是，自然依恋关系和道德情感是人生的一个正常组成部分。我们可以从前面对第二种观点的讨论中引出这样一个结论：一个除非出于自私利益和权宜的考虑，否则就不会做正义的事的人，不会在和别人的交往中产生友谊、感情和互信的纽带，他将缺乏正义感，体会不到不满和义愤。反过来说，"一个缺乏正义感的人也缺乏包含在人的概念之下的某些基本态度和能力"①。但是，实际情况是，人作为一种社会性存在，只要他还有自己的利益和愿望，只要他准备在追求自己的目的和理想的过程中相互提出要求，即他还需要与别人合作共处，只要他想比较长久地维系这种合作关系，他就必然要关心别人的善，希望共同遵守公共的道德原则。在这种情况下，他就必然要与他人产生某种依恋关系和自然情感。在具备合理正当原则的条件下，这种自然情感就必然发展为道德情感。

另外，当人们追求美德和理想，也就是说当人们被美德和理想所驱动时，就意味着人们具备感知羞辱和羞耻的能力和倾向，而缺乏这种能力和倾向则意味着人们缺乏对美德和理想的追求。因为追求美德

---

① ［美］罗尔斯：《正义论》（修订版），何怀宏、何包钢、廖申白译，中国社会科学出版社 2009 年版，第 386 页。

和理想是人的本性，所以感知羞辱和羞耻也就属于人的本性，是人的概念的一部分。现在，如果假定我们不具有正义感、羞辱和羞耻等道德情感，那么就意味着我们缺乏人之为人的重要条件。

因此，为了展现我们自身是理性的道德人，具有道德能力和善观念的能力，我们就必须承认我们具有正义感等道德能力。也就是说，"通过理解假如缺乏一种正义感——即缺乏我们的一部分人性——会成为什么样子，我们被引导到承认我们是拥有这种正义感的"①。

在正常社会生活中，否认我们有正义感或者其他道德情感，就等于承认我们都是自私自利者，而这将会导致严重的后果。实际上，"人类之爱和维护共同善的欲望把规定它们的目标必不可少的正当和正义原则包含于其中，在这个意义上，道德情感是这些自然态度的延续"②。所以，我们应当承认我们具有正义感，承认我们之间存在着爱、友谊和信任。

关于第四种观点，我们的回应是：在存在自然态度和自然依恋关系的情况下，道德情感的健康发展还有赖于合理的正当和正义原则的落实。我们有些现存的道德情感可能是不合理的，是有损于我们的善的，因而是不健康的。比如说在不公正的家庭环境下成长的儿童的道德，以及在专制环境下养成的人们的道德情感。当罗尔斯说道德态度是我们人性的一部分时，他实际上指的是诉诸合理的正当和正义原则来解释的那些道德态度。因此，"基础的伦理观念的恰当性是一个必要条件；因而，道德情操对于我们的本性的恰当性取决于人们在原初

---

① ［美］罗尔斯：《正义论》（修订版），何怀宏、何包钢、廖申白译，中国社会科学出版社 2009 年版，第 387 页。

② ［美］罗尔斯：《正义论》（修订版），何怀宏、何包钢、廖申白译，中国社会科学出版社 2009 年版，第 387 页。

状态会同意的那些原则"①。这就是说，借助于公平的正义所包含的正义原则，我们才能发展出适合于我们的本性的道德情感。

总之，罗尔斯道德情操学说的一个主要结论就是，道德情操是人格的一个正常组成部分，是人的道德能力的一个重要方面。正是由于这个原因，当人们生活在一个由公平的正义指导的良序社会中时，他们就能够发展出有效的正义感这种基本的道德能力；而正是这种道德能力维护着公平的正义和社会制度的稳定性。

三、道德人格与平等的正义

既然正义感是人的一个基本道德能力，那么这是否意味着正义适用于所有的人？答案是肯定的。这就涉及正义的适用条件和范围的问题。在罗尔斯看来，就人是一个道德人格而言，他们是平等的，所以正义平等地适用于所有的人。

罗尔斯区分了"平等"概念适用的三个层次。第一个层次的平等，是公共规则和制度管理的层次，即按照具体的法律和制度规定，类似情况类似处理，法律面前人人平等。第二个层次的平等，是正义原则所规定的基本权利的平等，它们作为权利是由宪法所规定的。第三个层次的平等，是指道德人格的平等，它是由人们的道德人性所决定的。这样，罗尔斯就为平等提供了深层次的基础，"这种深层的基础就是基于人性的道德权利"②。正是因为人们具有道德权利，所以他们有权得到正义的保障。

---

① ［美］罗尔斯：《正义论》（修订版），何怀宏、何包钢、廖申白译，中国社会科学出版社 2009 年版，第 387 页。

② 姚大志：《罗尔斯正义理论的形而上学基础》，《哲学动态》2009 年第 10 期。

　　道德权利是基于道德人格的，这样，道德人或者道德人格（moral personality）就有权享有平等的正义。罗尔斯认为，道德人有两个特点：首先，他们有能力（也被看作有能力）形成和修改关于他们的善的观念；其次，他们具有（也被看作具有）一种正义感，一种通常有效地应用和实行正义原则的欲望。① 这样定义的道德人，是原初状态中人们选择正义原则的基础：不仅那些在原初状态中参与选择正义原则的代表们被设想为这样的人，而且他们所选择的正义原则的适用对象也被设想为这样的人。如果离开这些基本假定，人们在原初状态下对正义原则的选择将会是另外一种情况。所以，"平等的正义属于那些能参与对最初状态的共同理解并能照着这种理解去做的人"②。可见，道德人格是获得被正义对待的充分条件，必须给具备道德人格的人以正义，这就表明了正义的适用条件。

　　但是，道德人或者道德人格的设定，可能会引来这样一些问题：怎样评价一个人完全满足道德人格的条件；对于那些不具备两种道德能力，特别是不具备正义感能力的人来说，正义是否仍然适用于他们；此外，人们的正义感能力有强弱之别，对他们是否仍然一视同仁地施以正义。

　　为了解答这些问题，罗尔斯特别强调指出，平等的正义的充分条件即道德人格能力完全不是严格的，因此，他对"道德人格能力"作了广泛的界定，即道德人格能力指的是一种将会实现的潜能，而不是限定于已经实现了的能力。罗尔斯认为，假如某个人生来或是由于

---

① ［美］罗尔斯:《正义论》（修订版），何怀宏、何包钢、廖申白译，中国社会科学出版社 2009 年版，第 399 页。

② ［美］罗尔斯:《正义论》（修订版），何怀宏、何包钢、廖申白译，中国社会科学出版社 2009 年版，第 399 页。

事故而缺乏这种必要的潜能，这是一种种缺陷或丧失。丧失这种能力有两种情况：一种情况是离群索居的人，他没有生活在人类社会中，自然也就缺乏发展出这种能力的条件。另一种情况是由不公正的、贫困的社会环境或偶然事件造成的。因此，就道德人格能力是指人的一种潜能而言，没有哪一个民族或已知的人群缺少这种特性。另外，尽管人们的正义感能力存在差异，但是，只要能达到某种最低程度，一个人就有权享有同其他任何人同等的平等自由。因此，"一个具有这种能力的人，不论其能力是否得到了发展，都应当得到正义原则的充分保护"①。

当然，对于人们在正义感能力方面表现出的"差异"，罗尔斯把它交给两个正义原则中的"差别原则"去处理。罗尔斯认为，"较大的正义感能力，例如表现在运用正义原则和在具体的例子中驾驭论据的更大的技艺和老练，也像其他能力一样是一种天赋能力。一个人由于运用它而获得的特殊好处应当受到差别原则调节"②。比如说，如果一些人突出地具备了为一定的职位需要的公正和正直的司法德性，他们就可以正当地获得和这些职位相联系的任何好处。作为一名法官，他可能因为办案公正无私而得到较高的职位和社会声誉，从而也会得到比别人更多的好处。而这属于差别原则所应当调节的范围。

总之，公平的正义旨在给所有具备道德人格能力的人以同样的正义，从这个意义上说，它是一种平等的正义。这种一视同仁的平等正义更具广泛性，因而更能得到大多数人的拥护，因此也就更具稳定性。

---

① ［美］罗尔斯：《正义论》（修订版），何怀宏、何包钢、廖申白译，中国社会科学出版社 2009 年版，第 402 页。

② ［美］罗尔斯：《正义论》（修订版），何怀宏、何包钢、廖申白译，中国社会科学出版社 2009 年版，第 400 页。

第三节　公平的正义和正义感的效力

不同的正义观及其指导下的社会制度对人们的道德能力的发展的影响是不同的，因此，生活在不同的正义社会中的人们，其正义感的效力（即正义感发展的程度）也是不同的。本节将主要阐明，与其他道德观念（比如功利主义）相比，公平的正义更能促成人们的正义感的发展，因而其本身也就更加稳定。

一、正义感是维护社会稳定的内在力量

稳定性问题的提出首先指向的是一个社会合作系统，因为这个系统可能是不平衡和不稳定的。正如有些学者所指出的，罗尔斯在《正义论》中引入"稳定性"概念，是希望处理两种霍布斯式的社会不稳定状况，第一种状况是所谓"搭便车"的问题，第二种状况是"确信问题"①。

罗尔斯认为，虽然从原初状态的观点看，正义的原则在整体上是合理的，原初状态的人们也同意共同遵守。但是，在具体的现实社会中，利己主义对个人来说可能是合理的选择，也就是说，利己主义者的唯一动机就是寻求个人利益的最大化。这样，在一个社会合作系统中，只要有机可乘（即不会被人发现），利己主义者会一方面从社会合作中获得好处，另一方面却逃避自己应付的份额，不愿意尽自己的

① 参见周保松：《自由人的平等政治》增订版，生活·读书·新知三联书店2013 年版，第 157 页。

责任和义务。这就是所谓的"搭便车"现象。如果大家都照这样行动，最终将导致社会合作系统难以为继。这是罗尔斯所重视的第一种不稳定。为了解决这个问题，罗尔斯提出了正义感的观点，他认为在一个良序社会中，人们会发展出正义感，会按照正义行事，从而可以克制自己的利己主义倾向。

但是还有这样一个问题：即使一个人按照正义行事，但是如果其他人不按正义行事，那对他将是重大的损失，也不公平。因此，一个人行事正义的条件是，他相信别人也会按照正义行事。这就是所谓的"确信问题"。要解决确信问题，就得让大家都相信别人也会按照正义行事。对此，罗尔斯认为，公平正义指导下的良序社会的一个特点就是，人们将常态地获得有效的正义感，这种道德情感将是普遍的和公认的：人们普遍地拥有正义感，并且知道这一事实，所以，就不会担心别人不行正义而使自己受损。这样，"搭便车"和"确信问题"这两种不稳定就都得到了解决。

显然，为了解决社会系统的稳定性问题，霍布斯选择的是具有终极地位的政治强力；而罗尔斯则在设定了现代自由民主社会的条件下，选择了公平的正义这种道德理论；而这种道德理论之所以能带来稳定，就在于它能使受其调控的人们产生广泛而有效的正义感。当然，在正义感代替政治强制成为维护稳定的主要力量之后，政治强制还是有其存在的必要。罗尔斯认为："甚至当每个人的行动都由同样的正义感推动时，由国家来强制推行某些规则的需要仍然存在。"①

① ［美］罗尔斯：《正义论》（修订版），何怀宏、何包钢、廖申白译，中国社会科学出版社 2009 年版，第 210 页。

二、公平的正义对正义感发展的影响

公平的正义的优势之一，在于它比其他道德观念（比如功利主义）更稳定。因此，罗尔斯还需要阐明，公平的正义何以是更加稳定的，以及是足够稳定的——要求它绝对稳定既不可能亦无必要，只要能够确保正义原则不被推翻、正义制度能顺畅运行即可。

在罗尔斯看来，公平的正义和契约论的观点之所以比功利主义更稳定，原因在于前者所引发的正义感更有效力。正义感的效力与人的道德心理的发展有关，而影响道德心理学法则发挥作用的重要因素有三个，即："对我们的善的无条件的关心，对道德准则和理想的根据的明确意识（辅之以解释与指导，以及提供准确可信的证明的可能性），以及下述这种认识，即，那些实践着这些准则和理想并且在社会安排中尽职的人们承认这些规范，又通过他们的生活和品质表现着引起我们的崇敬和尊重的人类善……"① 这三个因素也可以简称为："对我们的善的无条件关心""道德观念的明晰性""道德观念的理想的吸引力"。罗尔斯认为，这三个因素实现得愈充分，人们所获得的正义感就愈强烈。其中，第一个因素将激发我们加强以善报善倾向的自我价值感；第二个因素将使道德观念易于理解；第三个因素则把坚持这个观念的行为表现为诱人的。因而，最稳定的正义观念可能是这样的："它对我们理性来说是明晰的，与我们的善是一致的，并且植根于一种对自我的肯定而不是克制之中。"②

---

① ［美］罗尔斯:《正义论》（修订版），何怀宏、何包钢、廖申白译，中国社会科学出版社 2009 年版，第 394 页。

② ［美］罗尔斯:《正义论》（修订版），何怀宏、何包钢、廖申白译，中国社会科学出版社 2009 年版，第 394 页。

现在的任务就是要阐明，契约论的观点和公平的正义能够符合上述三个要素的要求，它们有力地影响着道德心理学法则的运行，从而使人们获得更有效力的正义感。

影响道德心理学法则发挥作用的第一个重要因素是正义理论对人们的善的关心程度。理性的人们在遵守一种正义原则时，不会不考虑该原则对他的善的关系。实际上，越是能够促成人们的善的正义原则，越是能得到人们的自愿遵守。在罗尔斯看来，契约论的观念及其所建构的正义原则，以及该原则所规导下的社会基本制度和生活于该社会中的他人，对我们的善的无条件关心更强烈。因此，与公平的正义相应的正义感比由其他观念孕育的类似道德情操更有力。

首先，罗尔斯认为，正义理论的"第一个原则"和"第一个优先规则"① 表明，公平的正义无条件地保障着每个人的平等自由。实际上，按照公平的正义，我们的基本社会善，包括权利、自由、机会、收入、财富和自尊，都是要得到保护的，这些善不会为了一个较大的善乃至为了整个社会而被忽略和践踏。这就是说，我们的善——特别是社会基本善——是被无条件关心的，而不像功利原则那样，要求我们为了整个社会的更大的善而牺牲我们自身的善。

其次，罗尔斯认为，公平正义的第二个原则（即"差别原则"）

---

① 第一个正义原则是："每个人对与所有人所拥有的最广泛平等的基本自由体系相容的类似自由体系都应有一种平等的权利。"与此相应，第一个优先规则（即自由的优先性）说的是："两个正义原则应以词典式次序排列，因此，自由只能为了自由的缘故而被限制。这有两种情况：①一种不够广泛的自由必须加强由所有人分享的完整自由体系；②一种不够平等的自由必须可以为那些拥有较少自由的公民所接受。"参见〔美〕罗尔斯：《正义论》（修订版），何怀宏、何包钢、廖申白译，中国社会科学出版社 2009 年版，第 237 页。

和"第二个优先规则"①，表达了一种"互惠"和"博爱"的观念。在罗尔斯看来，差别原则虽然表达着对最少受惠者的偏爱，但其实它所体现的是一种互惠的原则。差别原则是用来调节社会合作的，它既使社会合作得以延续，又使这种合作成为有效率的。即使从较有利者的角度看，每个人的幸福都依靠于一个社会合作体系，没有这个合作体系，任何人都不可能过上满意的生活。差别原则还表达了一种博爱的观念，如果把它作为一种道德原则，那么这就意味着，"如果不是有助于状况较差者的利益，就不欲占有较大的利益"②。

公平正义的这些原则，一方面表达着对我们的善的无条件关心，另一方面加强着互惠原则的作用。在罗尔斯看来，道德的发展过程以及道德心理学法则所体现的互惠性特征表明，越是无条件地关心我们的善（比如父母对子女的善的关心，社团中的成员对其他人的善的关心），他人越是明确地拒绝利用偶然性和事故，必定越加强我们的自尊；而这个更大的善又引向对他人和对制度的以德报德、以善报善的倾向。相比之下，功利主义原则是不兼容于人性的，因为它要求，在社会中的较少受惠者愿意支持那种只有利于处境较好者而不利于他们自己的制度。一个功利主义社会的制度并不以人们之间的"互惠"

----

① 第二个正义原则说的是："社会和经济的不平等应这样安排，使它们：①在与正义的储存原则一致的情况下，适合于最少受惠者的最大利益；并且，②依系于在机会公平平等的条件下职务和地位向所有人开放。"而第二个优先规则（正义对效率和福利的优先性）说的是："第二个正义原则以一种词典式次序优先于效率原则和最大限度追求利益总额的原则；公平的机会优先于差别原则。这有两种情况：①一种机会的不平等必须扩展那些机会较少者的机会；②一种过高的储存率必须最终减轻承受这一重负的人们的负担。"参见［美］罗尔斯：《正义论》（修订版），何怀宏、何包钢、廖申白译，中国社会科学出版社 2009 年版，第 237 页。

② ［美］罗尔斯：《正义论》（修订版），何怀宏、何包钢、廖申白译，中国社会科学出版社 2009 年版，第 80 页。

为目标，也没有实现"对我们的善的无条件的关心"，而是以那些较少受惠者为代价，无条件地提升总量的善。[①] 实际情况是，人们对于那些不关心自己的善的正义原则是不敏感的，而且也无心遵守它们。

因此，与功利主义原则相比，公平的正义所引起的人们对他人和对制度的依恋关系更有力，所培养的人们的正义感也更有效力。

影响道德心理学法则发挥作用的第二个重要因素，是"道德观念的明晰性"。这里说的是，那些更加容易被人们的理性所理解、当其被用于指导社会基本制度时更具可操作性的道德观念和道德原则，更容易被人们所接受。在人们的道德发展过程中，这样的道德原则更能使道德心理学法则发挥更大的作用，从而培养出更有效力的正义感。

前面我们已经说过，在道德心理学的发展中，理性理解力起着重要的作用。在儿童的"权威的道德"阶段，儿童对父母提出的道德要求缺乏理解力。因此，儿童的道德学习具有极大的被动性，他对道德原则的接受和他的道德情感的习得，主要依赖于对父母权威的信任。但是，随着理性的成长，在往后的道德学习中，人们的主动性越来越增强了，理性理解力在道德的发展中起着重要的作用。在一个自由民主的良序社会中，理性的人们将会选择在他们的理性看来最合理的道德原则。

罗尔斯认为，与"功利主义""完善论"以及"直觉主义"等道德理论相比，公平的正义的两个正义原则及其优先性规则，具有更大的明晰性。公平的正义要求保障人们的基本社会善，比如自由、权利、机会等，这些善是很容易理解的，也是很容易确定的。我们在宪法中就可以把这些善确定下来，并且保证它们不受侵犯。相比之下，

---

① ［美］弗雷曼：《罗尔斯》，张国清译，华夏出版社 2013 年版，第 266 页。

"差别原则"似乎显得不够准确，缺乏可操作性。但是，罗尔斯认为，与功利主义强调平均福利或者总体福利的最大化，以及完善论对作为卓越性的"善"的定义相比，差别原则是相对明晰的概念，它比较容易被解释和被运用。因为，差别原则相当直接地确定什么东西将促进最不利者的利益，而对"最不利者"这一群体的鉴别可以通过它的基本善的指标来进行。相比之下，功利主义原则关于平均（或总体）福利的观念是含糊的。要贯彻功利主义原则，我们就必须对不同代表人的功利函数做出某种估计，并在他们之间建立一种人际一致，如此等等。但是，这样做会带来很多问题，把人们在不同方面的善，以及不同的人的善，加以"均质化"和"量化"，这本身就是有问题的。而且，最后得出的这个量化的总额只能是粗略地估计的结果，并不准确。

罗尔斯认为，"完善论"（或"至善论"）原则同样也是缺乏明晰性的。罗尔斯认为完善论原则有两种变体。第一种是目的论的唯一原则，它指导社会按下述目的来安排制度并规定个人的义务和责任，即最大限度地达到人类在艺术、科学、文化方面的卓越性；第二种较温和的观点体现在一种直觉主义理论中，它把完善原则仅仅看作诸多标准中的一种，而且这个原则要通过直觉来和其他原则取得协调。[①]完善论原则显然是欠明晰的。在罗尔斯看来，人们除了在自由、权利等基本善方面能达成一致之外，在其他具体的善方面，人们的观念是多元的。首先，有些事物对这些人来说是善，是他们所追求的，但是对另一些人来说不是善，不值得他们追求。其次，人们关于到底什么是一个事物的善（或者卓越性），往往没有一致的看法。这就表明，

---

① 参见［美］罗尔斯：《正义论》（修订版），何怀宏、何包钢、廖申白译，中国社会科学出版社 2009 年版，第 254—255 页。

完善论原则，当它作为一种道德原则被用于指导社会基本制度时，是缺乏明晰性的。

由此可见，与功利主义原则和完善论原则相比，"两个正义原则在较清楚地阐明它们的各种要求上以及需要做什么来满足它们方面具有一种优势"①。在道德的发展中，公平正义的这种明晰性使得它能够培育出更有效力的正义感。

影响道德心理学法则发挥作用的第三个重要因素，是"道德观念的理想的吸引力"。这个观点说的是，契约论观点比其他竞争的观点更符合于我们的善，因此更能产生有效力的正义感，从而表明公平的正义是更加稳定的道德观念。这个问题将留在下一章进行论述。

总之，在一个由公平的正义指导的良序社会中，人们将常态地获得一种有效的正义感，即遵守正义、按照正义原则行事的有效欲望。这种欲望是一种重要的道德动机和道德情感。有三条重要的道德心理学法则在道德情感的发展过程中起着重要的作用。公平的正义，因其具备"对我们的善的无条件关心""道德观念的明晰性"和"道德观念的理想的吸引力"这三个方面的优势，从而增强了道德心理学法则作用的发挥，使人们获得更有效力的正义感。正是这种有效的正义感，表明公平的正义是相对稳定的正义理论。

第四节　公平的正义与道德义务

不同的正当观念、不同的正义理论，对人们提出的道德要求

---

①　［美］罗尔斯：《正义论》（修订版），何怀宏、何包钢、廖申白译，中国社会科学出版社 2009 年版，第 251 页。

（即道德义务）是不同的；这一点也影响着正当或正义理论的稳定
性。如果一种正义理论对人们提出的要求过高，超出了人们的正义感
能力的承受范围，这样的正义理论同样是缺乏稳定性的。因此，公平
的正义理论的稳定性，还表现在它向人们提出的道德要求（即人们
应当履行的道德义务）是合理的，它不至于给人们的正义感带来过
重的负担，因而人们能够实际地遵守正义原则。

罗尔斯认为，一种完全的正当理论既包括适用于社会基本结构的
正义原则，还包括适用于个人的原则。这些适用于个人的原则是一种
正当观念的重要部分，"它们确定了我们与制度联系和人际之间相互
负有责任的方式"①。罗尔斯把人们要在原初状态下进行选择的、适
用于个人的观念和原则作了如下的分类：第一，道德要求，包括
"职责"和"自然义务"；第二，允许的行为，包括消极的行为（冷
淡）和积极的行为（分外行为，包括善行、勇敢和怜悯）。② 可见，
公平的正义的稳定性的一个重要方面就在于，它把那些需要依靠极高
的仁慈之心和利他之心的行为排除在了严格的"道德义务"之外。
因此，它向人们提出的道德要求或道德义务（包括职责和自然义务）
是适中的，人们履行这样的义务不会导致对自己的不公平，因而不会
损害他们的正义感的效力。

一、公平原则和职责

罗尔斯认为，公平原则和"职责"的产生是这样的："如果一个

---

① ［美］罗尔斯：《正义论》（修订版），何怀宏、何包钢、廖申白译，中国社
会科学出版社 2009 年版，第 261 页。

② ［美］罗尔斯：《正义论》（修订版），何怀宏、何包钢、廖申白译，中国社
会科学出版社 2009 年版，第 84 页。

制度是正义的或公平的，亦即满足了两个正义原则，那么每当一个人自愿地接受了该制度所给予的好处或利用了它所提供的机会来促进自己的利益时，他就要承担职责来做这个制度的规范所规定的一份工作。"① 罗尔斯认为，所有的职责都是以这种方式产生的。公平原则产生职责要同时满足两个条件："首先，这一制度是正义的（或公平的），即它满足了正义的两个原则；其次，一个人自愿地接受这一安排的利益或利用它提供的机会促进他的利益。"② 在现实生活中，当人们所参加的一项活动满足了上述两个条件之后，人们就必须履行自己的职责，做出自己应尽的一份工作。

"公平原则"实际上是一个重要的"道德原则"。当制度公平的时候，履行职责对当事人来说是公平的，因为别人没有占他的便宜；而当他履行职责的时候，对别人来说是公平的，因为他没有占别人的便宜。因此，在一个公平的社会中，人们都应该尽到自己的相应职责。因为人们之间是"平等的"，没有理由要求一些人比另一些人在同等情况下"付出更多"，或者"得到更少"。

二、自然义务

自然义务以我们对"人"的基本理解或者关于"人"的基本观念为基础，而不管他是何种身份或者从事何种职业，具有什么样的社会地位，怀有什么样的价值观念或者思想情感。自然义务在所有作为

① ［美］罗尔斯：《正义论》（修订版），何怀宏、何包钢、廖申白译，中国社会科学出版社2009年版，第269页。

② ［美］罗尔斯：《正义论》（修订版），何怀宏、何包钢、廖申白译，中国社会科学出版社2009年版，第86页。

平等的道德个人中得到公认。因此，"自然义务不仅归之于确定的个人，比方说，那种在某种特殊的社会安排中共同合作的人，而且归之于一般的个人。这一特征尤其暗示出'自然的'（natural）这一形容词的性质"①。由此可见，自然义务是针对所有的人的，因而是普遍的。

自然义务中一项非常重要的义务是尊重的义务。在前现代的等级社会中，尊重往往是地位低微者对占据高位者的尊重，是普通民众对圣贤和精英人物的尊重。在现代社会中，人人平等的观念已经深入人心，作为一种普遍的自然义务，尊重不再是对特殊人物的尊重，而是对所有人的尊重，是所有人之间的相互尊重。因此，罗尔斯认为，所谓相互尊重的义务，"就是给予一个人以作为一个道德人，亦即作为一个具有一种正义感和一种善的观念的人所应得的尊重的义务……"②。可见，相互尊重的义务成立的唯一根据就在于"把人当人看"，也就是把人当作一种"道德人"或"道德人格"。

我们可以以各种方式表达对别人的尊重，但是最重要的是对他们的善观念能力和正义感能力的尊重。一方面，对人们的善观念能力的尊重意味着，我们必须尊重别人在符合正义原则的条件下对他们的善的自由追求，我们不能横加干涉或者蔑视他们的善。黑格尔就认为："人民就是不知道自己需要什么的那一部分人。知道别人需要什么，尤其是知道自在自为的意志即理性需要什么，则是深刻的认识和判断

---

① ［美］罗尔斯：《正义论》（修订版），何怀宏、何包钢、廖申白译，中国社会科学出版社 2009 年版，第 88 页。

② ［美］罗尔斯：《正义论》（修订版），何怀宏、何包钢、廖申白译，中国社会科学出版社 2009 年版，第 264 页。

的结果，这恰巧不是人民的事情。"① 如果我们像黑格尔这样怀疑一些人没有善观念能力，或者说不知道什么是真正的善，那么我们当然就不会尊重他们的善观念和他们对善的追求。另一方面，对人们的正义感能力的尊重则意味着，我们要把他们看作是具备正义感的人，看作是讲道理的、通情达理的人。我们愿意通过讲道理来处理我们和他们之间的关系。

由于人们都希望自己被当作一个道德人格来对待，被当作一个讲道理的人来对待，都希望得到别人的尊重，所以，如其他条件相同，包含"相互尊重"这个道德要求（即道德义务）的正义理论就更能得到人们的拥护，因而就更稳定。显然，公平的正义就是这样的理论。

三、允许的行为和分外行为

在公平的正义理论中，职责和自然义务都是对个人的一种"要求"，是必须要做的行为。但是除了"要求"之外，还有一些行为是"允许的行为"（permissions）。允许的行为就是那些人们可以自由地选择做或不做的行为，它们是不违反任何职责或自然义务的。为"允许的行为"留下地盘的意义在于：第一，它可以使人们以"回溯"的方式去发现和领悟正义原则到底意味着什么，它的适用范围是怎样的，因为在不同的正义观念和正义原则下，"允许行为"的内容是不同的。第二，它捍卫着人们的自由，给自由选择留下了余地。

① ［德］黑格尔：《法哲学原理》，范扬、张企泰译，商务印书馆 1961 年版，第319 页。

如果人的所有行为都被要么归属于职责要么归属于自然义务，那样人就没有了行动的自由，因为它们要求人们必须怎样行为。而允许的行为则保障着人们的自由选择，人们既可以这样行动也可以那样行动，还可以既不这样行动也不那样行动。

允许的行为分为消极的行为和积极的行为。积极的允许的行为主要是指"分外行为"（supererogatory actions），比如"善行""勇敢""怜悯"等。① 罗尔斯认为，分外行为提出了伦理学的头等重要的问题。对分外行为的规定，与一种伦理学说或者正义理论本身有着极大的关系。在公平的正义理论中，职责的履行与规范着人们的共同活动的原则（乃至于整个社会基本制度）是否正义有关；同时，自然义务的履行也会考虑到代价的问题。也就是说，职责和自然义务的履行是有条件的。但是分外行为则是无条件的，人们可能要为此付出极大代价。功利主义是把在公平的正义看来属于分外的行为当作自然义务了，因此它就会要求人们为了总体利益的最大化而牺牲个人利益。罗尔斯说："在古典功利主义对自然义务的概述中，不含任何相应于可豁免的义务的说明。这样，公平的正义看作分外有功的某些行为，就可能要被功利原则作为义务来要求。"② 而在公平的正义看来，不考虑代价的行为是分外行为，不是必须要做的自然义务。

由此可见，正是由于提出了符合人们的承受能力的道德要求，这种要求是人们实际上能够做到的，因而，公平的正义理论就比功利主义更符合道德人性，更能得到人们的遵守，也就更稳定。

---

① ［美］罗尔斯：《正义论》（修订版），何怀宏、何包钢、廖申白译，中国社会科学出版社 2009 年版，第 84 页。

② ［美］罗尔斯：《正义论》（修订版），何怀宏、何包钢、廖申白译，中国社会科学出版社 2009 年版，第 90 页。

第三章 公平的正义与善的契合

　　一种正义理论对人们的善的关心程度，影响着人们对该正义理论的态度。越是有利于维护人们的善的正义理论，越能够得到人们的认可和遵守。公平的正义具有稳定性的一个重要方面就在于，它与人们的善之间是一种契合性关系；也就是说，公平的正义的实施不仅不会损害人们对善的追求，而且还有利于人们的善。因此，公平的正义的稳定性论证的另一个重要方面，是对公平的正义与善的"契合性"或者"一致性"的论证。

　　正当和善是伦理学中最为重要的两个概念。不同的伦理学理论对这两个概念以及它们之间的关系的界定是不同的。以某种方式坚持善优先于或者独立于正当的理论，被称为"目的论"的伦理学，比如古典功利主义；而以某种方式坚持正当优先于善的理论，被称为"义务论"的伦理学。罗尔斯的正义理论属于"义务论"的伦理学。罗尔斯在坚持正当优先的前提下，兼顾善，在他看来，任何不顾及正义原则的结果、不顾及善的伦理学理论都是不合理的，甚至是疯狂的。一种合理的伦理学理论一定是兼顾善的理论。公平的正义就是这样的理论，它实际上体现了"正当优先兼顾善"的原则，从而是一种"温和义务论"。因此，对公平的正义如何兼顾善的论证，就构成了"稳定性论证"的第二个重要部分。

第一节　善理论

"善理论"在罗尔斯的正义理论中占据着十分重要的地位。一方面，正当和善是伦理学中的两个基本概念，不同的伦理学说对正当和善何者优先有不同的理解。罗尔斯对善的界定以及对正当与善之间关系的处理，决定着"公平的正义"的温和义务论特征。另一方面，公平的正义的"稳定性"部分地依赖于公平的正义与善的契合性关系，而要想论证公平的正义与善的契合性关系，就必须首先澄清罗尔斯的善理论。

罗尔斯初次提出他的善理论是为了推演出公平的正义理论。在原初状态中，人们在选择正义原则时必须知道且仅仅知道"社会基本善"；但是，一旦正义原则被选出，人们走出"无知之幕"而来到现实社会，人们的善观念就多元化了。对于人们的多元善观念，罗尔斯没有急于给出善的单纯定义，也没有提出一份具体的"善目表"，而是首先区分了"善"概念适用的不同层次，即"物"的层次、"人"的层次和"社会"的层次。就"善"是指事物的某些属性（包括人的道德属性）或者功能而言，罗尔斯对"善"给出了一种"形式的定义"；就"善"是指人们日常生活中的欲求和目标而言，罗尔斯则把一个人的（理性）"善"看作集中体现在他的"理性（rational）生活计划"① 之中。"善"还可以指社会共同体的价值。

—————————

①　关于"reasonable"和"rational"，国内学者有不同的译法。一些人将"reasonable"译为"合理的"，相应地，"reasonableness"译为"合理性"；而把"rational"

一、善的弱理论和善的强理论

罗尔斯区分了两种善的理论，即"善的弱理论"（thin theory of good）和"善的强理论"（full theory of good）。① 前者适用于处在原初状态和无知之幕下的人们的善观念，后者主要用于说明走出原初状态之后的人们的善观念。实际上，"善的强理论"和"善的弱理论"的区分，是由公平的正义理论的特殊结构所必然要求的。罗尔斯对公平的正义理论的论证本身就分为两个大的部分，即：理想条件下的论证（"理想性论证"）和非理想条件下的论证（"非理想性论证"）。前者是对在假定的理想条件下人们何以将选择两个正义原则的论证，后者是对两个正义原则在现实社会中将如何实施以及实施的效果如何的论证。

按照罗尔斯的道德契约理论，人们在原初状态下要对适用于社会基本结构的正义观和正义原则进行选择，而社会基本结构决定着对基本的"社会善"（或者"社会基本善"）的分配。基本"社会善"指

译为"理性的"，"rationality"则译为"理性"。例如张国清在《罗尔斯》中就遵循这种译法（参见［美］弗雷曼：《罗尔斯》，张国清译，华夏出版社2013年版，"前言与致谢"，第22页，注释①）。另一些学者的译法则正好相反，如万俊人在《政治自由主义》中，把"reasonable"译作"理性的"，而把"rational"译作"合理的"（参见［美］罗尔斯：《政治自由主义》（增订本），万俊人译，译林出版社2011年版，第44页）。本书所根据的《正义论》的中译本（［美］罗尔斯：《正义论》（修订版），何怀宏、何包钢、廖申白译，中国社会科学出版社2009年版）对"reasonable"和"rational"的翻译不统一，其中，"rational"有时被译为"理性的"，有时被译为"合理的"。但是，就《正义论》第七章"理性善"（Goodness as Rationality）的整个语境来看，凡是涉及"理性善""理性生活计划"和"理性选择原则"时，"rational"都应该译为"理性的"，而不是"合理的"。因此，凡是涉及这几个短语的翻译，都依照英文原文对"中译文"做了改动，统一把"rational"译为"理性的"。

① John Rawls, A Theory of Justice, Belknap Press of Harvard University Press, Revised Edition, 1999, p.348.

的是，一个理性的人，不管他的人生目标和生活计划是什么，也不管他还想要其他的什么善品，他都需要这些善。显而易见，受不同社会发展状况和不同的社会普遍观念的影响，人们对基本社会善的内容的理解是不同的。罗尔斯的公平的正义理论是以现代自由民主社会为背景的，因此在他看来，这些基本善就应当包括权利、自由、机会、收入、财富和自尊等。与健康、智力、想象力等这些由自然赋予的基本善不同，基本的"社会善"受到社会基本结构的调节和社会具体制度的直接控制。因此，人们最为关心的就是基本的"社会善"的分配问题。根据罗尔斯的正义理论，人们就是要在"原初状态"这种公平的条件下选择用来分配这些基本社会善的正义原则。

可见，基本社会善的观念是人们在选择正义原则之前就已经具备的。实际上，假定这些善观念是论证公平的正义理论的必要基础，如果没有这个基础，两个正义原则就无从选择；同时，如果假定了不同的基本社会善的内容，人们也将会选出不同的正义原则。但是，在原初状态概念中，为了能够使人们在公平的条件下选出两个正义原则，公平的正义理论也只能假定人们就知道这么多的基本社会善，而不知道其他的特殊的善。罗尔斯把对原初状态中的善的描述，称之为"善的弱理论"。

由此可见，"善的弱理论"及其所确定的基本社会善是论证两个正义原则的基础；同时，"善的弱理论"所描述的善只能进展到可以选出正义原则的程度，原初状态的概念不允许人们具备更多的善观念，因为这将影响人们对两个正义原则的选择。这样，在"弱理论"的意义上，正义原则就以"基本善"为基础。

但是，按照公平的正义理论的结构，一旦人们选定了正义原则，"无知之幕"就会打开，人们就走出了原初状态，来到了现实社会。

在现实社会中，在遵守正义原则的基础上，人们依据自己所处的环境和可资利用的条件，自觉地形成各种各样的生活计划和人生理想，而这些计划和理想的实现、需求和欲望的满足，就是现实中的人们的善。这就是罗尔斯所说的"善的强理论"所适用的情况。在这里，人们对善的追求就要符合已经选择的正义原则，只有符合正义原则的善才是合理的、是被社会所承认和保护的。

"善的弱理论"和"善的强理论"的区分具有重要的意义，它有利于解释三个非常重要的问题。

第一，"善的弱理论"被用于确定社会中的最少受惠者或者最不利者的情况。正义诸原则中的"差别原则"说的是，社会不平等，当其有利于提高社会中最不利者的生活前景时，才是正当的，是允许的。现在的问题就是，以什么为衡量的标准来挑选最不利者，以及如何判断不平等的实施有利于提高最不利者的生活前景。罗尔斯对这个问题的处理没有达到能够让人们满意的清晰程度，但是他的基本意图仍然是明显的。由于两个正义原则是直接应用于社会基本结构的，而人们在选择正义原则时又是以对社会基本善的了解为基础的，因此，最少受惠者实际上指的就是那些相比之下对社会基本的善的享有和利用最少的人。因为社会基本善是最基本的、是任何人都想要的东西，是人们追求其他的具体的善的基本条件，人们对它们的拥有决定着人们的生活前景。最少受惠者就是针对人们对这些"社会基本善"或者"社会初级产品"的享有而言的，而不是指个人的具体的善或者福利。

因此，为确定社会中的最少受惠者提供衡量标准的是"善的弱理论"而不是"善的强理论"。前者所理解的善就是那些基本社会善，而后者所理解的善则是与具体的社会状况和个人的状况有关的具体的、特殊的善。

第二，"善的弱理论"和"善的强理论"的区分被用来回应对作为公平的正义的这种反对意见，即人们在原初状态和无知之幕下选择的正义原则与人们在现实社会中的生活计划相冲突，因而这种选择是不合理的。我们知道，在罗尔斯看来，原初状态的设想是公平合理的，因为有无知之幕，所以人们只了解普遍的一般事实，而不了解与他们个人有关的特殊信息，在这种情况下选出的正义原则才是公平的。而反对意见则认为，罗尔斯所设想的原初状态其实是不公平的，也是不合理的。因为无知之幕太厚了，它过滤掉的信息太多，人们对自身的境况了解得太少了，不足以选择比较合理的正义原则。也就是说，他们在那种情况下选择的正义原则，可能与他们在现实社会中的生活计划格格不入。由于要坚持正当优先于善，因此，他们在现实社会中的具体行动计划可能因不符合正义原则而屡遭挫败。如果经常发生这样的情况，那就证明在原初状态和无知之幕下选择的正义原则是不合理的。

但是在罗尔斯看来，原初状态的设置和原初状态下的选择理性不至于导致这种情况，即人们选择的原则会和他们在现实社会中的生活计划或者总体的善有比较大的冲突。

罗尔斯的回答实际上分为两个部分。第一个部分是从原初状态出发，运用"善的弱理论"来进行回答的。罗尔斯认为，首先，一个人的选择理性不依赖于他对情况了解多少，而依赖于他根据所知情况推理的好坏，假如我们正视我们的环境并在推理上尽可能做到最好，我们的决定就是合理的。[①] 因此，虽然"无知之幕"使人们不知道他

---

① ［美］罗尔斯：《正义论》（修订版），何怀宏、何包钢、廖申白译，中国社会科学出版社 2009 年版，第 312 页。

们的具体的善是什么，甚至不知道他们的终极目的是什么，但是他们对于实现他们的具体计划和理想目标的基本条件，即社会基本善，是了解的。而且，可供人们选择的正义原则不是无限多的，而是有限的。因此，如果假定人们能够很好地进行理性推理的话，他们会选择那些比其他所有备选对象都更合理的正义原则。

其次，"一俟各方缔结了原初的协议，他们就假定了他们的善概念有一个确定的结构，这种结构足以使他们在一种合理基础上选择原则"①。罗尔斯的这个看法对于回答上述质疑是非常关键的。上述质疑的核心在于，原初状态下选择的正义原则与人们实际的善之间不具有契合性，两者之间偏差太大，甚至会南辕北辙。但是罗尔斯告诉我们，"善的弱理论"表明，原初状态下的"基本善"不仅是实现其他具体的或者特殊的善的条件，而且本身就是最基本的善，它们限定着人们的具体生活计划的基本方向和整体的善的基本范围。因此，依据原初状态下的基本善的结构，人们就能做出合理的选择。也就是说，人们在原初状态下选择的正义原则与人们在现实社会中的整体的善之间是相契合的。可见，原初状态和无知之幕的设置是合理的，人们在这样的条件下选择的正义原则也将是合理的，它的这种合理性和正当性足以使它能够对人们的"善的强理论"意义上的善观念进行调整。这是"正当优先于善"的一个重要表现。

与第一个部分不同，罗尔斯对上述质疑所做的回应的第二个部分是从相反的方向，即从现实社会出发，运用"善的强理论"来进行的。其实质是要说明，人们在现实社会中的善同原初状态中的基本善以及人们所选择的正义原则之间的差异性，远不如质疑者们所假设的

---

① ［美］罗尔斯：《正义论》（修订版），何怀宏、何包钢、廖申白译，中国社会科学出版社 2009 年版，第 312—313 页。

那样悬殊。在现实中，很多与正义或正义原则相联系的道德上的善，对人们来说是非常重要的，是构成人们的整体的善的重要组成部分。这就需要一种更为综合性的善理论，它包含着对善行、分外行为以及道德价值等的界定，其中的道德价值本身又是伦理学的第三个主要概念。道德价值，顾名思义，就是道德德性、道德行为等道德现象的价值，也就是说，道德本身对人来说就是有价值的，是人的善的一部分。因此，比如说，服从道德律或者按照道德规范做事，就不仅仅是一种权宜之计，一种获得其他善的手段，而是人的善的一部分。正如罗尔斯所言，至少在一个良序社会的环境或在一种近于正义的状态中，做一个好人的确是一种善。这个事实同正义的善，同一种道德理论的一致性问题是密切联系在一起的；对这个事实的理解和解释，就需要我们运用一种善的强理论。① 我们已经说过，"善的强理论"是适用于人们已经选定了正义原则、走出了原初状态之后的情形的，这时候，就不再是像原初状态下那样，正义原则以基本社会善为基础，而是用已经选择的正义原则来规范人们对善的追求，规范其他的道德概念。罗尔斯说："一俟正当原则确定了，我们就可以用它们来解释道德价值的概念，解释道德德性的善。的确，即使是决定着对人来说是善的东西或者人生价值的理性生活计划，本身也是由正义原则约束着的。"②

这样，现实中的人们的善虽然是多元的和多样的，但实际上并不是无限的和任意的，而是有一个大致的范围。这个范围与人性和人的

---

① ［美］罗尔斯：《正义论》（修订版），何怀宏、何包钢、廖申白译，中国社会科学出版社 2009 年版，第 313 页。

② ［美］罗尔斯：《正义论》（修订版），何怀宏、何包钢、廖申白译，中国社会科学出版社 2009 年版，第 313 页。

生存状况紧密相连，并且受到正义观和正义原则的限制。这就再一次表明，人们在原初状态下选择的正义原则与人们在现实社会中的整体的善之间是相互契合的，而不是相差悬殊。

第三，"善的强理论"还被用于解释各种社会价值以及正义的稳定性等这样的情形中。社会中的善是多种多样的，比如，当人们从他们所共同认可的正义观念或者正义原则出发从事某些活动时的善，在参与一次公平的足球比赛时所得到的善等。另外，在一些活动过程中，具备有效的正义感或者道德感也是一种善。总而言之，在确定了正义原则之后，用"善的强理论"来涵括各种社会中的善就是恰当的，这样做并不影响正义原则的运行。

在罗尔斯看来，对于良序社会中的公民来说，正义感毫无疑问是一种善，不过是一种"弱理论"意义上的善。① 简单地说，正义感就是想要按照正义原则行事的欲望。从道德心理学上说，它是一种道德情感；从道德哲学上说，它是一种道德动机；而从道德人格上说，它是一种道德能力。原初状态的人们在选择正义原则时是了解一般的道德心理学知识的，他们把良序社会的人们具备正义感当作一个基本事实而接受下来。在这种情况下，正义感就是一种"弱理论"意义上的善，因而正义感本身就始终是一种善，在现实社会中也是如此。在罗尔斯看来，正义感是维持一个社会稳定——如人们所向往的那样——的重要因素。这样一种社会"不仅产生出自我支持的道德态度，而且从那些在估价自己境况时无须正义约束便能抱有道德态度的

---

① ［美］罗尔斯：《正义论》（修订版），何怀宏、何包钢、廖申白译，中国社会科学出版社2009年版，第313—314页。

有理性的人们的观点来看，这些道德态度也是值得向往的"①。

实际上，除了正义感之外，能使一种正义观及其所指导下的良序社会成为稳定的，还有来自另外一个方面的要素，那就是正义与善之间的契合或者一致性。这两个方面是罗尔斯正义理论的重要组成部分，而作为公平的正义在这两方面比别的正义观更具优势。这也正是本书的研究想要表明的核心立场。

总之，罗尔斯对"善的强理论"和"善的弱理论"的区分具有十分重要的意义。罗尔斯假定原初状态中的各方具备"弱理论"意义上的善观念，这就使得关于人们在原初状态下将会选择两个正义原则及其优先规则的推理是合理的。同时，这种区分有利于表明公平的正义怎样无条件地关怀着人们的"弱理论"意义上的善，而同时在某种程度上对人们的"强理论"意义上的善持一种开放的态度。公平的正义对不同的善的这种区别对待，符合人们的现实需要，公平的正义也就能够得到人们的认可和遵守。

二、善的形式定义以及事物的属性善

善理论是公平的正义理论的重要组成部分。在对公平的正义的"理想性论证"中，罗尔斯运用了"善的弱理论"，并且直接列举出了诸社会基本善，在这里，罗尔斯对善的规定是"实质性"的。但是，在现实社会中，人们的善观念是多元化的；同时，"善"概念经常被用在不同的对象上。因此，罗尔斯不是径直地去列举出具体的善

---

① ［美］罗尔斯：《正义论》（修订版），何怀宏、何包钢、廖申白译，中国社会科学出版社 2009 年版，第 314 页。

的目录，而是对"善"概念的应用层次作了区分。

"善"概念可以被用在不同的对象上。大致说来，这些对象可以分属三个不同的方面：一是指事物的属性（包括人的道德属性）或者功能，二是指人们的欲求和目的，三是指由社会共同体所实现的某些价值。就第一个层次而言，"善"可以指一个事物的某种属性或者功能，这种属性或者功能要么是对人有用的，比如一块走时准确的手表，它能帮助人们准确计时，它就是善的；要么虽然没有什么实际用处，但是可以供人欣赏，比如一条做工精美的项链。同时，"善"还可以指人们的某些德性（包括道德德性），比如，对于短跑运动员来说，速度快就是一种德性，也是一种善，而公正则是法官的重要德性，也就是一种善；更一般地说，"正义"则是所有人应当具备的一种德性，因而具备"正义"德性对所有人来说就是一种"善"。就第二个层次而言，"善"通常首先是指人们想要满足的欲求或者想要实现的目标，这是古典功利主义理论的典型观点，罗尔斯在公平的正义理论中也把这个观点纳入到了他的善理论中。另外，在"目的论"哲学中，"善"还可以指人的终极目的，比如成为道德存在物或者理性存在物的目的。就第三个层次而言，"善"还可以指"社会善"或者"共同体的善"。

对于事物的"属性善"或者"功能善"，罗尔斯给出了一种形式的规定；这种形式的定义表明，客观事物对人而言的"善"，是由人自身的主客观条件所决定的。这就是客观事物的价值的主体性特征。

罗尔斯对事物之"属性善"或者"功能善"的"形式规定"包含三个阶段。（1）当且仅当在已知人们使用 X 的目的、意图等的条件下，A 具有人们合理地要求于一个 X 的那些性质时，A 是一个善 X；（2）当且仅当在已知 K（在 K 是某个人的情况下）的境况、能力和生活计划（他的目的系统），因而考虑到他使用 X 的意图或无论什么的条件下，A 具有 K 合理地要求于一个 X 的那些性质时，A 对于 K 是一个善 X；（3）前述（2）加上一个补充条件，即 K 的生活计划或他的生活计划中与目前境况有关的那部分本身是合理的。[①]

　　"善"的形式定义的第一个阶段说的是，当一种事物的某种属性或者功能对人们来说普遍有用或者有价值时，这种属性或者功能对人们来说就是该事物的一种善。例如，手表的普遍功能是用来准确计时的，"走时准"是我们能够合理地要求于一块手表的属性或者功能，这种功能就是我们能够合理地从手表那里得到的"善"，而"走时准"的手表也就是一块"善的"（即"好的"）手表。显然，这里讲的是一种事物对所有人而言普遍有用的方面，即对所有人来说都是一种"善"，是一种普遍的善。"善"的形式定义的第二个阶段讲的是对于一个具体的人来说，一种事物的何种属性或者功能对他来说是善的。由于生活条件和个人情况的差异性，一当我们把个人的利益、能力和环境等这些细节或者特殊条件考虑进来的时候，那么对一个人的善的判定就要用到对善的第二个阶段的形式定义。比如说同样是一匹跑得快的马，对于一个骑马技术高超的人来说这是一种"善"，是一件好事，但是对于一个不会骑马的人来说，这可能并非是一件好事，因而不是他的真正的"善"。这就表明，同样的事物对不同的人来说具有不同的价值。善的形式定义的第三个阶段把对"善"的规定同人们的"理性（rational）生活计划"联系起来了，这就在第二个阶段的基础上，对何为一个人的"善"添加了更多的条件限制。

　　这些限制条件具有双重的作用。一方面，对于具体的个人来说，

---

　　① ［美］罗尔斯：《正义论》（修订版），何怀宏、何包钢、廖申白译，中国社会科学出版社 2009 年版，第 314 页。

他的善的范围被大大缩小了。由于考虑到他的意图、能力、所处环境以及他的理性生活计划的限制，对于特定量的事物，可能其中只有很少的一部分对他来说是真正有价值的：对于一个囊中羞涩的人来说，虽然面前堆满了琳琅满足的商品，但他能买得起的只有其中价格廉价的几种，别的商品对他来说等于"无"；同理，对于一种事物的多重属性或功能，也可能只有其中的一少部分属性或功能对他来说是有价值的。另一方面，由于这些特殊条件的限制，就人际比较来说，人们的"善"更加多元化了。比如，受有限的购买力和紧迫需求的限制，甲最需要的是一袋大米，而乙最需要的则是一把斧子，也就是说，甲乙二人对"善"的追求是不同的。可见，事物的属性善或功能善不是独立存在的，而是以主体（人）的需要和目的为依据的，这就是价值或者善的主体性特征。

罗尔斯关于善的形式定义以及"善"的一层意思是指事物的属性善或者功能善的讨论，有利于论证公平的正义与善的契合性关系。对于特定的个人来说，善的形式定义中的这些限制条件在很大程度上缩小了他的善的范围，真正值得他追求的善、他能够理性地追求的善实际上是有限的，而不是无限的。这就降低了公平的正义与人们的善之间存在冲突的可能性，反过来说，它增加了公平的正义契合于人们的善的可能性，从而增加了公平的正义具有稳定性的可能性。

三、理性生活计划和理性善

在罗尔斯的善理论中，"善"的一个层面的意思是指人们日常生活中的欲求和目标。由于人们是具有理性能力的，所以并不是所有的欲求和目标都是应当追求的，只有对那些经过理性审查的欲求和目标的满足，对人们来说才是真正的善。这样的理性善体现在一个人的理性生活计划之中。

（一）理性生活计划及其所决定的理性善

罗尔斯认为，一个人的"善"集中体现在他的生活计划中。罗尔斯赞同罗伊斯的如下观点，即一个人可以被看作是按照一种计划生活着的一种人生，一个人通过描述他的目的和事业，描述他在生活中力图去做的那些事情而讲述着他是谁。[①] 我们需要注意的是，这里所说的"计划"是和一个人的人生联系在一起的，它实际上并不是指那些具体的计划，而毋宁说是一种人生规划。正如罗尔斯所说明的，将"计划"这个概念用来表明人的那些一致的系统的目的特征，这些目的使个人成为一个有意识的、人格一致的道德人，因此，"计划"这个词不含技术性的意义，计划的结构也无意引出明显的常识之外的结果。[②] 因此，我们应当注意到，罗尔斯对生活计划的论述往往会以现实中的具体例子来做说明，但是，他实际上想要论证的是那些系统的、终极性的人生规划。

虽然我们说一个人的"善"体现于他的生活计划中，但这并不是说任何一项生活计划都是"理性的"（rational），因而它们所包含的善都是"理性的善"。实际上，"理性的善"（或"理性善"）只是体现在那些理性的生活计划中。只有在理性的生活计划中，人们关于他的善的观念才是理性的，他的利益和目的才是理性的。

---

① ［美］罗尔斯：《正义论》（修订版），何怀宏、何包钢、廖申白译，中国社会科学出版社 2009 年版，第 321 页。

② ［美］罗尔斯：《正义论》（修订版），何怀宏、何包钢、廖申白译，中国社会科学出版社 2009 年版，第 321 页，注释①。

那么，怎样定义"理性生活计划"和"理性善"呢？对此，罗尔斯径直给出了两个方面的界定：第一，一个人的生活计划是理性的（rational），当且仅当（1）他的生活计划是和适用于他的境况的有关特点的那些"理性的"（rational）选择原则相一致的诸项计划中的一项，并且（2）是满足这个条件的那些计划中的他根据充分"慎思的理性"（deliberative rationality），即在充分意识到有关事实并仔细考虑了种种后果之后会选择的那个计划；第二，一个人的利益与目的是理性的（rational），当且仅当它们是由对他来说是理性的计划所鼓励和设定的。①

理性生活计划体现和决定着一个人的理性善，而一个人的幸福就是他的理性生活计划的实现。因此，正如罗尔斯所认为的，当一个人的一项理性生活计划正在或多或少成功地付诸实施，并且他有理由相信他的计划能够实现时，他是幸福的。②

我们知道，罗尔斯把"理性能力"看作"道德人格"的一个重要方面。因此，"理性生活计划"就是人们运用他们的"理性能力"而制订或选择的计划。但是，"理性"的概念是比较抽象的，为了表明人们在制订或者选择生活计划时究竟是如何应用理性的，罗尔斯用"理性选择原则"和"慎思的理性"代替了"理性"概念。这样，"理性生活计划"就是依据理性选择原则和慎思的理性而制订或选择的计划。关于"慎思的理性"对理性生活计划的影响，我们留待后文再谈。我们先来讨论何为罗尔斯所说的"理性选择原则"以及它

① John Rawls, A Theory of Justice, Belknap Press of Harvard University Press, Revised Edition, 1999, pp.358-359.

② ［美］罗尔斯：《正义论》（修订版），何怀宏、何包钢、廖申白译，中国社会科学出版社 2009 年版，第 322 页。

们是如何指导人们制订生活计划的。

罗尔斯认为，在较为简单的情况下制订或者选择计划时，人们往往会用到"理性选择原则"。这样的原则主要有三个，即"有效手段原则""蕴涵原则"和"较大可能性原则"。这三个原则的共同特征是根据某种计算结果来确定人们的计划。因此，这些原则也被称作"计算原则"。首先是"有效手段原则"，该原则也是最自然的标准原则。它意味着：假如目标是给定的，我们就要把实现它的手段的消耗降到最少；假如手段是给定的，我们就要利用它来实现最大的目标。人们在制订计划时首先考虑的就是这个原则。其次是"蕴涵原则"。该原则说的是，如果一项计划的实施，除了能够实现另一个计划的所有目标之外，还能实现其他的目标，那么这个计划就比另一个计划更可取。假如我们有一次旅行计划，要么去罗马，要么去巴黎，而在罗马要做的事我们在巴黎都能做到，而且在巴黎还能做到其他的事情，那么我们当然会选择去巴黎。最后是"较大可能性原则"。这一原则往往被用来处理这样的情况，即：两个计划所能实现的目标大致相同，但是其中第一个计划实现某些目标的可能性比第二个计划实现这些目标的可能性更大，同时，两个计划在实现其他目标时的可能性都大致相同。在这种情况下，我们就会选择第一个计划。

上述讨论都是针对人们选择或制订短期计划时的情形。但是，对于人们的理性善、对于作为公平的正义理论来说，重要的是人们在做出长期计划甚至终生计划时的考虑。人们在做长期计划时的考虑直接影响着我们对理性善的界定，影响着我们对正义观和正义原则的选择。这样，上述三个简单计算原则在运用于长期计划时，人们需要考虑更多的因素。

关于长期计划，我们必须说明这样几点。第一，长期计划在细节

97

方面是缺乏的，这一点需要随着计划的逐步推行而得到充实。长期计划将会对我们将来很长一段时间的生活产生重要影响，甚至会贯穿我们的一生。这样的计划一旦制订出来，一般来说就不会因为一些未能预料到的偶然因素或者具体细节而发生大的变化。但是随着计划的逐渐推进，我们对相关的生活信息了解得越来越多，我们的具体要求和目标也会逐渐明晰起来。鉴于这种情况，我们在制订长期生活计划时，应当遵循的一个重要原则就是"推延原则"。这个原则说的是：我们将来可以做的事情有好几种，但我们只能做其中的一件，那么在我们现在还不能确定我们将来会做哪一件事的情况下，我们制定计划时就倾向于这样考虑：该计划将使那些可能的事在将来都对我们开放，即考虑我们在将来还有选择的余地。

第二，一项长期计划反映着人们的"欲望的层级"。长期计划首先确立的是人们的较普遍的欲望或者目标，随着时间的推移，在具体实施的过程中，较为普遍的欲望和目标会生成为较为具体的欲望和目标。为了实现长久的、普遍的目标，人们在制订计划时一方面必须依赖一些基本的善，这些善是最为基本的，是实现其他具体目标的条件。另一方面，普遍目标或者长远目标的实现又依赖于具体目标的实现，这些具体的目标是在具体的条件下被设定和选择的，对它们的选择和设定必须与长远目标相一致。

人们在原初状态中对两个正义原则的选择，就可以看作是对一种长远计划的选择，两个正义原则不是要解决当下的、特殊的分配问题，而是要解决长远的、终极的问题，是要回答社会基本结构应当遵循什么样的道德原则的问题。一旦正义原则得到实施，人们在追求自己的善，在制订和选择自己的生活计划时，就要考虑到它们与正义制度的关系，人们的善观念和生活计划必须和已经确立的正义观相一致。

因此，制订生活计划实际上就是把我们的目标和计划按照某种时间次序组织起来，从而使得那些相互联系的目标能够和谐一致，并且能够得到有效的实现。在这个过程中，慎思的理性发挥着重要的作用。通过慎思，人们找到那种能最好地组织他们的活动并最好地影响他们尔后的需要结构的计划，以便他们的目标和利益能富有成果地联系成为一个行为系统；那些会干扰其他目的或破坏其他活动能力的欲望被清除掉，而那些自身就是愉快的并且支持其他欲望的目标则受到鼓励。①

在此，我们有必要谈谈已经做出的选择对人们的善观念和人生目标的影响。罗尔斯指出，我们现在的选择不仅是为了实现我们现在就有的目标或者欲望，而且现在的选择还影响着我们将来可能会具有或者应当具有哪些目标和欲望。上述这一论点对于作为公平的正义理论来说，有着十分重要的意义。因为，人们所选择的正义观必定会对社会基本结构将鼓励何种目标和兴趣产生影响，与此相似，人们所接受的正义原则会对人们应当成为何种人的信念产生作用。② 也就是说，在选定一种正义观和正义原则之后，人们的合理的人生理想和合理的善观念就会受到已经选定的正义观的影响。因此，选择了什么样的正义理论，选择了什么样的道德理论，就意味着我们将要成为什么样的人。这就再次表明，在公平的正义理论看来，正当优先于善，正义观塑造着人们的善观念和人格理想。

---

① ［美］罗尔斯：《正义论》（修订版），何怀宏、何包钢、廖申白译，中国社会科学出版社 2009 年版，第 324 页。

② ［美］罗尔斯：《正义论》（修订版），何怀宏、何包钢、廖申白译，中国社会科学出版社 2009 年版，第 328 页。

当然，对于一些带有根本性和复杂性的长期计划，仅仅依靠简单计算原则和推延原则是不够的。因为可能存在这样的情况，即：可供我们利用的手段可能还会涉及道德问题，或者可能根本就不存在蕴涵较大的计划以供我们选择，或者我们所要实现的目标本身并不是完全相似的，我们不必考虑这些目标本身的价值、我们需要它们的强烈程度以及实现它们的紧迫性等问题。因此，要想做出最终的合理选择，我们往往还要考虑很多其他因素，而这正是"慎思的理性"所要解决的问题。

（二）慎思的理性对理性生活计划的影响

人们在制订和选择生活计划时，往往面临着较为复杂的情境，人们不仅要考虑落实计划的手段、代价等因素，而且还要考虑所要实现的目标本身，以及其他一些重要因素。在这种复杂情况下，仅仅依靠较为简单的理性选择原则并不足以排列出计划的先后优劣次序；人们还需要进一步求助于理性的力量，帮助我们制订或者选择合理的人生计划。

"慎思的理性"（deliberative rationality）这个概念，是罗尔斯从西季威克那里借用来的。西季威克在谈到何为一个人的"整体的善"和"值得欲求的东西"时认为："如果一个人能准确地预见并且在当下的现象中充分地表现出所有对于他来说是可能的不同行为选择的所有后果，他的将来的整体的善也就是他现在总的说来会去欲求和追求的东西。"① 罗尔斯认为，当我们把西季威克对慎思的理性概念的界定进行调整，然后把它用到我们在制订和选择生活计划的情形中时，我

---

① ［英］西季威克：《伦理学方法》，廖申白译，中国社会科学出版社1993年版，第133页。

们就可以认为，一个人的理性生活计划是他按照慎思的理性原则将会选择的计划。罗尔斯认为，人们通过慎思的理性所选择的计划将是这样一项计划："当一个人借助于所有有关事实构想出实现这些计划会是个什么样子，并据此确定出会最好地实现他的那些更为基本的欲望的行为方案时，作为这种缜密反思的结果他会决定采取这个计划。"① 可见，人们对"慎思的理性"的运用是对人的"理性能力"的深度运用，其结果是使得人们所选择的生活计划更趋理性化和合理化。

　　关于人们对"慎思的理性"的运用，罗尔斯做了一些重要的假设。首先，罗尔斯假定，慎思的理性意味着，人们在计算他们想要实现的目标或者欲望时，以及在进行一般的推理时，没有产生较为重要的错误；并且，与他们的目标和计划相关的事实都得到了正确的评价。罗尔斯进一步假定，人们清楚地知道他们想要的是什么，他们的目标是什么；换句话说，至少在大多数情况下，一个人不会在实现了当初的目标之后，又觉得他其实不想要这样的结果，他想要的是另外的东西。这个假定是十分重要的。因为慎思的理性意味着，长期来看，人们有一个比较系统和稳定的目标体系，这个目标体系标志着他的人格的统一性和连贯性。极端的情况是，如果一个人经常否定他已经实现的东西，特别是否定他经过一番相当的努力而取得的成果，那么我们就难知道，他到底想要什么，以及他到底想成为一个什么样的人。我们还会产生这样的疑虑，他是否是一个稳定而统一的人格，他是否值得我们信赖，值得我们和他打交道。如果他总是用今天的自己否定昨天的自己，他就不是一个稳定和统一的人格，这不仅使他无法进行社会交流，而且给他自己也会带来致命的困扰。他不知道自己想

---

　　① ［美］罗尔斯：《正义论》（修订版），何怀宏、何包钢、廖申白译，中国社会科学出版社 2009 年版，第 329 页。

要什么，不知道该如何生活，甚至怀疑他是不是他自己。这个假定在作为公平的正义理论中具有重要的意义，它意味着原初状态中的人们一旦选择了正义原则之后，当他们走出无知之幕，来到现实社会中的时候，他们不会轻易推翻他们之前的选择。

罗尔斯还假定人们在做决定方面具备某些能力。人们对他们目前的和将来的需求和目标的基本特征是了解的，而且，人们也能够估价他们欲望这些东西的强烈程度，即什么是他们迫切想得到的，什么是可以推迟获得的。他们也了解哪些东西对他们来说是相对必需的，而哪些又是相对次要的，如此等等。罗尔斯还假定，人们能够想象得到，对于实现他的目标和欲望来说，具有哪些可行的办法或者计划，并且人们还能够在这些办法或计划之间做出选择。另外，与人们能够在目标实现时仍然能够肯定这些目标相似，当人们选定了计划之后，在执行计划的过程中，他们能够抵挡来自方方面面的压力和诱惑，不会中途对他的目标或者计划做大的改变。当然，对于一些具体的、短期的计划，人们往往会进行修改甚至完全放弃，但是对于那些比较重要的、长远的计划来说，在大多数情况下，人们不会做大的改变。当然这也不是说上述情况绝不可能发生。这些假定旨在表明，慎思的理性是可靠的原则和标准，在决定人们的理性善方面发挥着重要作用，因而是正义理论可以依靠的一个有效理论支点。

在做了上述假定之后，或者说满足了上述条件之后，人们所选择的生活计划就是合理的，甚至是最合理的。所以罗尔斯认为，"对于一个人来说，最好的计划是一项他在占有全面信息时会采取的计划。这个计划对于他是一个客观上合理的计划，并且决定着他的真实的善"①。

---

① ［美］罗尔斯：《正义论》（修订版），何怀宏、何包钢、廖申白译，中国社会科学出版社 2009 年版，第 329 页。

但是，在现实社会中，这样的理想状况是很难完全满足的，因为我们的理性能力本身就是有限的，而且在人际之间还存在着较大的差别。另外，与我们的目标和计划相关的信息，我们也知道的不是非常全面，特别是当我们采取了一种计划之后会发生什么，我们更不能完全把握。尤其在现代风险社会，不确定性无处不在，我们很难做到"全知"。因此，我们制订或者选择的长远生活计划，往往达不到"客观上合理"。但是，我们可以让这些计划达到"主观上合理"。正如罗尔斯所认为的，"如果当事人根据他所得知的情况尽力做到了一个有理性的人所能做的事，他所遵循的计划就是一个主观上合理的计划。他的选择可能不幸，但假如是这样，也是因为他的信念有理解上的错误或者他的知识不充分，而不是因为他得出了仓促的、谬误的推论，或者弄错了他真实需要的东西。在这种情况下，人们就不应指责他弄错了他的表面的善与真实的善"①。

实际上，生活计划要达到"客观上合理"，这是慎思的理性的理想，因而对于现实中的人来说是一种过高的要求。如果把这个要求直接加于个人，显然是不合理的，而且，人们也会以各种偶然性为理由，拒绝为自己的先前的选择负责，或者会认为自己的某些失败是由于自己缺乏某方面的能力，从而产生自责和后悔。这些情况都不利于界定人们的稳定的善观念，不利于维护统一而稳定的人格，从而也不利于增强公平正义理论的论证力度和维护公平正义本身的稳定性。因此，"主观上合理"是相对来说比较低的要求，它蕴含着人们知识和信息并不完全充分，以及个人的理性并非"全知"这样的假定。理性人并非是"全知全能"的，只不过是能够尽可能地依靠他所获得

---

① ［美］罗尔斯：《正义论》（修订版），何怀宏、何包钢、廖申白译，中国社会科学出版社 2009 年版，第 329 页。

的信息和他所具备的能力，来进行推理分析和平衡反思。因此，在充分利用已有的主观条件和客观条件的基础上，运用慎思的理性所制订或选择的生活计划，就是"主观上合理的"。所以，我们应当注意，所谓"理性生活计划"并非是客观上"最好"的计划，而是主观上"最合理"的计划。

显而易见的是，人们的某些目标或者欲望的某些特性，会使得选择实现它们的计划成为不可能。比如说，对于那些人们根本无法加以描述或者与公认的真理相悖的目标和欲望，不可能形成任何可行的计划。相似地，我们所持有的某些不正确的信念会使得实现它们的计划成为不可能，而且这种错误的信念还会阻止我们采取其他更好的计划，在这个意义上说，这些错误的信念所支持的那些欲望就是不合理。①

这一点对于选择一种正义观和正义原则来说十分重要。如果人们选择的正义观或者正义原则本身是含混不清的，或者是违背人类社会生活的基本事实，包括客观的事实（社会发展状况、可供利用的资源等）和主观的事实（人们的精神状况、心理状况等），那么这种正义观和正义原则就是不可能实现的，或者是难以持久的；而且，它还会影响到其他一些重要价值目标的实现。可见，慎思的理性不仅适用于人们对生活计划的选择，也适用于人们在原初状态下对正义观和正义原则的选择。

"慎思的理性"还假定了人们对时间问题有着特定的处理。在前面讨论生活计划的时候我们已经提到，"推延原则"是人们依据的重要原则之一。它说的是，我们将来可以做的事情有好几种，但我们只

---

① ［美］罗尔斯：《正义论》（修订版），何怀宏、何包钢、廖申白译，中国社会科学出版社 2009 年版，第 330—331 页。

能做其中的一件，但是我们现在还不能确定我们将来会做哪一件事，所以我们制订计划时就倾向于这样考虑：该计划将使那些可能的事在将来都对我们开放，到时我们再决定要做哪一件事。除此之外，我们还要处理对不同时间段的估价或者偏爱的问题。罗尔斯的观点是："我们应当把我们的一生看作一个整体，一个理性主体的活动贯彻于一生的全部时间之中。"① 罗尔斯认为，纯粹时间上的位置，或者未来时间与当下的距离，不是把某一时刻看得比另一时刻更为重要的理由。把这个观点应用于制订和选择我们的生活计划时就意味着，我们任何时间段上的目标，不能仅仅因为它们处在不同的时间段上，就对它们区别对待，即把一些看得比另一些重要。未来的目标，尤其是比较长远的目标，不能仅仅因为它是这样的目标就被大打折扣。当然，经常的状况是，我们会把那些实现可能性较小的未来目标看得不太重要，但这不是关键的。慎思的理性所要面对的是那些对我们整个人生来说比较重要的、根据一般社会状况和我们人生阅历来看会实现的目标，对于这样的目标，我们在制订或者选择计划时应当给予应有的重视。正如罗尔斯所说："我们在任何时候都应当赋予我们生命的不同部分以同样的内在重要性。就我们能够确定一个总体计划而言，这些价值应当是基于那个总体计划本身，并且不应当受我们目前观点的偶然性所影响。"②

这一点对于选择一种正义观和正义原则来说是非常重要的。如果我们在选择正义观和正义原则时仅仅着眼于当前的状况和我们的目

① ［美］罗尔斯：《正义论》（修订版），何怀宏、何包钢、廖申白译，中国社会科学出版社 2009 年版，第 331 页。
② ［美］罗尔斯：《正义论》（修订版），何怀宏、何包钢、廖申白译，中国社会科学出版社 2009 年版，第 331—332 页。

标，而不考虑我们长远的、未来的目标，或者说，认为当下的目标比长远目标更重要，因而正义观和正义原则主要适用于现在的状况，而不考虑把它们应用于将来的状况，这会导致正义的不稳定。公平的正义理论之所以要设置原初状态和无知之幕，就是为了人们所选择的正义原则是稳定的，对于一种可预见的人生来说，它是一贯适用的。

慎思的理性还假定，人们对他们获得欲望或目标的环境要有必要的反思，从而搞清楚哪些欲望和目标是较为普遍的和合理的，哪些是偶然的和不合理的。仔细思考之后我们会发现，我们的欲望或者目标常常是在非常不同的环境下产生的，是由这些不同环境所引起的。某些欲望和目标是由某些普遍的东西所引起的，比如渴望被真诚对待或者公平对待；而有些欲望和目标则是由特殊的环境或者因素所引起的，比如在某个特殊的匮乏环境下，比如在饥荒年月或者战争时期，人们对食物的渴望、对物质生活资料的渴望，超过了对公平和民主的渴望，乃至于超过了对尊严的渴望。即使在同一个稳定状态的社会中，我们的欲望、目标或者所看重的价值规范，会因我们所处的不同社会环境和社会地位，以及不同的职业角色而不同。比如说，我们是某个刑事案件的受害者时，我们往往希望对肇事者处以最严厉的惩罚，而当我们由于某种原因成为肇事者或者需要对某些案件负责时，我们往往会希望法律能够给予我们最轻的处罚。这样的例子不胜枚举。另一种情况来自我们自身的发展阶段。在我们年轻的时候，我们往往还不具备足够的经验和智慧来对自己的欲望做出有效的审查和矫正，如果我们受到某些不正确的信念和欲望的影响，我们将不能正常地发展我们的合理欲望和目标。因此，为了搞清楚何者是我们的正常发展的合理欲望，何者是受上述情况所扭曲的不合理欲望，运用批判性的慎思理性就是十分必要的。正如罗尔斯所说："对我们的需要的根源的意识常常能够向我们足够清楚地表明，我们确实欲望某些事物胜过另一些事物。由于在批判的思考下某些目标显得较不重要，或甚至竟会失去它们的引诱力，其他一些目标可能获得可确信的重要性，为选择提供充分的根据。"① 可见，"慎思的理性"蕴含着对产生我们的欲望和目标的环境的考察。

一项生活计划是经过"慎思的理性"而被选择的计划，这意味着，当该计划实现之后，人们不会因为最终发现该计划不是最好的计划，从而后悔当初选择了这项计划，人们不会因此而怨恨自己或者责备自己。前文我们已经谈到了"客观上合理"的计划与"主观上合理"的计划之间的区别。这个区别实际上表明，对于现实中的具体个人而言，我们只能合理地要求他做到使他的计划成为一项主观上合理的计划，而不能要求使他的计划成为客观上也合理的计划，即客观上最好的计划。当人们所选择的计划实现了的时候，人们可能会发现还有另外的计划，如果当初选择了这个另外的计划，其结果可能会更好。但是罗尔斯告诉我们："如果在有关的方面我们了解的情况是准确的，对后果的理解是完全的，我们就不会因遵循了一个合理的计划而悔恨，即使从绝对意义判断它不是一个好计划。"② 也就是说，最终我们会发现，当初选择的这个计划不是一个客观上合理的计划，或者最好的计划。但是这不是否定自己当初的选择的恰当理由。只要当初选择的计划就当时的情况来看，是主观上最合理的计划，那么当初选择这个计划就是经得住考验的。这是由于，"他所做的是当时显得

---

① ［美］罗尔斯：《正义论》（修订版），何怀宏、何包钢、廖申白译，中国社会科学出版社 2009 年版，第 331 页。

② ［美］罗尔斯：《正义论》（修订版），何怀宏、何包钢、廖申白译，中国社会科学出版社 2009 年版，第 333 页。

最好的事，而如果他的信念后来被一些不幸的结果证明是错误的，这也不是他的过错。他没有理由自我谴责"①。

这样，关于"理性人"，罗尔斯就得出了这样一个结论："一个理性的人总是使自己这样的行动，以便无论事情后来会变得如何他都永远不需要责备自己。由于他把自己看作一个经历时间的连续存在物，他就能够说，在他的生命的每一时刻他都做到了理性的平衡所要求的或至少所允许的一切。因而，他所冒的任何危险必定是值得的，因之，倘若发生了他可能预见的最坏的事情，他仍然能确信他所做的是站得住脚的。"② 因此，当我们假定一个人是一个有理性能力的人，并且在制订和选择自己的理性生活计划时能够充分有效运用慎思的理性，那么我们就可以说，他不应该悔恨自己当初做了这样的选择，至少他不会事后又认为，如果他当初按照另外的原则选择另外的计划，将会显得更理性。当然，悔恨作为个人的内心活动是不可避免的，也是正常的，从某种意义上说也是有价值的，它意味着一个人具备一种反思的能力。但是，当我们把这件事情跟人们的统一而稳定的人格联系起来，或者说跟一个道德人格联系起来时，一个当初充分运用了慎思理性的人，在事后就不应该对当初的选择心生怀疑，不应该用今天的自己去否定昨天的自己。当然，慎思的理性并非是全知或全能的，它所选择的计划或者人生道路也许会使当事人处于十分不利的境地，这并非不可能。因此，正如罗尔斯所说："按照慎思的理性去做只能保证我们的行为不受责备，保证我们对自己的历久人格是

---

① ［美］罗尔斯：《正义论》（修订版），何怀宏、何包钢、廖申白译，中国社会科学出版社 2009 年版，第 333 页。

② ［美］罗尔斯：《正义论》（修订版），何怀宏、何包钢、廖申白译，中国社会科学出版社 2009 年版，第 333 页。

负责任的。"①

在罗尔斯看来，人们对在慎思的理性条件下所选择的生活计划的责任，体现了人们对自身的责任。而对自己的责任原则类似于一个正当原则，即："自己在不同时间的要求应当被调整，使自己在任何时候都能肯定他已经或正在遵循的那个原则。可以这样说，要使得此一时间的自己一定不能去抱怨彼一时间的自己的行为。"② 对自己的责任原则不仅用在人们选择生活计划这个方面，而且从原初状态的观点来看，对自己的责任原则是十分恰当的，是应当被考虑和遵循的。在罗尔斯看来，既然慎思的理性概念也适用于原初状态，如果原初状态的人们所选择的原则，在现实社会中导致了他们不想要的结果，因而他们产生了比较普遍的不满或者悔恨，这就表明，原初状态的人们在选择正义原则时，并没有经过充分的慎思，他们各方并没有真正达成一种一致的正义观。反过来说，如果一种正义观在实行之后，并没有导致比较普遍的不满和悔恨，这就说明，这种正义观是人们在原初状态下所一致同意的。

我们不难发现，罗尔斯的上述论证就是要表明，与其他正义观相比，作为公平的正义更能满足这个要求，也就是说，当原初状态下的人们在充分慎思的基础上选择了公平正义的原则之后，他们在将来产生悔恨和自我责备的情况是相对较少的。这是公平的正义理论比别的理论更加稳定的一个重要原因。

虽然进行慎思的重要性是因人而异的，但是慎思的能力和慎思活

---

① ［美］罗尔斯：《正义论》（修订版），何怀宏、何包钢、廖申白译，中国社会科学出版社 2009 年版，第 333 页。

② ［美］罗尔斯：《正义论》（修订版），何怀宏、何包钢、廖申白译，中国社会科学出版社 2009 年版，第 334 页。

动本身对每一个人来说都是必须的。正如罗尔斯所说："假如一个人由于不愿意考虑怎么做对于他是最好的（或满意的）而陷入不幸状况，并且在那种境况中经过考虑他愿意承认他应当事前考虑以避免那种境况，他就是一个缺乏理性的人。"① 罗尔斯的正义理论的一个重要观念就是人的观念，他把人理解为一种"道德人格"或"道德人"，这个"道德人格"由"理性能力"（包括形成善观念的能力）和"道德正义感能力"构成。慎思的理性就是一种理性能力，它在人们形成自己的善观念和选择生活计划方面起着重要的作用，没有这种能力的人的道德人格是不完整的。不难发现，作为公平的正义理论不适用于这种缺乏理性能力的不完整人格。

"慎思理性"的运用缩小了人们的善观念之间的差距，从而增强了公平的正义与善之间的契合性，这是公平的正义理论更具"稳定性"的一个重要依据。尽管仅仅依靠慎思的理性并不能确定地指明一个人的善是什么，但是，和理性选择原则一样，"慎思的理性"大大限定了一个人的"理性善"的范围；同时，由于"慎思的理性"是人们的一种普遍的理性能力，当人们普遍地运用这种能力来确定他们的"善"时，从人际比较的角度看，人们的善观念之间的"差异程度"在很大程度上被缩小了，而并不像人们想象的那样大。这使得谋求公平的正义与善之间的契合成为可能，从而也使得论证公平的正义理论的稳定性成为可能。

总之，上述关于"理性选择原则"和"慎思的理性"的讨论旨在表明，人们的"理性"如何决定着人们对善的追求。当然，对那些不受社会制度调节的"善"的追求可以是无限制的，比如对美的

① ［美］罗尔斯：《正义论》（修订版），何怀宏、何包钢、廖申白译，中国社会科学出版社 2009 年版，第 330 页。

鉴赏。但是，对于那些受社会制度的调节或者受社会条件的限制的善的追求，则是受到人们的"理性"的约束的，因而是有限的。因此，罗尔斯把人们日常生活中的"善观念"主要限定在"理性善"的范围内。其实，人们的"善"（欲求和目标）既受人们的"理性能力"的限制，也受人们的"道德能力"（正义感能力）的限制。

（三）亚里士多德主义原则对理性生活计划的影响

影响人们的"理性生活计划"及其"善观念"的因素，除了前文述及的理性选择原则和慎思的理性之外，还有一个重要的方面，罗尔斯称之为"亚里士多德主义原则"及其伴随效果。

所谓"亚里士多德主义原则"（Aristotelian Principle），是罗尔斯依据亚里士多德在《尼各马可伦理学》（特别是其中的第7卷第11—14章和第10卷第1—5章）中的相关论述概括出来的一个原则。[①] 这个原则的内容是："如其他条件相同，人们以运用他们已经获得的能力（天赋的或从教育获得的能力）为快乐，能力越是得到实现，或所实现的能力越是复杂，这种快乐就越增加。"[②]

这样的观点体现在很多思想家的著作中。比如，密尔在《功利主义》一书的第二章就有类似的论述，他认为："确凿无疑的事实是，对两种快乐同等熟悉并且能够同等地欣赏和享受它们的那些人，的确都显著地偏好那种能够运用他们的高级官能的生存方式。极少有人会因为可以尽量地享受禽兽的快乐而同意变成低等的动物……"[③]

---

① ［美］罗尔斯：《正义论》（修订版），何怀宏、何包钢、廖申白译，中国社会科学出版社2009年版，第336页，注释①。

② ［美］罗尔斯：《正义论》（修订版），何怀宏、何包钢、廖申白译，中国社会科学出版社2009年版，第336页。

③ ［英］穆勒：《功利主义》，徐大建译，上海人民出版社2008年版，第9页。

我们当然也不会忘记，青年马克思在《1844 年经济学哲学手稿》中讨论"异化劳动"时所阐发的观点。马克思认为，资本主义条件下工人的劳动是"异化劳动"，"异化劳动"是一种低于人的水平的劳动，是非人的劳动，它是对人的能力的非人的运用，甚至是只限于对人的动物水平的能力的运用，是简单的、重复的"机械运动"。这样的劳动给人们带来了痛苦，是人们所不愿意从事的劳动。属于人的真正的劳动是自由自觉的劳动，是对人的天赋能力的全面发展的劳动，是体现人的本质力量的劳动。① 不难发现，罗尔斯正是继承了上述思想家的观点。

第一，罗尔斯认为，"亚里士多德主义原则"是一个深刻的心理学事实，普遍存在于实现社会中。我们会常常发现这样一种直觉常识，即在两种人们能够做得同样好的活动中，人们更愿意选择去做需要更加复杂或者更加微妙的能力的活动。这种能力可以是某种技能，比如说某种手艺，也可能是某种智力，比如从事某种知识或科学研究的能力。例如，下象棋比下跳棋更复杂和精确，代数比普通算术更深奥。如果一个人既会下象棋也会下跳棋，既会研究代数也会研究普通算术，那么，按照亚里士多德主义原则，他就会选择下象棋而不是下跳棋，选择研究代数而不是研究普通算术。

人们会按照亚里士多德主义原则去行动，其原因可能就在于，从事复杂的活动能够满足人们对多样化的和新奇的经验的欲望。在从事复杂活动时，人们能够较为自由地进行创作和发明，可以自由地发挥自己的想象力、创造力，可以自由地组合或者运用自己的能力。复杂活动本身也能引起人们较大的期望，因而它的成功也能给人带来较大

① 参见《马克思恩格斯全集》第 3 卷，人民出版社 2002 年版，第 266—311 页。

的快乐。相比之下，简单的活动则较为平淡和枯燥，没有给个人发挥自由现象和自由运用自己的能力留下多少余地，而且往往表现为排斥个性自由和个性特征，因而不能激发起人们对它的强烈兴趣；简单活动的成功与否是能够明确预见的，因此无论结果是成功还是失败，都不会给人带来较为强烈的情感冲击。总而言之，人们从复杂活动中能够体验到充分的自由和快乐，但是在简单活动中则往往缺乏这种体验。这是亚里士多德主义原则成立的基本事实依据。

因此，罗尔斯认为，亚里士多德主义原则包含着蕴涵原则的另一种形式。我们前文已经论述过，蕴涵原则是人们选择生活计划时所依据的理性原则之一，它说的是，假如一项计划的实施除了能实现另一个计划的所有欲望目标之外，还能实现一个或更多的其他目标，它就比另一个计划更可取，它就是人们会选择的计划。当我们说亚里士多主义原则包含着一种蕴涵原则时，这意味着，假如有两种比较复杂的理性活动，每一种都要求人们具备某种能力结构，也就是说，人们在做这些活动时，必须运用到某几种能力。那么，按照蕴涵原则，如果一项活动所要求的能力包含着另一项活动所要求的能力，并且它还包含着其他的能力，那么，人们将选择这种活动而不是另一种活动，假如一个人已经具备这些能力或者经过适当的训练就能具备这些能力的话。当然，对这两种活动所要求的能力的这种区分将是复杂的，不是能够简单地列举清楚的，因此，亚里士多德主义原则与其说是一种准确的原则，不如说是一种普遍存在的心理倾向。

亚里士多德主义原则是一项重要的动机原则。首先，作为一种重要的行为动机，亚里士多德主义原则能够说明我们的许多欲望和行为的原因，尤其是在可以进行比较的情境中，它能够说明我们为什么选择这种活动或者做出这种行为，而不是选择另一种活动或者做出另一种行为。

亚里士多德主义原则还表达了一种心理学法则，它展现了支配着我们的欲望的心理状态的一种变化规则。例如，这个原则意味着：随着一个人的（由心理和生理上的成熟，例如一个儿童的神经系统的发展，而带来的）能力的逐渐发展，随着他训练这些能力并学会如何去运用这些能力，他在一定的阶段上将变得乐于选择他现在能从事的活动，以及需要他运用他新获得的能力的较复杂的活动；相比之下，对他来说，他从前喜欢的那些比较简单的活动，不再是有趣的和有吸引力的了。① 当然，在学习新技能以及在运用这些技能进行新的实践时，我们往往承受着紧张，承受着辛苦和磨炼。对此，人们可能会问，既然如此，人们为何会选择忍受这种紧张和辛苦，在罗尔斯看来，这是因为，我们已经从过去的类似经验中获得了快乐。因此，当我们再次面临需要学习和培养新技能而需要承受紧张甚至痛苦时，我们期望从这种学习中获得某些快乐，并且希望在将来运用这些能力时也获得某些快乐，而这些快乐在简单的重复活动中是得不到的。因此，这种快乐的获得就是一种"痛并快乐着"的模式。

当然，对新技能的学习，从事提高自身能力的活动，也不是无限的，而是有一定的平衡点。按照亚里士多德主义原则，情况似乎是：我们越是运用已经获得的更复杂的能力，我们就越能获得更大的乐趣，而为了获得更大乐趣，我们就越是想学习更为复杂的技能。这样，旨在获取某种能力的学习可能就是无穷的。但是在现实社会中，并非总是如此。一个原因是，在学习能力的"苦"和运用能力的"乐"之间存在一种平衡，当后者基本上可以被前者所抵消时，人们

---

① ［美］罗尔斯：《正义论》（修订版），何怀宏、何包钢、廖申白译，中国社会科学出版社 2009 年版，第 337 页。

就会停止对某种特殊技能的学习。另一个原因是，人的天赋能力或者说潜在能力是有限的，因此能力的培养和提高有一个限度，当超过这个限度的时候，在学习中投入再多，也不会有什么效果，这时人们也会停止学习这种能力。"在这种情况下，我们将不再参与某种更复杂的活动，也不再获得由参加这些活动产生的那些欲望。"①

亚里士多德主义原则还有一个伴随效果，这个观点说的是："当我们目睹了他人运用他们的训练有素的技能时，这些表现使我们得到享受并唤起一种欲望，即我们自己应当能做同样的事情。我们希望自己像能运用我们发现潜在于我们自己身上的那些能力的人一样。"②亚里士多德主义原则的伴随效果这种现象，在现实社会中有诸多体现。我们往往会向我们认为优秀的人学习，他们要么展现了一种高超的技艺或能力，要么表现出某种高尚的道德人格。当我们遇到这样的榜样时，我们不但能从他们所树立的这种榜样中体验到快乐，而且我们还希望自己也能成为他们那样的人。这种"见贤思齐"的心理现象，是一种非常重要的动机，也是人性的重要组成部分。

在罗尔斯的正义理论中，在界定人的理性善时，亚里士多德主义原则及其伴随效果是一个重要的根据。在罗尔斯对公平的正义与善的"契合性"或者"一致性"的论证中，这个观点起着非常重要的作用。我们后面还会谈到。

亚里士多德主义原则所阐明的现象是普遍存在的。我们可以在行为动机的意义上来理解该原则，也可以把它看作一种更为宽泛地体现

① ［美］罗尔斯：《正义论》（修订版），何怀宏、何包钢、廖申白译，中国社会科学出版社 2009 年版，第 338 页。
② ［美］罗尔斯：《正义论》（修订版），何怀宏、何包钢、廖申白译，中国社会科学出版社 2009 年版，第 338 页。

着人性的某些方面的原则。我们这里讨论的主要是将亚里士多德主义原则引入人们对理性生活计划的选择的问题。

毫无疑问，亚里士多德主义原则影响着人们对理性生活计划的选择，影响着人的善观念。但是，按照罗尔斯的理论，亚里士多德主义原则陈述的是一种倾向而不是一种不变的选择模式，因而不应当被过分强调。① 说亚里士多德主义原则表达的是人们的一种倾向，而不是一种必然的选择模式，这就意味着，除了这种倾向之外，人们还具有别的倾向。而且，实际上，有很多倾向正好是与亚里士多德主义原则所描述的倾向相反的，它们会阻止人们发展和运用他们已经获得的能力，阻止人们继续偏爱和参与那些更为复杂的活动。人们在学习和训练他们的更为复杂的新技能时，在评估他们参与到某种复杂活动之后的预期成就时，可能还要承担某些风险甚至是危险，人们的这种担心，不管是来自自身的还是来自社会的，都会对人们的选择产生重要影响。当人们力图避免这些风险和危险的心理倾向过于强烈，以至于抵消了亚里士多德主义原则所代表的心理倾向时，亚里士多德主义原则就失效了。我们在谈论亚里士多德主义原则时，必须把这些事实考虑进来，这样，该原则就只能被看作人们各种心理倾向中的一种，而不是把它看作必然的选择模式。

当然，罗尔斯认为，既然我们把亚里士多德主义原则作为一个理论概念来对待，它就必定要有一定的有效性，如果它确实代表了人们的一种心理倾向，那么这种倾向就必定是足够强烈的。否则，它就不能被看作是一个人们选择生活计划时所依据的原则，就不能被用来界定人们的善。

---

① ［美］罗尔斯：《正义论》（修订版），何怀宏、何包钢、廖申白译，中国社会科学出版社 2009 年版，第 338 页。

亚里士多德主义原则不仅适用于个人的行为，而且还应当被扩展到社会制度中。罗尔斯认为，人们在设计一种社会制度的时候必须充分地考虑这个原则，否则人们就将感到他们的文化和生活形式单调和空虚；随着他们的生活变得呆板枯燥，他们的生命力和热情也将消失。① 也就是说，一种合理的社会制度，应当鼓励或者有利于促进人们对自己的更为复杂的能力的运用，应当鼓励人们的独立创新活动。罗尔斯认为，一当社会实践和合作活动在许多人的想象中被构想出来，这些实践活动就会无止境地要求人们发展和获得更为复杂的能力，并且能产生新的生活方式。在这个过程中，人们享受着来自本能活动和自由活动的快乐。从这个意义上说，人类社会就具有某种"统一性"，正是这种统一性，使得人们之间的公平而持久的合作成为可能。在这样的公平合作中，人们发展和维护着自己的善。这个基本观念构成了罗尔斯作为公平的正义理论的重要基础。

第二，罗尔斯认为，亚里士多德主义原则并不断言对于具体的个人而言，哪种具体活动是更可取的。和"理性选择原则"以及"慎思的理性"一样，亚里士多德主义原则是人们选择生活计划和参与活动时所依循的一种重要原则，但是它只是一种倾向，因而它并不指定哪一种活动是最可取的，或者是最好的。"它仅仅说，如其他条件相同，我们倾向于选择需要更全面地运用所获得的能力的和更复杂的活动。"② 也就是说，这个原则适用于既定条件下的某种活动链条。

① ［美］罗尔斯：《正义论》（修订版），何怀宏、何包钢、廖申白译，中国社会科学出版社 2009 年版，第 339 页。

② ［美］罗尔斯：《正义论》（修订版），何怀宏、何包钢、廖申白译，中国社会科学出版社 2009 年版，第 339 页。

在这个链条上，人们倾向于选择处于相对高端阶段的活动，而不是相反。在罗尔斯看来，假定我们能够把一定数量的活动按蕴涵关系排列成一个链条，这意味着第 n 项活动运用了第 n-1 项活动中的全部技能并且还运用了另外一些进一步的技能。这时候，当我们引入亚里士多德主义原则的时候，我们就可以说，一旦一个人从事一项属于这种活动链条的活动时，他就倾向于沿着链条向上发展。也就是说，一般情况下，他将倾向于选择第 n 项活动而不是第 n-1 项活动；他期待实现的能力越高等或者越复杂，学习或者训练这些能力时的紧张程度越是让他感到不那么有压力，那么他选择第 n 项活动的倾向就越强烈。

但是，当这样的活动链条有好几种，甚至互相交织时，人们将选择哪一种活动链条，以及他们的具体目的将是什么，就不能仅仅依靠亚里士多德主义原则来确定。因为："一个人所遵循的行为过程，即对他最有诱惑力的那组活动，决定于他的爱好、天资和他的社会环境，也取决于他的伙伴们欣赏些什么、可能鼓励些什么。"① 也就是说，当几个活动链条——它们有各自的出发点和最终方向——在某个阶段上交织在一起时，哪种活动链条对他们最有吸引力，或者说他们会选择属于哪种链条的活动，这是受他们的自然资质、社会机会以及社会的普遍倾向等因素所影响的。因此，亚里士多德主义原则本身仅仅断言了一种沿着所选择的不论何种链条向上发展的倾向，但并没有规定一个人应当选择哪种活动链条以及由这种活动链条所规定的具体目标。

第三，亚里士多德主义原则假定每一项活动都从属于某个活动链

---

① ［美］罗尔斯:《正义论》（修订版），何怀宏、何包钢、廖申白译，中国社会科学出版社 2009 年版，第 339 页。

条，但是这个假定并不是根本性的。人们的有些简单活动并不从属这样一种活动链条：它对人的能力的复杂程度和高级程度有越来越多的要求。这样的活动往往是一些简单的活动，或者是那种一旦达到某种程度就不会有太多上升空间的活动。对这样的活动，当我们掌握了一定的能力之后，就无需继续花费时间和精力在这些能力上面。对这样一些依靠简单能力就能做好的简单的活动，我们无需付出太多。比如像系鞋带、打领带之类的活动，一般情况下，我们不会将它们复杂化，也不会花太多功夫去提高系鞋带或者打领带的能力。因此，亚里士多德主义原则不适用于这样的活动。当然，一般来说，人类凭借其自身的创造力，能够为大多数活动找到一个连续的链条，这种活动链条反过来诱使人们不断学习新的能力，发明新的技能。但是，如果继续向前发展会用尽我们的资源——时间和精力，或者变得不划算时，我们就会停止向前发展。因此，"形式的标准是：一个理性的人将挑选一种他偏爱的（和正义原则相一致的）方式进行活动，并且沿着每种活动的链条向上发展，直到按照这个活动程序表不再可能通过某种可行的改变获得进一步的发展"①。

罗尔斯倾向于认为，亚里士多德主义原则是真实存在的。首先，这个原则在人们的日常生活中有诸多体现，比如儿童的行为以及一些高等动物的行为。其次，亚里士多德主义原则对进化论观念具有敏感性，进化论讲的优胜劣汰原则，与亚里士多德主义原则有某种相似性。人们训练和运用高级能力的欲望可能是一种进化的结果，如果进化论和亚里士多德主义原则是合理的，那么就可以认为，人们实际上获得了一种只要力所能及就愿意去从事更复杂、要求更高的活动的欲

---

① ［美］罗尔斯：《正义论》（修订版），何怀宏、何包钢、廖申白译，中国社会科学出版社 2009 年版，第 340 页。

望。在罗尔斯看来，"人以获得更多样的经验为快乐，他们从新颖和创新中，从这些活动所提供的独创和发明的机会中，得到快乐。自发活动的多样性直接表达着我们在想象和创造性幻想中得到的快乐"①。因此，亚里士多德主义原则把人描述为："他的活动主要不是由肉体需要驱动，而且由去从事那些仅仅由于自身的原因就给人以快乐的活动的欲望驱动，至少是在紧迫的需要得到满足之后。"② 也就是说，人们从事这些活动，并不是为了取得某些可以计量的、物质性的回报，而是为了得到快乐等这样精神上的或者情感上的享受。

既然亚里士多德主义原则是人类一种真实的心理倾向，是人的欲望的一个特点，那么，人们在制订和选择理性生活计划时，就必须把它考虑在内。也就是说，亚里士多德主义原则应当被看作人们选择生活计划时会依靠的一个原则。

实际上，罗尔斯十分重视亚里士多德主义原则。因为在罗尔斯看来，这个原则不仅是人们在选择理性生活计划和确立理性善观念时会倚重的原则，而且，这个原则还与人们的"自尊"这种最为重要的基本善密切相关；同时，亚里士多德主义原则还被用来解释社会"共同体的善"。后面这两个问题，我们在后文还会专门进行讨论。

"亚里士多德主义原则"代表了一种完善论的观点，因此，对"亚里士多德主义原则"的坚持和提倡，使罗尔斯成了一个"半吊子完美主义者"。我们知道，在关于两个正义原则的原初状态论证中，罗尔斯认为，人们不会选择"完善论"作为指导社会基本制度的原

---

① ［美］罗尔斯：《正义论》（修订版），何怀宏、何包钢、廖申白译，中国社会科学出版社 2009 年版，第 340 页。

② ［美］罗尔斯：《正义论》（修订版），何怀宏、何包钢、廖申白译，中国社会科学出版社 2009 年版，第 340—341 页。

则。但是，在现实社会中，"完善论"有其根基，它是一种重要的心理学事实和行为动机，是考察"善"概念时必须要顾及的一个方面。罗尔斯甚至把它当作一种重要的价值目标来提倡。弗雷曼因此把罗尔斯的观点称为一种"半吊子完美主义"（semi—perfectionist），弗雷曼认为："对人之善的半吊子完美主义（semi—perfectionist）见解蕴涵在罗尔斯有关亚里士多德主义原理（Aristotelian Principle）的见解中，那种完美主义见解受到了密尔的影响。"①

由此可见，"完善论"虽然不能作为正义原则，但是可以作为一种善理论。因此，虽然完善论原则在原初状态论证中不会被人们选择，但是，在对一种正义理论的"稳定性"论证中，"完善论"观点却具有重要的地位。人们必须考虑一种正义观的实施与促进人们的完善德性之间的关系。一种正义观实施的结果是否促进了人的完善德性，是评价一种正义观及其稳定性的一个重要标准。

（四）理性善的多元性及其限度

按照罗尔斯的理论，一个人的"理性善"指的是那些理性的欲求和目标，这样的欲求和目标是由人们的"理性（rational）生活计划"所界定的；而"理性（rational）生活计划"是人们依照理性选择原则、通过对"慎思的理性"的运用以及在"亚里士多德主义原则"的影响下，所制订和选择的计划。由于"理性选择原则"和"慎思的理性"是人们所普遍具有的理性能力，而"亚里士多德主义原则"又是一种比较普遍的心理倾向和行为动机，所以，由这些"普遍要素"所限定的人们的"理性善"也就有一个大致的

---

① ［美］弗雷曼：《罗尔斯》，张国清译，华夏出版社 2013 年版，第 25 页。

范围。

上述两个方面引向了两个非常重要的问题。第一，"善"的多元化这一事实表明，古典功利主义以"善的最大化"来定义"正当"的做法是不妥的，因为它没有（也不可能）提供一种统一的、合理的善理论。古典功利主义没有在众多的"善"之间做出区分，它不能提供一种统一而可靠的标准，用以评判各种不同的欲求，从而使得各种欲求的满足都显得具有价值。当各种欲求或"善"之间发生冲突时，古典功利主义无法做出调节。既然"善"概念本身充满歧义，那么依靠"善"来定义"正当"就缺乏牢固的基础。相反，公平的正义理论坚持"正当优先于善"的观点，在它那里，"正当"概念是独立于"善"概念的，"正当"概念有其自身的坚固基础。

第二，在公平的正义理论看来，人们的"理性善"有一个大致的范围，因而人们的"善"观念之间的差异有一定的限度。从某种意义上说，人们的"善"观念是多元的，但又是有限的。这就使得论证公平的正义与善之间的"契合性"或者"一致性"成为可能，从而使得公平的正义理论的"稳定性论证"成为可能。公平的正义理论的稳定性特征部分地在于，这一理论的实施不会导致与个人的"善"之间产生大的冲突，因为在"理性选择原则""慎思的理性"以及"亚里士多德主义原则"的影响下，人们的"理性善"之间存在着某种"统一性"。

总之，人们的"善"受到人们的理性和亚里士多德主义原则的影响，这就进一步增加了公平的正义与善之间的契合性。一方面，真正属于一个人的善的欲求和目标，是那些经过理性的审查的或者符合亚里士多德主义原则的欲求和目标，这就极大地限制了人们的"善"的范围。另一方面，原初状态中的各方在最终选择两个正义原则及其优先规则时经过了一个"反思平衡"的过程，在这个过程中，人们已经在某种程度上借助了理性的力量。可见，无论在选择正义观的过程中，还是在形成善观念的过程中，人们都受到了理性的指导，这是公平的正义和人们的善之间具有契合性的一个根本原因。而这种契合性又是公平的正义具有稳定性的一个重要原因。

四、道德德性的善

前文已经说过，在公平的正义理论中，"善"概念有三个层面的所指：一是指事物的某种"属性"（对人而言是"德性"）或者"功能"；二是指人们的欲求和目标；三是指社会中的善以及"共同体的善"。在这里，我们首先要指出两点：第一，关于事物的属性善或者功能善，以及人们的"理性善"（即理性欲求和目标），都仅仅是依靠"理性"来界定的，因而，当"善"是指这些方面时，它们在道德上是中立的，或者说与道德是无涉的。第二，前面我们只讨论了把善的"形式定义"应用到"物"的属性或功能时的情况。但是，"善"概念和善的形式定义也能适用于人的"属性"，特别是"道德德性"的方面。这样，"善"就不仅仅是指"理性善"，而且也包含"道德善"。

因此，接下来要论证两个问题：第一，把善的形式定义扩展到人的德性善，也就是说，善的形式定义不仅适用于"事物"的属性或者功能，而且也适用于"人"的"德性"，特别是人的"道德属性"。第二，从"理性善"进展到"道德善"，即是说，"善"不仅限于理性意义上的善，而且也包括道德意义上的善。而道德善的问题就是"道德价值"的问题，"道德价值"是伦理学中的第三个核心概念。

先阐述第一个问题。我们知道，罗尔斯关于善的"形式定义"的第一个阶段说的是：当且仅当在已知人们使用 X 的目的、意图等的条件下，A 具有人们合理地要求于一个 X 的那些性质时，A 是一个善 X。在这个定义中，A 一般就是指一个"物"，当它的某种"属性"对人来说是有用的或者有意义的时，这种属性对人来说就是一种善，该物也就是一个"善的"或者"好的"物。在这个例子中，由于 A 是指一个"物"，所以，这时候的"善"显然是指非道德的东西。但是，如果这个定义中的 A 是指一个人，那么人们可以合理地要求于他的属性（或者德性），就既包括非道德的属性，也包括道德的属性。

在关于事物的属性善或功能善的形式定义中，我们是依照"理性"来规定善的；因而，这些善在道德上是中立的。但是，当这种事物指的是"人"，因而事物的属性善实际上就是指人的属性善时，就有两种情况。一是人的"自然属性"，这时的"善"指的就是人的某些自然属性的"卓越"，这种"善"也就与道德无关。但是，人除了具备自然属性之外，还具备"道德属性"，而且道德属性是人的本质属性。正义理论就是要描述人的这种道德属性。因此，当"善"是指人们的"道德属性"或者"道德德性"时，我们可以引入"善的形式定义"：即把"道德德性"看作是人们可以合理地相互要求的一种"属性"。正如罗尔斯所认为的，为了让善的形式定义也能适用于道德上的善，必须证明道德德性是人们在采取那些起码的观点时能合理地相互要求的特性①。这就意味着，要求人们具备"道德德性"

① ［美］罗尔斯：《正义论》（修订版），何怀宏、何包钢、廖申白译，中国社会科学出版社 2009 年版，第 318 页。

是合理的；也就是说，人们从本质上说应当具备道德德性。

接下来的任务就是要阐明，人们何以能够把"道德属性"（或"道德德性"）看作是人们可以合理地相互要求的属性。

罗尔斯认为，首先，我们可以以公民这一角色或地位作为例子。在这个例子中，当我们说一个人是一个好人时，我们是说他具备一些比一般人更高的性质，这些性质又是公民们可以合理地相互要求的。在这里，当我们判断一个人是一个好人时，我们是以某种公民观为基础的，所以，当说他是一个好人时实际上是说他是一个好公民。其次，一个好人的概念也可以解释为要求某种普遍的或平均的评价，这样，一个好人就是在各种各样的角色中，尤其是在那些被认为是较重要的角色中表现得好的人。最后，可能存在着一些这样的性质："从一个人的任何一个社会角色方面来看待他时，我们都几乎可以合理地要求他具有这些性质。我们说，这些性质，假如它们存在的话，是根深蒂固的。"①

所谓"根深蒂固"的性质就是一个事物中普遍的、一般的性质，比如对一件工具来说，它的"根深蒂固"的性质就是效能、耐久、易于维护等。对于任何一件工具，人们都希望它具有上述这些性质。除了这些"根深蒂固"的性质之外，工具还可以具有其他一些较为狭窄的或者特殊的性质，比如便于携带、不易生锈，如此等等。对于一个好人来说，所谓"根深蒂固"的性质，就是指那些人们可以合理地相互要求的性质。在这里，"合理地"这个限定很重要，比如要求一个人"全知全能"，这是不合理的，但是要求他遵守正义、遵守诺言等，这就是合理的。

---

① ［美］罗尔斯：《正义论》（修订版），何怀宏、何包钢、廖申白译，中国社会科学出版社 2009 年版，第 343—344 页。

当我们在判断一个人道德上的善时，就像说一个好人时一样，我们指的是那些根深蒂固的道德属性。当然，一个合理的问题是，我们何以把某些属性看作是根深蒂固的？对此，罗尔斯径直地指出："那些基本的道德德性，即那些按照基本的正当原则去行动的强烈的、通常有效的欲望，无疑也属于那些根深蒂固的性质。至少是，只要我们假定我们深思熟虑的是一个良序社会，或一个处于接近正义状态的社会，也就是我们现在所指的情形，这样说就肯定是对的。"① 也就是说，在一个由一种公共的正义观调节着的良序社会中，行事正义或者具备正义感，是人们应当具有的一种根深蒂固的道德德性。

在公平的正义理论中，一个良序社会是一个正义的社会，或者接近正义的社会。这个社会受一种公共的和公开的正义观的指导，这种正义观是大家所公认的。并且，这个社会的成员们具备一种有效的正义感，也就是说他们有遵守正义和做事正义的有效欲望；正是这种"共同的欲望"维护着正义的制度安排。既然良序社会的观念已经假定了在大多数情况下人们会遵守正义，那么一个人自愿遵守正义或者人们要求他遵守正义就是合理的。人们不但自身在制订生活计划时会接受正义原则的约束，而且也能够希望别人在制订生活计划时也能遵守正义原则，希望别人具备有效的正义感这种道德德性。这样，我们就解决了第一个问题，即善的形式定义可以适用于人们的道德属性或者道德德性。

第二个问题是：当善的形式定义适用于"物"时，这时的"善"是指"理性善"，从而是道德中立的；但是，当我们把善的形式定义

---

① ［美］罗尔斯：《正义论》（修订版），何怀宏、何包钢、廖申白译，中国社会科学出版社 2009 年版，第 344 页。

适用于人的"道德德性"时，这时的"善"显然是指道德上的善，或者"道德善"。那么问题就是，二者之间是如何转换的？这就需要引入某种道德概念。

当我们说一个人是一个好公民时，我们是以一种特定的公民观或者公民概念为基础的。同理，当我们界定一个人的道德上的善时，我们是以特定的正当概念为基础的。就罗尔斯的正义理论而言，当我们给定公平的正义为一个良序社会的正义观时，一个人的道德德性就是指人们能够合理地相互要求的那种符合公平的正义的德性，最根本的就是"正义感"这种德性。由此可见，正如罗尔斯所认为的，"基本德性属于一个良序社会的成员们会合理地相互要求的那些根深蒂固的性质"①。也就是说，基本道德德性是人的一种根深蒂固的性质。

道德德性是一些引导我们按照一定的正当原则去行动的情感和习惯态度，这些德性因它们所遵循的正义原则的不同而有所不同。在罗尔斯这里，公平的正义被确立为一种正义观，我们也就能够依据这种正义观来界定那些道德情感，并把它们与那些自然特性区别开来。这样，我们就可以把公平的正义与善的形式定义结合起来，从而阐明什么是一个人道德上的善。

现在，我们就完成了两个任务：第一，把善的形式定义应用到人的"道德德性"，从而道德德性被看作是一种人们可以合理地相互要求的属性；第二，从"理性善"进展到了"道德善"。在罗尔斯看来，这两个任务的完成意味着，"和把善的弱理论作为自己的一部分的正义理论相联系，善的强理论似乎对道德价值……提供了一个满意

① ［美］罗尔斯：《正义论》（修订版），何怀宏、何包钢、廖申白译，中国社会科学出版社 2009 年版，第 344 页。

的解释"①。

这就表明，在现实社会中，当人们持有各种"理性善"观念以及面临各种利益诱惑的时候，人们仍然能够把"道德德性"看作他们的一种善，仍然能够重视道德的价值。这也就揭示了，人是道德性存在物，具有道德潜能，因此，人们能够信守公平的正义观，能够遵守正义的社会制度安排。公平的正义理论正是以这个信念为基础的，因而它是稳定可行的正义观。

当然，属于人的根深蒂固的性质，不仅只有道德性质，还有其他一些"非道德"性质，我们有必要在"道德德性"和"自然特性"之间做出区分。有一些自然特性，比如智慧和想象力，力量和忍耐力，等等，也都像道德德性一样，是根深蒂固的。这些性质无疑具有重要的作用，比如说在我们的慈善行为中，如果没有理性的判断力和想象力的支撑，我们的慈善行为有可能带来的是伤害而不是好处，所谓好心办坏事，是经常会发生的事情。如果智慧和力量不能得到正义感或者其他道德原则的调节，那么当人们在运用这些智慧和力量时，可能只会给个人带来好处，而对他人造成伤害。因此，如果我们假定正义原则得到了严格有效的遵循，行为者个人具备充分的正义感这种德性，从而能够把他对自身智慧和能力的运用置于正义原则的调节之下，那么，当他占有这些非道德的性质时，对他来说就是"善"。

最后，我们依据上述讨论来对一种常见的观点做出回应。有些哲学家认为，基于理性的善理论所界定的善观念表达的是一种"工具性的"或"经济的"价值论，这种价值论不适用于道德价值。因为

---

① ［美］罗尔斯：《正义论》（修订版），何怀宏、何包钢、廖申白译，中国社会科学出版社 2009 年版，第 345 页。

当我们说公正的或慈善的人是道德上善的时，我们说的是另外一种不同的善概念。对此，罗尔斯认为："一旦正当和正义原则是确定的，理性的善的强理论事实上能够涵盖这些判断。"[1] 显而易见，有些人之所以认为基于理性的善理论不适用于判断人们的道德上的善，是因为他们仅仅注意到了善的形式定义中的"A"指的是一个客观事物时的情况，这时的"善"的确指的就是事物对人来说的"有用性"，即事物的"工具的"或"经济的"价值。但是他们忽视了，善的形式定义中的"A"还可以指一个人，而当"A"的属性指的是人的道德属性时，这时候的"善"就不是指经济的或工具的价值，而是指"道德价值"。因此，在这个意义上，罗尔斯才认为，理性的"善的强理论"事实上能够涵盖对"道德善"的判断。

总之，道德德性是一个良序社会中的人们可以相互提出的合理要求，是人们的一种根深蒂固的性质，公平的正义理论就是要描述人的这种道德属性，并且把它看作人们的善。同时，公平的正义理论把它的"可行性"或者"稳定性"主要地建立在假定人们具有这种道德属性的基础上；既然这种道德属性是人的根深蒂固的属性，那么，公平的正义理论看来就是可行的和稳定的。

第二节　公平的正义与善的契合关系

公平的正义理论具有稳定性，一个重要方面就在于公平的正义与人们的善之间是"契合的"。因此，公平的正义的"稳定性论证"的

---

[1] ［美］罗尔斯：《正义论》（修订版），何怀宏、何包钢、廖申白译，中国社会科学出版社 2009 年版，第 343 页。

一个重要方面就是对这种"契合性"的论证。本节将主要从以下四个方面对公平的正义与人们的善之间的这种契合性关系进行论证。第一，公平的正义塑造着人们的某些善观念，在这种情况下，由于善观念是由公平的正义所塑造的，因此，当人们遵循公平的正义时，并不会与这些善之间产生冲突。第二，公平的正义的诸原则保障着人们的社会基本善，因此，公平的正义的实施实际上就是在帮助人们享有社会基本善。第三，正义的社会制度安排还促成了某些社会善，这些善对于现代自由民主社会中的公民来说是十分重要的。第四，公平的正义允许甚至鼓励人们在遵守正义原则的条件下，自由地追求某些善。总之，由于公平的正义充分照顾到了人们对善的追求，因而它能够得到大多数人的自觉遵守和维护，因而也就是一种合理的和稳定的正义观。

一、公平的正义对善观念和理想目标的塑造

公平的正义与人们的善之间具有契合性的一个根据在于，公平的正义塑造着人们的某些善观念。公平的正义理论坚持正当优先于善的原则，这种优先性的一个重要表现是，人们的一些"善"是由公平的正义这种正义观所塑造的。一方面，公平的正义规定着人们的道德善，为人们提供了道德上值得向往的人格理想和社会理想。另一方面，公平的正义的实施，使得那些需要以违背正义的方式来满足的欲求和目标成为没有价值的，或者说成为不值得追求的。在这种情况下，当人们遵循公平的正义时，并不会与这些善之间产生冲突。

在公平的正义理论中，正义观塑造着人们的善观念，为现实中的社会制度和个人的道德人格提供了一种理想蓝图。这个蓝图，就其为

一种社会制度的理想而言，它便是一个公平的正义得到严格遵守的良序社会，而就其为一种人格理想而言，它便是一个获得有效正义感能力的正义的人。一个人具有有效的正义感能力意味着，他能够把对欲求的满足、把对善的追求从属于对正义观和正义的社会制度的服从。在他看来，对善的追求必定要以对正义的服从为条件，他把那些需要以违背正义的方式才能满足的欲求看作是不值得追求的，是没有意义的。

其实，这样的理想蓝图，原初状态中的人们在选择一种正义观时就已经想到了。这与人们对一种正义观的要求相联系。原初状态的人们希望他们所选择的正义观在现实社会中能够得到人们的有效遵守。公平的正义理论假定，原初状态的人们在选择正义观时，他们具备关于道德心理学的基本知识。也就是说，他们知道人们具备道德潜能（在这里即是正义感的潜能），当人们选定了正义观而走出原初状态，来到现实社会的时候，人们能够信守原初状态的选择。但是，现实社会中人们的正义感的发展是受到社会状况影响的，特别是受到用以指导社会基本制度的正义观的影响的。由于不同的正义观指导下的社会对人们的正义感能力的发展有着不同的影响，所以，原初状态的人们在选择正义观时，一个重要的考虑便是，这种正义观要能够促进人们的"正义感能力"，或者说"正义美德"的发展。而这种正义感或者正义美德，是保证正义观能够得到有效遵守的根本原因，是使得这种正义观具有"稳定性"的根本力量。

在这里我们不难发现，原初状态的人们对一种稳定的正义观所提出的要求，实际上已经包含着一种社会制度的理想和人们的道德德性的理想。一方面，社会基本制度安排要有利于培养人们的道德正义感能力，从而使已经选定的正义观能够得到较好的遵守。罗尔斯说：

"既然制度要孕育正义美德并遏制与正义美德不相容的愿望和抱负，那么一个理想的正义观就被规定了。"① 这个理想的正义观实际上就包含着理想的社会制度安排，因为理想的社会制度安排就是严格遵守了正义观的安排。另一方面，既然一种正义观的稳定性，即能够得到人们的严格遵守，主要依赖于人们发展了一种有效的正义感能力，那么具备有效的正义感能力就是一种人格理想（至少是这种人格理想的重要组成部分）的标准。这样，原初状态中的人们对一种理想的正义观的考虑，实际上已经为现实社会中的个人提供了一种道德德性的理想，这便是"正义美德"的理想。公平的正义首先鼓励的美德，就是这种正义感的美德，它希望人们能够做一个正义的人，它也能使人们做一个正义的人，这个原因，我们在前文讨论道德心理学和正义感的发展时已经阐释过了。

这样，一旦一种正义观被选定，这种正义观就为现实的社会制度安排以及个人的行为和道德德性提供了一种理想。这种理想同时也就是衡量现实社会制度和个人德性，以及个人行为的阿基米德支点。在这里，真正体现了正当或者正义对善的优先性。

在此，我们可以把公平的正义理论与"完善论"理论做一比较。罗尔斯认为，就其为社会基本制度和个人道德德性提供了一种理想而言，公平的正义与完善论理论是一致的。它们都是为了促进人们的某些德性的"卓越化"，只不过，"完善论"是一种"综合性"的或者"完备性"的学说，它的目标是促成人的各个方面的卓越性；当它适用于社会时，它希望建成一种在各个方面都完善化的"好社会"。但是，在罗尔斯看来，公平的正义理论没有这样的雄心壮志，公平的正

---

① ［美］罗尔斯：《正义论》（修订版），何怀宏、何包钢、廖申白译，中国社会科学出版社 2009 年版，第 205—206 页。

义只打算促成社会制度在"正义"上的完善化，即只是致力于构建一种近乎完全正义的社会。而"好社会"概念所涉及的许多其他方面，比如"效率""团结"等，则并非公平的正义理论的内在目标。公平的正义理论以现代自由民主社会为蓝本，依赖于罗尔斯所界定的"正义的环境"，即客观上说，社会资源的中等匮乏状况，这使得社会合作既有必要又有可能；而主观上说，人们持一种"互惠"的心理倾向，即人们既不是彻底的利己主义者，也不是彻底的利他主义者，而是谋求公平基础上的"互惠合作"。因此，公平的正义理论把"正义"看作是社会基本制度的"首要德性"，促成社会正义才是它的合理的理想目标。

对于个人理想而言也是如此。就"好人"这个概念承载着诸多的价值、包含多个维度而言，公平的正义并不打算为"好人"这个概念提供一个完整的理想标准，它只是要为"正义的人"这个概念提供一种理想标准，因此，个人理想主要就是指成为一个正义的人这个理想。当然，成为正义的人意味着人们把自己的行为和对善的追求置于公平的正义这种正义观的指导之下，这意味着，人们只应当追求那些不违背正义的善，而那些需要通过违背正义才能获得满足的欲求，是不值得追求的，是没有价值的。这样，善就必须受到道德（在此即"正义"）的调节。这是公平的正义理论坚持"正当优先于善"的根本内涵所在。

总之，公平的正义作为一种正义观，它为现实社会提供了一种普遍的理想目标，也为个人提供了与这种社会理想相容的个人理想。正如罗尔斯所指出的："我们的正义观蕴含着某些制度形态。这种观点与完善论具有同一性质：即确立了一种约束现存欲望追求的有关个人的理想。在这一方面，公平的正义和完善论都是与功利主义对立的。"①

公平的正义理论提供了一种社会理想，这种理想是一种参照，它指引着现实社会的发展方向，但不指定具体的制度和政策。因此，对于特定时空条件下的社会制度（特别是具体制度）的改革，则应当以实际的条件为依据。公平的正义旨在为社会基本制度安排提供指导性原则，这些原则是一种终极性的道德原则，是一种衡量社会基本制度安排的原则标准；但是，公平的正义并不指定具体的制度安排。比如，罗尔斯在讨论分配制度的问题时认为，市场制度对私有制和社会主义制度这两者是相同的。如果我们把市场机制看作是理想的社会经济体系的核心，那么对于生产资料到底应该采取私有制的形式还是公有制的形式，就不应该指望正义理论来解决。罗尔斯认为："人们不能事先决定：这些制度及其许多中间形态中的哪一种最充分地符合正义要求。对这个问题大概并没有一般的答案，因为这个问题在大部分情况下依赖于每个国家的传统、制度、社会力量和特殊的历史环境。"② 在《正义论》"修订版序言"中，罗尔斯重申了这一观点："公平的正义让这个问题——是某种形式的产权民主还是一种自由社会主义的政体能更好地实现其原则——保持开放。这个问题要留给每个国家的历史条件与传统、制度与社会力量去解决。"③ 因此，"变革的步伐和任何特定时期所需的特殊改革都依赖于当时的条件"④。

---

① ［美］罗尔斯：《正义论》（修订版），何怀宏、何包钢、廖申白译，中国社会科学出版社 2009 年版，第 206 页。

② ［美］罗尔斯：《正义论》（修订版），何怀宏、何包钢、廖申白译，中国社会科学出版社 2009 年版，第 216 页。

③ ［美］罗尔斯：《正义论》（修订版），何怀宏、何包钢、廖申白译，中国社会科学出版社 2009 年版，第 5 页。

④ ［美］罗尔斯：《正义论》（修订版），何怀宏、何包钢、廖申白译，中国社会科学出版社 2009 年版，第 206 页。

　　有一种观点认为，公平的正义理论并没有提出特殊的衡量社会制度和人格理想的阿基米德支点，它只不过是沿袭了传统的完善论和先验哲学的观点。这种观点其实包含着两个层面的问题：一个层面的问题是说，公平的正义理论并没有提出独立的衡量社会制度和道德人格的评价标准，或者说没有提供一种用以评价它们的阿基米德支点；另一个层面的问题是说，公平的正义理论提出的这种所谓的标准，其实只是沿用了传统完善论理论和先验哲学的观点，并没有特别之处。

　　对于第二个层面的问题，我们刚才已经有所涉及。我们已经指出，公平的正义理论与完善论理论的相同之处在于，它们都为社会基本制度和个人德性提出了某种理想目标，同时也是一种衡量标准。但是，与完善论可能会提出"多元"的理想目标不同，公平的正义只关注社会制度安排和个人德性的"正义"这个层面。因此，从某种意义上说，公平的正义理论提供的理想标准是"单一"的，因为它仅限于解决"正义环境"下的问题，而不谋求解决非正义环境下的问题，或者其他问题。

　　现在我们主要来讨论第一个层面的问题。这个问题其实主要涉及"契约概念"和"契约结构"的合理性问题。这个问题在近代契约论者那里就已经遇到了。契约论者在提出一种契约理论时，都要构造某种"最初状态"，霍布斯和洛克等称其为自然状态，而罗尔斯则称之为"原初状态"。契约论者在建构"自然状态"这个概念时，都不约而同地把一些他们认为人性中本质的部分以及人所处的环境中不可逃避的条件包括进来。这样做的目的，是为了使得从这些条件下推导出来的理论具有较高的普遍性。如果自然状态中所依靠的条件是特殊时空条件下的偶然因素，那么处在不同历史条件和社会条件下的人们就会以这样推导出的理论不具有普遍性而拒绝承认它。这样，正如石元康教授所指出的，传统的契约论者立刻就碰到了一个两难的困局："这个两难式的第一个角（horn）是，自然状态中所包含的条件太少了，因此它的力量太弱，以致不足以推导出一组建构社会及政治组织的原则；这个两难式的第二个角则是，它包含太多的条件，因此，有些事实上是某些历史条件及特殊文化下的性质也被当作是人性中的本质以及人所处的环境中不可逃避的条件，这样做所犯的一个错误就是把偶然的因素当作普遍有效的。"①

这个两难困局在评价罗尔斯的道德契约论中也遇到了。一种观点认为，原初状态论证中的"无知之幕"太厚了，以至于人们在这种条件下所选择的正义观是不合理的，它与现实社会差距太远，与人们对善的追求是极为冲突的。另一种观点认为，"无知之幕"太薄了，它把某些特定社会（主要是当代美国社会）的观念当作了普遍的东西，从而以此为基础推导出的正义观也是不合理的。关于上述问题，我们在前文讨论罗尔斯对"善的强理论"和"善的弱理论"所做的区别时，已经有所涉及。关于第一个问题，我们已经指出，原初状态下的人们在选择正义观时，是以他们知晓社会基本善为基础的，没有这个基础，人们将无以选择正义原则。因为"正义原则"，顾名思义，就是用来调节社会基本善的道德原则，它主要适用于现代自由民主社会，如果假定人们没有关于社会基本善的观念，这就使"正义原则"失去了对象：如果人们不知道他们将要分配什么，他们即使提出了一种分配原则，那也很难说是合理的。因此，原初状态概念对人们具有社会基本善的观念以及道德心理学的观念的假定是合理的。

现在来看这个问题的第二个方面，即是说，"无知之幕"太薄了，

---

① 石元康：《罗尔斯》，广西师范大学出版社 2004 年版，第 98—99 页。

以至于人们以特殊社会的特殊因素（特殊的善观念）充当普遍的因素，这样，当人们以建立在特殊观念基础上的正义观来充当衡量特殊社会的理想标准时，就犯了"循环论证"的谬误。佩里·安德森就指出："罗尔斯的出发点远非早期社会契约论所描述的自然状态那样的真实的原初状态；相反，它来源于一种假设，而这种假设可能仅仅与发达工业资本主义的问世有关。"① 因此，公平的正义看似具有普遍性，实际上是特殊的东西。正如罗尔斯所注意到的："初看起来，社会体系对人类需求和人们的自我观念的影响似乎构成了对契约观点的一种决定性的反对意见。人们可能认为这个正义观依赖于现有个人的目标，并根据由这些目标所指导的人们将选择的原则来调节社会秩序。那么，这个学说怎么确定一个可以评价社会基本结构本身的阿基米德支点呢？"②

如果假定了公平的正义依赖于特殊社会的善观念，那么，当人们以这样的正义观作为衡量社会制度和个人德性的标准时，就存在着两个问题：第一，对于它所依赖的社会本身而言，这样的论证是"循环论证"，因此公平的正义并没有提供本质上异质于、高于现实社会的"理想标准"；第二，以特殊社会条件为基础的正义观不足以作为衡量其他社会的"普遍"标准。

我们认为，公平的正义这种正义观的提出并非依赖于特定的现实社会以及这种社会中的人们的特殊善观念，而是依赖于现代自由民主社会的普遍特征。原初状态中依赖的善观念，不是特定社会制度下的人们的具体的善（"善的强理论"意义上的善），而是现代自由民主

---

①　［英］安德森：《思想的谱系：西方思潮左与右》，袁银传、曹荣湘等译，社会科学文献出版社 2012 年版，第 134 页。
②　［美］罗尔斯：《正义论》（修订版），何怀宏、何包钢、廖申白译，中国社会科学出版社 2009 年版，第 204—205 页。

社会中自由平等的理性人所普遍需要的基本的善（"善的弱理论"意义上的善），因而从某种意义上说，这些善就具有普遍性。罗尔斯指出："我们绝不可忽视原初状态的特殊性质和在那里所采纳的原则的范围。关于各方的目标我们仅仅做出了最一般的假设，即他们的兴趣在于基本的社会善，即可以被推定为人们想要得到的那些东西，而不管他们想要得到任何其他的东西。……因此，假设各方要求这些善，并要把正义观建立在这个假设之上，就要使正义观不附属于人类利益的一种特殊模式，因为这些利益可能是由一种制度的特殊安排造成的。"① 加之公平的正义理论十分倚重康德式的"人"的观念，这样，原初状态中的人们以这些"基本善"和康德式的"人"的观念为基础而提出的正义观就具有普遍性，这种正义观所包含的社会理想，相对于任何具体的社会制度而言都具有普遍性。因此，这样的社会理想有资格成为衡量特殊社会制度和个人德性的标准。

因此，虽然在原初状态的论证中，公平的正义理论确实设定了某种善理论（即"善的弱理论"），但是，一旦特定的正义观（公平的正义）被选出，原初状态的概念就完成了它的使命。这样，公平的正义理论就"独立地建立了有关个人的和社会基本结构的理想观念，以便不仅使某些欲望和倾向必然被遏制，而且使最初环境的影响最终归于消失"②。

总之，公平的正义理论不受现存社会人们的需要和利益的支配，它赖以建立的基础具有普遍性。它独立地建立起了用以评价社会基本制度和人格理想的阿基米德支点，这就意味着，"社会发展的长期目标

① ［美］罗尔斯：《正义论》（修订版），何怀宏、何包钢、廖申白译，中国社会科学出版社 2009 年版，第 205 页。
② ［美］罗尔斯：《正义论》（修订版），何怀宏、何包钢、廖申白译，中国社会科学出版社 2009 年版，第 206 页。

的主要方面已被确定，而不管现在成员的特殊愿望和需求是什么"①。

接下来，我们对公平的正义理论与古典功利主义在对待"善"观念方面做一个比较。在对公平的正义理论的原初状态论证中，罗尔斯假定人们是具备社会基本善的观念的，这个假定是必要的，也是合理的。因为这是人们借以选择一种正义观的基础，这在某种意义上就意味着，公平的正义以基本善观念为基础。但是，一旦两个正义原则被选定，人们走出无知之幕而把两个正义原则用于社会基本制度，那么，在现实社会中，人们的善观念就受到了正义原则的限制。罗尔斯指出："这些限制来自正义对效率的优先性，自由对社会和经济利益的优先性（假设系列次序已被承认）……这些优先性意味着那些对固有不正义的事情的欲望，亦即只有通过侵犯正义制度才能得到满足的欲望是没有任何价值的。满足这些需求是无价值的，社会体系不应鼓励它们。"②这也就表明，两个正义原则的选出确实依赖于"善的弱理论"意义上的善观念，也具有个人主义的特征，但是，公平的正义理论却不是建立在特殊的社会条件和特殊社会的人们的现有欲望之上的。

但是，相比之下，古典功利主义没有在人们的各种欲求和目的之间做出区别，它只把"善的最大化"界定为"正当"，这就意味着它把所有欲求的满足、所有目的的实现都看作是有价值的（当然并非全然如此，它们也在各种欲望之间做了高下之分）。在这里，由于善观念或者欲求的多元化，究竟选择把哪种善或者哪些善最大化，是没有可靠的根据的，因而，古典功利主义在这方面就非常依赖于经验，依赖

---

①　[美] 罗尔斯：《正义论》（修订版），何怀宏、何包钢、廖申白译，中国社会科学出版社 2009 年版，第 205 页。

②　[美] 罗尔斯：《正义论》（修订版），何怀宏、何包钢、廖申白译，中国社会科学出版社 2009 年版，第 205 页。

于特殊的条件下人们的欲求和善观念。功利主义使所有的欲求或者善观念成为有价值的，没有对这些欲求进行过滤，也无法进行过滤，因为它没有提供统一而合理的衡量各种欲求的标准。功利主义理论因而就既不过问善在不同人之间的分配，又不过问善的性质。因此，正如罗尔斯所说，功利主义缺少在各种欲望体系或个人的理想之间进行选择的标准。①

综上所述，在公平的正义理论中，正义与善从根本上说是不冲突的。正义观塑造着人们的善观念，从而使以违反正义的方式追求的东西成为无价值的和不值得追求的。公平的正义也为衡量人们的各种欲求和善观念提供了统一而合理的标准，这就是正义诸原则。这些原则作为正当原则具有"终极性"，它们约束着人们的行为，约束着人们对善的追求和对欲望的满足，是评价人们的行为和善观念或欲求的最高上诉法庭。正义观对善观念的这种塑造关系，是公平的正义与人们的善之间具有契合性的一个重要方面，从而加强着公平的正义的稳定性。

二、公平的正义对社会基本善的保障

公平的正义与人们的善之间的契合性还表现在，公平的正义的确切结构（它的两个正义原则以及诸优先规则）保障着人们对社会基本善的享有。公平的正义对人们的社会基本善的这种无条件关怀，使它赢得了人们的自愿遵守和维护。

（一）正义诸原则对社会基本善的保障

按照罗尔斯的原初状态概念，人们在原初状态中选择正义观或者

---

① ［美］罗尔斯：《正义论》（修订版），何怀宏、何包钢、廖申白译，中国社会科学出版社 2009 年版，第 206 页。

正义原则时，是知晓社会基本善的，正义原则就是用来指导现实社会制度对这些基本善的分配的。"基本善"包括自由、机会、收入和财富，以及自尊等；这些善品是最基本的，是人们制订理性生活计划、追求其他善和实现其他人生目标的基本条件。这就是罗尔斯所谓的"善的弱理论"所表明的"善"。可见，从正当与善的关系上说，"基本善"不是由正当概念或者正义原则界定的，而是相反，基本善的观念是建构公平的正义理论的基础。

公平的正义对这些基本善的保障表现在诸正义原则之中。正义诸原则主要是适用于社会基本制度的，而社会基本制度大体上可以分为两个部分，第一个部分相当于基本政治制度，正义原则在这个领域主要是用来调节人们的政治权利和义务的；社会基本制度的第二个部分指的是基本制度中经济和社会的方面，正义原则在这里主要是用来调节经济和社会利益的。这样，公平的正义就首先包含两个正义原则。①

————————

①　罗尔斯对公平的正义诸原则（包括两个正义原则和优先规则）的论述是渐进地进行的，对诸原则的陈述也经历了一个由相对简单到复杂完整的过程。对诸原则的最后陈述是在讨论了"储蓄原则"和"代际正义"之后给出的。我们这里对正义诸原则的讨论是以罗尔斯在前期论证中的相对简单的陈述为基础的；虽然简约，但是根本内容都已经体现出来了，这对于我们此处讨论的主旨来说就已经足够了。"正义诸原则"的最后完整陈述是：第一正义原则："每个人对与所有人所拥有的最广泛平等的基本自由体系相容的类似自由体系都应有一种平等的权利"；第二正义原则："社会和经济的不平等应这样安排，使它们：①在与正义的储存原则一致的情况下，适合于最少受惠者的最大利益；并且，②依系于在机会公平平等的条件下职务和地位向所有人开放"；第一优先规则（自由的优先性）："两个正义原则应以词典式次序排序，因此，自由只能为了自由的缘故而被限制。这有两种情况：①一种不够广泛的自由必须加强由所有人分享的完整自由体系；②一种不够平等的自由必须可以为那些拥有较少自由的公民所接受"；第二优先规则（正义对效率和福利的优先性）："第二个正义原则以一种词典式次序优先于效率原则和最大限度追求利益总额的原则；公平的机会优先于差别原则。这有两种情况：①一种机会的不平等必须扩展那些机会较少者的机会；②一种过高的储存率必须最终减轻承受这一重负的人们的负担。"参见［美］罗尔斯：《正义论》（修订版），何怀宏、何包钢、廖申白译，中国社会科学出版社 2009 年版，第 237 页。

第一个正义原则说的是：每个人对与其他人所拥有的最广泛的平等基本自由体系相容的类似自由体系都应有一种平等的权利；这个原则也被称为"平等自由原则"。第二个正义原则的主要意思是说：社会和经济领域的不平等安排只有在下述条件下才是正当的：（1）这种安排有助于提升社会中最少受惠者的生活前景；（2）机会公平平等的条件下职务和地位向所有人开放。第二个正义原则实际上包含两个部分：即第一部分"差别原则"和第二部分"公平机会原则"。第一个正义原则适用于社会中的基本政治制度；第二个正义原则主要适用于经济的和社会的制度安排。

第一个正义原则所说的"基本自由"，主要是指政治上的自由（选举和担任公职的权利）；言论和集会自由；良心自由和思想自由；个人的自由，包括免除心理的压制、身体的攻击和肢解（个人完整性）的自由；拥有个人财产的权利；以及依照法治的概念不受任意逮捕和没收财产的自由。① 这些基本自由都是平等的。可见，这些自由大体上就相当于现代宪法赋予公民的自由，或者"权利"。第二个正义原则适用于收入和财富的分配，以及对那些利用权威、责任方面的差距的组织机构的设计。这个原则主要包含两层意思：一是财富和收入的分配无需平等，但是必须合乎每个人的利益；二是权威和负责地位也必须是所有人都能进入的。②

这样，第一个正义原则即"平等自由原则"，确保所有人都具有平等的基本自由和权利，它使得我们的基本自由和权利不会因为社会总

---

① 参见［美］罗尔斯：《正义论》（修订版），何怀宏、何包钢、廖申白译，中国社会科学出版社 2009 年版，第 47—48 页。

② 参见［美］罗尔斯：《正义论》（修订版），何怀宏、何包钢、廖申白译，中国社会科学出版社 2009 年版，第 47—48 页。

体功利的考虑而受到蔑视和忽略。第二个正义原则中的"公平机会原则"使得人们在面对权威和负有责任的社会地位时，享有实质性的公平平等的机会，而不仅仅是形式上的机会平等。第二个正义原则中的"差别原则"则要求社会和经济的不平等安排要有利于提升最少受惠者——即在社会中处于最不利境地的社会成员——的生活前景。

罗尔斯认为，"差别原则"初看起来好像是相当偏爱最少受惠者，但其实这个原则蕴涵着一个深刻的"互惠性"观念。这一观念指的是：那些从道德的观点来看是偶然和任意的因素，比如自然禀赋、家庭出身以及命运等，在社会资源的分配中必须被搁置一旁，也就是说，这些偶然因素不能作为分配的根据，除非这样做有利于改善所有人的利益。因此，"差别原则"所展现出来的是人们共享彼此命运的承诺。①

另外，"差别原则"还为"博爱原则"提供了一个解释。自近代社会以来，自由、平等、博爱的观念一直对人们有着很强的吸引力。博爱的观念虽然不能确定具体的权利，但是它们却表达着某些心灵态度和行为类型，没有它们，我们就看不到民主权利所表现的价值。因此，博爱观念仍然是一个十分重要的政治概念。在罗尔斯看来，"差别原则"正相应于博爱观念的一种自然意义，即如果不是有助于状况较差者的利益，就不欲占有较大的利益。这样，公平的正义理论就把自由、平等、博爱这三个核心的传统政治观念与两个正义原则的民主解释联系起来了：自由相应于第一原则；平等相应于与公平机会的平等联系在一起的第一个原则的平等观念；博爱相应于差别原则。②

① 杨伟清：《正当与善：罗尔斯思想中的核心问题》，人民出版社 2011 年版，第 311 页。
② 参见［美］罗尔斯：《正义论》（修订版），何怀宏、何包钢、廖申白译，中国社会科学出版社 2009 年版，第 81 页。

除了上述两个正义原则之外，公平的正义理论还包含着两条优先性规则，即："自由的优先性"和"正义对效率和福利的优先性"。我们主要讨论第一个优先性规则，即基本自由的优先性规则。在公平的正义理论中，第一个正义原则严格地优先于第二个正义原则，这是一种"词典式的次序"。这一"优先规则"的提出主要是为了保证第一个正义原则所提出的基本自由不受侵犯。这就意味着：第一，对基本自由的侵犯不能因较大社会经济利益而得到辩护或补偿，也就是说，即使对基本自由的侵犯导致了较大的社会经济利益，这种侵犯也是不正当的；第二，财富和收入的分配、权威与职责的地位，不能有损于基本自由的平等和机会的公平平等。可见，这个优先性规则主要强调了基本自由对其他社会经济利益的优先性。

显然，公平的正义理论对自由优先性的规定，源于西方自由主义的政治传统。自由主义政治传统把"自由"看作是最根本的，这可以说是一种具有"形而上学"意味的设定，其他的政治观念都是以此为基础推演出来的。现在的一个问题是，这种"形而上学的"或者"先验的"设定，在现实社会中能否得到实现？现实社会的人们是否会珍惜自由的优先性，人们对其他价值（比如物质财富等）的重视是否会超过对自由的重视？如果现实社会中的人们实际上会把其他价值（比如物质财富）看得比自由更重要，那么，公平的正义理论中关于"自由优先性"的设定就会受到动摇。想要回答人们何以应当坚持自由的优先性这个问题，还需要借助于罗尔斯关于"自尊"这种最基本的"社会善"的论述。

罗尔斯认为，在社会基本善中，最基本的当属"自尊"的善。罗尔斯认为，在一个正义的社会中，决定人们的"自尊"的东西，不是一个人的收入的多少，而是人们对由社会基本制度所保障的基本权利和自由的享有。按照公平的正义理论，人们平等地享有基本权利和自由，这就使每个人在社会合作中处于平等的地位，而"平等权利和相互尊重的社会态度在维护政治平衡和保障公民的自我价值方面起着根本的作用"①。因此，公平的正义理论认为，在一个由公共的正义观调节着的良序社会中，由社会基本制度所保证的平等的公民地位保障着人们的自尊，而不是物质利益的分配。

　　基本权利和自由决定自尊的观点还有利于解决一个逻辑推理上的难题。例如，如果把自尊建立在人们在物质分配中的所得份额上，或者说建立在人们在收入和财富分配中所处的地位上，由于"差别原则"不要求对财富和财富分配中的地位的平均分配，实际上也无法做到平均分配，那么，在这种情况下，要想提升一个人的自尊，就要提高他在财富分配中的所得以及他在这种分配中所处的相对地位。但是，提高一个人的所得份额就要降低另一个人的所得份额，提高一个人的地位就要降低另一个人的地位。由于财富的总额和地位手段是固定的，同时提高所有人的相对份额和相对地位是不可能的；这意味着，如果假定自尊取决于人们的物质财富和地位手段，那么提高一个人的自尊就必然要降低另一个人的自尊，因此，同时提高所有人的自尊的社会合作是不可能的。如果所选择的正义观使得将来的社会合作不可能同时保障所有人的自尊，这是原初状态中的人们所不愿意看到的。因为在将来的社会合作中，"自尊"这种最重要的基本善的分配实现了一种"零和博弈"的特征，这极大地降低了从事社会合作的价值，使人们难以利用社会联合的善。

　　因此，公平的正义理论把"自尊"这种最重要的基本善建立在

---

　　①　［美］罗尔斯：《正义论》（修订版），何怀宏、何包钢、廖申白译，中国社会科学出版社 2009 年版，第 431 页。

对那些基本权利和自由的平等分配之上，以及由此而来的人们的平等公民地位之上；而物质手段的相对份额则只具有从属的地位。

（二）"高阶利益"与社会基本善的重新解释

前面我们已经提及，契约理论面临的一个两难困局是：一方认为契约论的基本概念"最初状态"（传统契约论称之为"自然状态"，罗尔斯则称之为"原初状态"）所包含的信息太少，不足以使人们达成合理的契约，或者选择出合理的正义原则；另一方则持相反的观点，认为"最初状态"的概念包含了太多的信息，所依赖的条件充满了特殊性和偶然性，因而人们所达成的契约或者所选择的正义原则不具有普遍性。对于上述问题我们在前面已经有所讨论。

现在，这个问题又出现了：既然原初状态的概念假定了人们具有关于社会基本善的知识或信息，公平的正义诸原则的选择也是以此为基础的，那么人们自然会问：原初状态中关于基本善的内容（或者"基本善目表"）是如何确定的，或者说，我们何以把这些善而不是另外的善确定为人们的基本善呢？

对此，罗尔斯认为："我们必须假定，基本善细目表可以由理性的善的观念——这种观念与人类的需要与能力、它们的特有方面和营养要求的一般事实相联系，亚里士多德主义原则和社会相互依赖的必要性加以说明。"[1] 也就是说，原初状态下的人们并非完全无知，无知之幕并不会过滤掉所有的信息。原初状态下的人们依据他们所知道的信息和他们的理性推理，以及深思熟虑的判断，来确定何者对他们来说是基本的善。

---

[1] ［美］罗尔斯：《正义论》（修订版），何怀宏、何包钢、廖申白译，中国社会科学出版社 2009 年版，第 342 页。

罗尔斯在《正义论》的初版中对"基本善"的上述界定遭到了人们的质疑。面对各方的质疑，罗尔斯做了大量的解释工作，其中包括对与"基本善"概念有关的一些问题的解释。这些解释工作主要体现在罗尔斯的《对善的公平》（1975）、《道德理论中的康德式建构主义》（1980）、《社会统一与基本益品》（1982）等文章中；① 在《正义论》的"修订版序言"中，罗尔斯也专门谈到了这个问题。

罗尔斯指出，《正义论》初版中存在的一个严重弱点是对"基本善"的概念没有做出一个明确的解释。在初版中，基本善被界定为理性的人们都想要的东西，而无论他们还想要别的什么东西。但是，这个解释存在着含糊之处，之所以把某种善看作基本善，是仅仅依赖于人们的心理的自然事实，还是也依赖于体现某种理想的有关人的道德概念，这一点是不明的。在修订版中，这个问题有了明确的解答，这个解答依赖于把发展道德人格所包含的两种道德能力看作人们的"高阶利益"。"理性人"的概念其实是一个"道德人格"的概念，而"道德人格"主要包含着两种道德能力，即正义感的能力和善观念的能力；原初状态的人们对发展和运用这两种能力具有更高一层的兴趣。因此，"基本善的特征现在被确定为：它们是人在其完整的一生中作为自由和平等的公民、作为社会正常和充分合作的成员的人所需要的"②。也就是说，基本善是人们发展和实现两种道德能力所依据的基本条件；由于这两种道德能力界定了一种道德人格理想，所以可以明确地说，是这种人格理想确定了基本善的内容，而不是人们的

---

① 上述文章见［美］罗尔斯：《罗尔斯论文全集》全二册，陈肖生等译，吉林出版集团有限责任公司 2013 年版，第 301—321、341—405、406—437 页。

② ［美］罗尔斯：《正义论》（修订版），何怀宏、何包钢、廖申白译，中国社会科学出版社 2009 年版，"修订版序言"，第 3 页。

心理的自然事实。

在《道德理论中的康德式建构主义》一文中，罗尔斯说："道德人的特征就是拥有两种道德能力以及具有两种相应的最高阶利益来掌握和运用这些能力。第一种能力就是有效正义感的能力，也就是理解、应用和践行（并不仅仅是遵循）正义原则的能力。第二种道德能力是形成、修正和合理性地追求一种善观念的能力。对应着这些道德能力，道德人被认为受两种最高阶的利益驱动去掌握和运用这些能力。"① 可见，"高阶利益"是调节人们的观念和行为的最高原则。这种调节作用的重要体现，就在于它确定了"基本善"或者"基本益品"的内容。这些"基本善"或"基本益品"对于实现"高阶利益"而言是必需的条件。

罗尔斯对《正义论》中列举出的"基本善"或者"基本益品"作了详细的解释。第一，诸种基本自由权（包括思想自由和良心自由等）。这些自由权是发展和运用两种道德能力去决定、修正以及理性地追求一种善观念所必需的背景性制度。同样地，对于在自由社会条件下正当感和正义感的发展和运用而言，这些自由权也是不可或缺的。第二，移居的自由和多种机会背景下选择职业的自由。这些自由允许人们追求他们的终极目的，以及会影响人们修正和改变这些终极目的的决定。第三，各种职位的权力、特权以及各种职责。这些职权与职责给各种各样的自治和自我的社会能力的发挥提供了空间。第四，收入和财富，宽泛地理解为一种（具有交换价值的）"通用手段"（all-purpose means）。它们对于直接或间接地达成我们（几乎）所有的目的而言都是必要的，无论这种目的是什么。第五，自尊的社

---

① ［美］罗尔斯:《罗尔斯论文全集》全二册，陈肖生等译，吉林出版集团有限责任公司 2013 年版，第 352 页。

会基础。如果个体想要获得一种活生生的作为道德人的自我价值感，并希望能带着热忱和自信去实现其高阶利益的话，基本制度的这些方面通常就是本质性的。①

既然认定人们把发展和运用他们的两种道德能力看作他们的"高阶利益"，那么原初状态中的人们在选择正义原则时，是怎样受到这些善观念的影响的呢？罗尔斯曾指出："原初状体的人们是被一定等级系列的利益驱动的。他们必定首先确保他们的最高级利益和基本目标（仅仅他们所知的一般形式的），这个事实反映在他们赋予自由的优先性之中；获得使他们能实现他们的其他欲望和目的的手段只具有从属性的地位。"②

对此，弗雷曼有一个比较详尽的阐述。③ 他认为，罗尔斯在"弱"意义上把各方描述为"理性的"，他的"善的弱理论"（thin theory of the good）既涉及规范的方面，又涉及实质的方面。规范的方面是理性选择原则、慎思的理性和理性人生规划；实质的方面是各方的"排序靠前的"（high-ordered）权益（即"高阶利益"）、初级产品和亚里士多德主义原则④。"理性人"所追求的最根本的善是各方的排序靠前的（high-ordered）权益。这一点又源于道德人格的观念，或者道德人格的理想。道德人格包含两个部分，即善观念能力和正义感能力。善观念能力是指人们的形成和修订他们的善观念的能

---

① ［美］罗尔斯：《罗尔斯论文全集》全二册，陈肖生等译，吉林出版集团有限责任公司 2013 年版，第 353—354 页。

② ［美］罗尔斯：《正义论》（修订版），何怀宏、何包钢、廖申白译，中国社会科学出版社 2009 年版，第 429 页。

③ ［美］弗雷曼：《罗尔斯》，张国清译，华夏出版社 2013 年版，第 151—157 页。

④ ［美］弗雷曼：《罗尔斯》，张国清译，华夏出版社 2013 年版，第 151 页。

力。正义感能力，广义上说，是指人们具有的是非观念、正义与否的观念，以及自愿遵守正义、行事正义的欲望；狭义地说，就是指人们按照正义原则做事的欲望。道德人格的两种能力对应着两种独立的实践理性要求，即"理性的"（rational）要求和"合理性的"（reasonableness）要求。"理性的"概念涉及一个人的善（goodness），当我们说一个人是"理性的"时候，是指我们只知道他是理智地追求他的目的的，但是我们不知道他的目的为何。"合理性的"概念牵涉到"正当"（right）概念，包括个人的正当道德义务和道德要求，以及应用于制度和社会的正义。当我们说一个人是"讲道理的"（reasonable）时候，是指我们知道他愿意用能共同推理的原则指导其行为，并考虑行为对他人的影响。一个人做事讲道理，源于他具备正义感这种道德情感或者道德能力。一个人拥有正义感就意味着，他愿意尽到正义观要求的义务和职责，愿意和其他人共同遵守公共的正义原则。

因此，罗尔斯把正义感看作人们通常具备的一种品格，这种品格是人类合群性的条件。正如李淑梅教授所指出的："人的能力结构包括道德能力和自然天赋能力等诸多方面，对于社会合作体系而言，道德能力具有根本性的意义。要进行社会合作，合作各方必须具备起码的、必要的道德能力，这是他们缔结契约、组成社会的前提条件，是他们终生从事社会合作的条件。"① 原初状态下的各方专注于开发和实现他们的两种道德能力（即善观念能力和正义感能力），这是罗尔斯赋予自由平等的理性存在者的根本特征。

可见，"理性人"的概念是原初状态中的一个根本设定，这个设定既是各方选择正义原则时的重要条件，也是各方选择正义原则时的

① 李淑梅：《罗尔斯的自由观：自由与平等结合》，《求是学刊》2005 年第 5 期。

一个动机，即他们把它当作想要实现的一种理想目标。而对于基本善，我们已经说过，其内容或者"细目表"是由理性人的概念以及理性人对高阶利益的追求所决定的。也就是说，为了实现人们的"高阶利益"，原初状态的人们所选择的正义原则必须能够使社会基本善得到保障。

总之，公平的正义理论保障着人们的社会基本善；这些基本善是人们实现其"高阶利益"（即发展和运用他们的正义感能力和形成、修正善观念的理性能力）的基本条件。因此，公平的正义的实施不是要排斥人们对这些善的追求，而是相反，公平的正义本身就是对这些基本善的保障。可见，公平的正义与这些社会基本善之间不是一种相互冲突的关系，而是一种相互契合的关系，这是公平的正义具有"稳定性"的一个重要原因。

三、公平的正义视野中社会共同体的善

前面我们已经提到过，在公平的正义理论中，"善"概念既适用于人们的理性欲求和目标，也适用于个人的道德德性，而且还适用于社会制度和社会共同体的善。因此，公平的正义与善的契合性还体现为正义与共同体的善的契合性。罗尔斯就认为，正当和善的一致性在很大程度上取决于一个良序社会是否能实现（achieves，获得）共同体的善（the good of community）。①

实际上，早在对公平的正义的原初状态论证中，人们就已经开始思考共同体的善了。在公平的正义理论的整体结构中，共同体的善或

① 参见［美］罗尔斯：《正义论》（修订版），何怀宏、何包钢、廖申白译，中国社会科学出版社 2009 年版，第 411 页。

者社会制度的善，有其中心位置。在讨论公平的正义理论与理想主义的相似之处时，罗尔斯明确指出："与理想主义的另一个相似之处是：公平的正义为共同体的价值安排了一个中心地位，而且这种安排是根据康德式的解释……根本的观点在于：我们想用一种以个人主义为理论基础的正义观，来解释社会价值，解释制度的、共同体的和交往活动中的内在善。"①

我们可以这样断言：公平的正义理论必然包含对共同体价值的解释，这与公平的正义理论的两个基本假定有关。即"自由平等的公民理念"和"公平合作体系的理念"；前者可以简称"人的理念"，后者可以简称"社会的理念"。在"人的理念"中，人被看成是具备两种道德能力的"道德人格"，两种道德能力是指理解、发展和运用正义感的能力，以及形成、修正善观念的理性能力。发展和运用这两种道德能力是"道德人格"的"最高利益"。在"社会的理念"中，公平的正义理论把人类社会看作一种公平合作体系，在这个体系中，人们发展和运用着他们的两种道德能力：理性善观念能力的运用体现在，人们从合作体系中获得好处，追求着自己的善；正义感能力的运用体现在，人们对理性善的追求是在一种公认的正义观的调节下进行的。通过共同接受一种公共的正义观，人们展现了自己的道德能力和道德本性。可见，"这种合作的理念也包含了每一参与者的合理利益或善的理念。换言之，合作本身是每一个参与者的利益之所在，合作的理念包含了个人的善的理念"②。公平的正义就是为着调整共同体（合作事业）内部的关系的。因此，一方面，如果一种正义理论否定

① ［美］罗尔斯：《正义论》（修订版），何怀宏、何包钢、廖申白译，中国社会科学出版社 2009 年版，第 208 页。

② 龚群：《罗尔斯政治哲学》，商务印书馆 2006 年版，第 19 页。

了共同体的价值，那就意味着人们没有必要参加共同的社会合作，或者说，结成社会共同体本身是无价值的，这样也就同时否定了正义理论自身，因为这使正义成为不必要的了。另一方面，一种正义理论的实施如果损害了共同体的价值，那么这种正义理论就既是不可欲的，也是不可行的或者不稳定的，因为追求社会共同体的价值是人们的一种基本的、合理的欲求，如果正义理论的实施阻碍了人们的这种欲求的实现，那么这种正义理论将得不到人们的拥护。因此，对社会共同体价值的论证，是正义理论必不可少的组成部分。

（一）人类的社会性和社会联合的观念

几乎所有的政治哲学理论都不同程度地论述共同体或者社会制度的作用或价值；它们也都提出了不同的共同体的概念。

第一种典型的观念是由柏拉图提出来的，他把城邦共同体看作是由不同的各阶层组成的统一体。柏拉图把"智慧""勇敢""节制"和"正义"看作四种最为重要的德性，称之为"四枢德"（或者"四主德""四元德"）。个人"正义"的实现，就是灵魂的诸德性协调一致、和谐统一。个人的灵魂都包括理智、激情、欲望和冲动，但是个人之间又有所不同。有的人善于思考，热爱智慧；有的人充满激情，追求名誉和权力；而大部分人则可望满足低级的欲望。擅长思考的人以追求"智慧"为德，富有激情的人以崇尚"勇敢"为德，而欲望强烈的人要以"节制"为德。古希腊人把个人看作是缩小的城邦，而把城邦看作是扩大的或者大写的个人。这样，城邦的正义就和个人的正义具有相似的结构特征。理想的城邦，就是按照个人灵魂的侧重点的不同，把全体公民进行社会分工。热爱智慧的人应该成为城邦的领导者（支配者）阶层，崇尚勇敢的人应当成为城邦的辅弼者

（或者防卫者），而需要以节制约束其低级欲望的人，则适宜从事工、农、商业的活动，构成城邦的生产者阶层。只要各阶层各尽其责，互不干扰和越位，城邦就实现了正义，从而是一个理想的社会。① 可见，柏拉图讲的城邦共同体，是一种特殊的分工体系。

第二种典型的共同体概念是黑格尔所提出的国家理论，集中体现在他的"法哲学"思想中。黑格尔把国家理解为独立于和凌驾于个人和市民社会之上的伦理实体。正如李淑梅教授所指出的："按照黑格尔普遍优先的逻辑原则，作为普遍观念的国家先于家庭和市民社会，家庭和市民社会不过是国家从自身分化出的两个有限的规定，属于'国家的概念领域'，是国家的异在形式。国家最后又扬弃这些异在的、有限的形式而返回自身，成为自为的存在。"② 黑格尔认为，国家是现实的有机体，是一个处于最高阶段的自觉的伦理实体，是"伦理理念的现实"，是伦理精神的完成，是"自由的现实化"，是"神自身在地上的行进"③。黑格尔认为，国家是独立的实体，是绝对精神发展的必然环节，不以人们的主观任意性为转移，国家不是人们约定的东西，而是必然要存在的实体。黑格尔反对契约论者把国家看成是契约的结果，认为这样就使国家成为可以任意取消的东西了，因为"契约乃是以单个人的任性、意见和随心表达的同意为其基础的"④。

---

① 参见宋希仁主编：《西方伦理思想史》，中国人民大学出版社2003年版，第42—43页。
② 李淑梅：《政治哲学的批判与重建——马克思早期著作研究》，人民出版社2014年版，第102页。
③ 参见［德］黑格尔：《法哲学原理》，范扬、张企泰译，商务印书馆1961年版，第258—259页。
④ ［德］黑格尔：《法哲学原理》，范扬、张企泰译，商务印书馆1961年版，第255页。

第三种关于共同体及其价值的重要理论包含在马克思主义理论中。马克思在其早期批判黑格尔的法哲学思想时就指出，黑格尔颠倒了国家和市民社会的关系，与黑格尔相反，马克思认为，是市民社会决定国家，而不是国家决定市民社会。在马克思所创立的唯物史观看来，国家是历史发展的特定阶段的产物，是阶级统治的工具，因而，国家必然随着社会历史进入无阶级的阶段而消失，取代存在国家统治的是自由人联合体的社会。这样的社会将是一个"各尽所能，按需分配"的社会，是一个"建立在个人全面发展和他们的共同的、社会的生产能力成为从属于他们的社会财富这一基础上的自由个性"①的社会。

第四种关于共同体的重要观念主要体现在把社会理解为一个竞争的市场这样的观念中。这种观点实际上就是把社会看作一种"私有社会"，罗尔斯认为，私有社会或者类似的概念在柏拉图的《理想国》中就出现了；黑格尔在《法哲学原理》中则称之为"市民社会"。黑格尔曾指出："如果把国家同市民社会混淆起来，而把它的使命规定为保证和保护所有权和个人自由，那么单个人本身的利益就成为这些人结合的最后目的。由此产生的结果是，成为国家成员是任意的事。但是国家对个人的关系，完全不是这样。"②

罗尔斯认为，私有社会有两个主要特征：第一，这个社会中的人们是为着实现他们的私人目的而活动的，他们都追求个人利益的最大化；没有人考虑他人的善，或者他人所拥有的东西的善；正由于此，

---

①　《马克思主义哲学史》编写组：《马克思主义哲学史》，高等教育出版社2012年版，第124页。

②　〔德〕黑格尔：《法哲学原理》，范扬、张企泰译，商务印书馆1961年版，第253—254页。

那些私人目的不值得赞美。第二，社会制度要么被看作实现私人目的的手段和工具，要么被看成阻碍实现私人目的的负担；制度（特别是正义制度）本身被认为没有任何价值。

让我们先来指出如下一点：罗尔斯对共同体的价值的阐释，不是以传统的"共同体"概念为基础的，而是重新界定了"共同体"，这样的共同体本质上就是一种"公平合作体系"。因此，罗尔斯所说的"共同体"，既不是柏拉图的"城邦"，也不是黑格尔的至高无上的"国家"；既不是"共产主义社会"，也不是"私有社会"；而是由自由平等的理性存在者共同参与的"公平合作体系"。这样，共同体（公平合作体系）的"首要德性"（或者"核心价值"）就既不是柏拉图式的"城邦正义"——建立在等级差异基础上的分工合作，也不是黑格尔式的至高无上的国家精神；既不是人的自由全面发展，也不是个人利益的最大化；而是"公平的（或者平等的）正义"。由于公平的正义理论坚持康德式的"人的观念"，即把人看作自由平等的理性存在者，看作具备道德能力的道德人格，所以，谋求共同体的正义就既是可欲的，也是可行的。正义之所以是可欲的，或者说是应该追求的价值，是因为人的道德本性，追求正义包含在人的本性中，相比之下，动物之间就无所谓正义；而正义之所以是可行的，是因为人具备道德潜能，只要这种潜能通过社会而得到发展，人就能实际地践行正义。

回到罗尔斯的分析。罗尔斯说："由于人们清楚的一些理由，我们不想依赖一个不确定的共同体的概念，或者假设社会是一种有机的整体，它有自己的一种独特生命，这种生命区别于并优越于它所有的成员在其相互联系中的生命。所以，我们首先制定出原初状态的契约观。它具有合理的简化性；而且所提出的理性选择问题相对来说是精确的。"① 罗尔斯所讨论的共同体的价值不是现实中实存的各种"共同体"的价值，也不是传统的"共同体概念"所说的那种共同体的价值，因为传统观念中的共同体概念本身是多样的和模糊不清的。公平的正义理论所讲的共同体，是由原初状态的设定而来的，即以原初状态的概念和人的概念为基础而构造的将来的社会公平合作体系，因此，公平的正义理论所要论证的共同体的价值，就是这种作为公平合作体系的共同的价值。

在论证共同体的价值时，罗尔斯首先界定了"人类的社会性"（social nature of mankind），提出了"社会联合"（social union）的观念，并且指出了社会联合的两个基本特征。其次，罗尔斯认为，由公平的正义指导的良序社会具备"社会联合"的基本特征，它实际上是一个"诸社会联合的社会联合"（a social union of social unions）。在这种"社会联合"中，人们分享着终极的共同目的；同时，共同的社会制度和共同的活动本身也被看作是一种善，而且，正义的公共实现本身也被看作是一种共同体价值（a value of community）。②

我们知道，原初状态概念的一个基本设定是，现实社会中的人们处在正义的环境之下：他们之间存在利益的冲突，也存在利益的一致性。因此，他们把加入社会合作看作是一种为着互惠的合作的冒险。罗尔斯认为，有两种看待这种假设的方式。第一种是从正义理论的角度看，这时，这种假设只是为了引出令人满意的正义原则，一旦得出了正义原则，原初状态的假设就可以舍弃了。第二种看待这种假设的

---

① ［美］罗尔斯：《正义论》（修订版），何怀宏、何包钢、廖申白译，中国社会科学出版社 2009 年版，第 208 页。

② 参见［美］罗尔斯：《正义论》（修订版），何怀宏、何包钢、廖申白译，中国社会科学出版社 2009 年版，第 418 页。

方式，是把它看作真实的人类社会，或者说，把现实的人类社会作这样的理解。罗尔斯认为，这后一种看法实际上是把人类社会理解为一种"私有社会"（private society）。

在私有社会中，驱使社会成员们行动的动机是为了实现他们的私人利益的最大化，而不是正义感，即做事公平正义这一欲望。因此，在这样的社会中，即使有公正的制度安排存在，但是维护这种制度的稳定性主要依靠的是强制手段，而不是依靠人们的正义感。罗尔斯指出："私有社会不是由社会的基本结构本身是公正的和善的这样一个公共信念，而是由每个人或十分多的人维护这个系统的谋算，而联系起来的，这种谋算就是，任何实际的变化都会减少他们赖以实现他们的私人目标的手段的总和。"① 也就是说，依照私有社会的观念，人们之所以组成社会，只是为了借助于社会合作和社会制度，来谋求私人利益的最大化；一当任何社会变动影响到人们的私人利益时，人们就倾向于不遵守现存的社会制度，因为除了私人利益，人们没有共同的目标。在罗尔斯看来，对人类社会的这种理解是粗浅的，甚至是错误的。他认为，对人类社会应当有更深层次的理解。

在罗尔斯看来，人是"社会性"存在物。但是，对人的社会性不能作一种粗浅的理解。一种通常的观点，是把社会活动看作一种交换活动，把社会看作交换场所；这种观点认为，人们通过社会交换、社会交往和社会合作，获得自己所需要的东西，在这个过程中，人们遵循互惠互利的原则，互通有无，各取所需。因此，社会对人来说是必要的。另一种观点认为，人们通过社会活动而习得了一些社会能力，获得了一些社会产品。比如说，在社会活动中，人们发展了语言

---

① ［美］罗尔斯：《正义论》（修订版），何怀宏、何包钢、廖申白译，中国社会科学出版社 2009 年版，第 413 页。

和思考能力，分享了某些文化产品，获得了一些思想观念和精神信仰，如此等等。但是在罗尔斯看来，上述看法都是粗浅的。人的本性在于他的"社会性"，社会也应当被深刻地理解为"社会联合"，而不是仅仅停留在"私有社会"的层面。莱宁指出，罗尔斯的一个重要思想在此展示出来，这是一个与"社会合作"意义相关的思想。罗尔斯认为，我们人类关系的社会性本质上表明了一种相互依赖的处境。人们互相需要，因为只有通过与他人的积极合作，才能实现所实际具有的能力。可以说，正义的诸原则反映了这种"人类的社会性"①。

那么，什么是"社会联合"？"社会联合"有什么特点呢？罗尔斯认为，社会联合有两个重要特征：第一，人们在社会联合中分享着共同的目的；第二，在社会联合中，共同的社会制度和共同的活动本身被看作是一种善②。所谓人们分享着"共同目的"，不是说像在私有社会中那样，人们都想得到或者占有某个东西，而是说人们有着共同的价值追求，比如说让社会公平正义。因此，在私有社会中，人们之间从本质上说是一种竞争关系，即便是合作也是为了竞争，动机都是为了实现私人利益和目的。而在社会联合中，则完全不是这样。人们追求同样的东西，不是为了排他性地占有这个东西，而是为了实现一种共同的价值，展示他们的一种共同的本性。另一方面，在社会联合中，人们把共同的社会制度和共同的社会活动本身看作就是一种善，即它们因自身之故而是善的。相反地，在私有社会中，共同制度

---

① ［荷］莱宁：《罗尔斯政治哲学导论》，孟伟译，人民出版社 2012 年版，第248 页。

② ［美］罗尔斯：《正义论》（修订版），何怀宏、何包钢、廖申白译，中国社会科学出版社 2009 年版，第413 页。

和共同活动则仅仅被看作实现私人目的的工具，甚至被看作阻碍人们实现私人目的的负担。正是上述两个基本特征，把"私有社会"的概念和"社会联合"的概念区别开来了，后者才是对人类社会的正确理解。

"社会联合"的例子到处可见。在罗尔斯看来，许多生活形式都具有社会联合的特征，即拥有共同的最终目的和自身就有价值的共同活动。科学和艺术团体、家庭、友谊和其他类似群体都具有社会联合的特征。因此，社会联合没有规模上的限制，甚至也没有时间上的限制：因为，被历史和环境分隔的那些人们却能合作地实现他们的共同本性。显然，"一个良序社会，事实上是大多数社会，将包括无数不同种类的社会联合"①。

罗尔斯以较为简单的博弈为例，分析了"社会联合"的特征。罗尔斯认为，在博弈中，我们可以清楚地区分出四种目的：第一，由博弈的规则所规定的目的，比如说人们参加某种博弈的目的是得到最高分；第二，人们参加博弈的其他各种动机，比如说从博弈中体验到某种惊险或者刺激，或者锻炼某种能力等；第三，博弈者们没有认识到的社会目的，这些目的是博弈本身所带来的客观的结果，往往在反思的观察者那里才能辨认出来；第四，共有的目的，即所有参加者都应当好好做游戏的共同愿望。② 罗尔斯认为，只有当博弈按照规则公开而公平地进行时，并且当所有参加者们都感觉他们做得很好时，这个共同的目的才能实现，这项博弈活动就是一项"好"的活动。当

---

① ［美］罗尔斯：《正义论》（修订版），何怀宏、何包钢、廖申白译，中国社会科学出版社 2009 年版，第 417 页。

② ［美］罗尔斯：《正义论》（修订版），何怀宏、何包钢、廖申白译，中国社会科学出版社 2009 年版，第 415—416 页。

这个目的实现时，每个人都能从这个活动中得到快乐和满足。由此可见，这个共同目的——即第四个目的——是独立于前面三个目的的：即使一些博弈者没有从中获得最高分，或者自己能力的锻炼没有达到预期的效果，总而言之，即使个人的目的没有实现，但是只要博弈是公开而公平地进行的，博弈者们是认真地进行博弈的，那么这个共同的目的就实现了。由此，人们仍然会认为该博弈活动是一次成功的、有意义的活动。

罗尔斯认为，在博弈中，虽然存在着竞争的一方面，但是，假如人们是带着热情而参与博弈的，并且希望在博弈中能够得到快乐，那么进行精彩而公平的博弈的共同欲望就必须是主导的、有效的欲望。由此可见，许多博弈都以一种明确的方式表明了这种共同目的的存在。和博弈相类似，良序社会作为一个"诸社会联合的社会联合"①，同样包含着共同的目的，并且共同的制度和共同活动本身就被看作是善。

罗尔斯的目的是要表明，正义原则与人的社会性特征相联系。人们追求社会共同体的善，而正义原则影响着人们对这种善的获得。因此，正义与善的契合性（或者一致性）在很大程度上就取决于：在公平的正义的指导下，人们能否实现或者获得社会共同体的善。换言之，如果人们遵循公平的正义，用公平的正义来规导社会基本结构，

---

① 我们有必要对"社会联合""社会共同体""诸社会联合的社会联合"这三个概念做一解释。在《正义论》中，罗尔斯对"社会联合"和"社会共同体"这两个概念似乎没有做严格的区分；"诸社会联合的社会联合"，顾名思义，就是多个"社会联合"的联合；给定了"社会联合"的两个特征之后，"诸社会联合的社会联合"可以看作一种"复合"的"共同体"，或"社会共同体"。但是，在《政治自由主义》中，罗尔斯认为，"民主社会"或"良序社会"既不是一种"共同体"，也不是一种"联合体"。"共同体"被界定为一种特殊类型的联合体，即靠一种完备性学说统一起来的联合体。上述区分，详见［美］罗尔斯：《政治自由主义》（增订本），万俊人译，译林出版社 2011 年版，第 37—39、135—136 页。

那么人们还能否获得共同体的善或者"共同体的价值"。如果答案是肯定的,那么就证明了公平的正义与人们的善是契合的。

因此,基本的观点是:与公平的正义相对应的良序社会本身就是一种形式的"社会联合",准确地说,它是各种社会联合的社会联合;社会联合的两个重要特征在这里都存在,即成功地实行正义的制度是所有社会成员共有的最终目的,同时,这些制度形式和共同的社会活动自身被人们看作善。①

作为一种"社会联合",良序社会的第一个特征是明显的。良序社会的成员们有一个共同的目的,那就是在共同的社会合作中,以正义原则所允许的方式实现他们的共同本性,即自由平等的道德人的本性。这个共同的意图依赖于人们获得一种有效的正义感,也就是说,当人们获得一种按照正义行事的道德欲望时,他们就希望通过在社会合作中追求和遵循正义来表现出他们的道德人的本性。他们的道德人的本性是通过他们在社会合作中追求正义、遵循正义而表现出来的。就是说,除了各自的其他目的之外,欲求正义是他们的共同目的。对此,莱宁指出,这也就充分表明了,为什么一个资本主义福利国家无论如何也不能满足"公平之正义"的要求,因为在这样的福利国家中,每个公民个体独立地追求自我利益,功利的政治道德观占据了支配地位,其成员具体表现为精于计算的公民;因此,这样的国家实质上"是一个没有被基本制度自身是正义和善的公共信念联合起来的'私人社会'"②。

---

① [美]罗尔斯:《正义论》(修订版),何怀宏、何包钢、廖申白译,中国社会科学出版社 2009 年版,第 417 页。

② [荷]莱宁:《罗尔斯政治哲学导论》,孟伟译,人民出版社 2012 年版,第 249 页。

对于良序社会所体现的第二个特征，即，那里的人们把正义的制度本身看作是善，可以通过对公平正义的康德式解释和亚里士多德主义原则来加以说明。

首先，对公平的正义的康德式解释意味着，当人们按照原初状态下所选择的两个正义原则行动时，他们就是在自律地行动，而自律的行动就是表现人们的本质的行动，因而对他们来说是善。按照康德的观点，人是一种自由、平等的理性存在物，如果他的行为原则最准确地表现了他的本性，那么当他按照该原则行动时，他就是在自律地行动。他之所以遵循这样的原则，不是因为他的特殊社会地位、特殊的欲望和目的，或者特殊的自然禀赋等偶然因素，而仅仅是因为他是一个自由平等的理性存在物，或者说是一个道德人。当他按照体现他的本质的原则行动，因而是自律地行动时，他就是在按照绝对命令行动。相反地，当他的行动是由于上述这些偶然因素所驱动时，他的行动就是他律的，他所遵循的行为原则也就是一种假言命令。

现在，原初状态下的人们选择正义原则时的行动，就类似于一种自律的行动，而正义原则也就类似于康德意义上的绝对命令。[①] 我们知道，在原初状态下，由于无知之幕，人们仅仅知道他们是自由、平等的理性人，他们具有有效的正义感能力和善观念能力，都欲求基本的善；但是，他们不知道自己所处的特殊社会地位，不知道他们的特殊目的和特殊的善，以及他们的特殊自然禀赋。正是在这种假设的理想状况下，人们对适用于社会基本结构和个人行为的正义原则做出了选择，而他们所选择的正义原则也就体现了他们的本性。现在，按照罗尔斯的论证，人们最终会选择两个正义原则。可见，人们对两个正

---

① ［美］罗尔斯：《正义论》（修订版），何怀宏、何包钢、廖申白译，中国社会科学出版社 2009 年版，第 199 页。

义原则的选择是在没有任何特殊信息、不受任何偶然因素影响的情况下做出的，因此，两个正义原则就体现着他们的本性。而按照体现人的本性的原则行动，是一种自律的行动，是服从绝对命令的行动，所以，按照两个正义原则行动也就是一种自律的行动，是按照绝对命令行动。

这样，在一个由公平的正义指导的良序社会中，对正义制度的遵守体现着人们的自律本性。因而，追求和遵守正义制度对每个人来说都是善。

其次，亚里士多德主义原则也能用来解释制度的善。亚里士多德主义说的是，人们倾向于在活动中运用和展现自己的复杂和高端的能力，人们在选择体现着他的善的理性生活计划时，会遵循这个原则。现在，公平的正义指导下的社会制度，即正义的社会制度，为人们按照亚里士多德主义原则选择理性生活计划提供了一个规范框架，在这个框架中，人们能够自由地选择和实施他的较小的生活计划。同时，这些较小的计划最终导向一种更宏大、更系统的计划，即作为整体的社会合作计划和社会基本结构。在这个更大的计划中，直接的目的不再是具体的个人善，因为公平的正义本身无意于实现善的最大化，而是追求社会基本制度的正义，追求一种对各种具体计划起调节作用的道德原则。如果我们按照亚里士多德主义原则，把实现正义看作人的一种高级（道德）能力，那么实现正义就符合人们的善。因此，当我们认为社会基本制度和社会共同活动的目标是为了实现正义时，一个合理的推论就是：对良序社会中的人们来说，社会基本制度和共同活动本身就是善。所以罗尔斯说："公共地实现的正义是一种共同体价值。"①

总之，一个由公平的正义主导的良序社会是一个"诸社会联合

---

① ［美］罗尔斯：《正义论》（修订版），何怀宏、何包钢、廖申白译，中国社会科学出版社 2009 年版，第 418 页。

的社会联合"。在这个"社会联合"中，人类的各种活动得到了高度的发展，人们运用和展现了自己的复杂而高端的能力，这一状况符合亚里士多德主义原则——这个原则是一个深刻的心理学事实，也是人们选择体现着他的善的理性生活计划时所依靠的重要原则。同时，这个"社会联合"以实现正义为最终的共同目的，人们通过参与这个"社会联合"而展现了自己的道德本性。由此可见，正义的社会制度对人们来说是一种善，这就对"共同体的价值"做出了一种合理的解释，从而也就从一个方面证明了公平的正义与人们的善是契合的。

（二）社会联合和自尊的善

"共同体的价值"还体现在，它有利于维护人们的"自尊"。罗尔斯认为，自尊是最为重要的社会基本善。基本善是人们追求其他"善"或者"益品"所必须具备的基本条件。社会的基本善包括自由、机会、收入、财富和自尊等。与其他善相比，罗尔斯特别看重自尊这种善，认为自尊是所有基本善中最为重要的。因此，第一，公平的正义中的善理论就必须解释为什么自尊是最基本的善；第二，公平的正义理论还要解释公平的正义指导下的社会共同体何以能够维护和保障人们的自尊的善。

罗尔斯认为，自尊（或自重）具有两个方面："首先……它［自尊］包括一个人对他自己的价值的感觉，以及他的善概念，他的生活计划值得努力去实现这样一个确定的信念。第二，自尊包含着一个人对自己实现自己的意图的能力的自信，就这种自信是在个人能力之内而言。"① 从罗尔斯对"自尊"的这种界定中，我们能够

---

① ［美］罗尔斯：《正义论》（修订版），何怀宏、何包钢、廖申白译，中国社会科学出版社 2009 年版，第 347 页。

发现自尊对我们来说有着什么样的意义，为什么说自尊是最为重要的基本善。

我们在前文中已经说过，罗尔斯把人看作一种按照某种理性生活计划生活着的人生，人们的人生追求和理想价值就体现在人们的理性生活计划中，对某种理性生活计划的实施，就是对人生理想的追求，就体现着人们的人生价值和人生意义。但是，如果人们缺乏自尊，也就是说，如果人们感到他们的生活计划没有什么价值，那么他们就不会愉快地、满怀激情地去实现这些计划，追求那些计划所包含的理想目标。因此，如果人们要热烈地追求他们的人生计划，追求他们的善的观念，并从他们的计划和善的实现中享受到幸福，一种自我价值感就是必须的。正如罗尔斯所说："自尊与其说是理性生活计划中的一部分，不如说是个人的计划是值得执行的那种意义。"① 另一方面，如果在实施计划时，人们对他们的能力产生怀疑，或者在追求计划的过程中遭遇了挫折，这些都会阻碍他们去继续努力实现那些计划。

这些分析表明，自尊确实是一种基本善，而且是最为重要的基本善。在罗尔斯看来，没有这种善，没有自尊，人们做任何事情都会变得没有意义，也就缺乏追求它们的意志。在这种情况下，人们就会很容易陷入冷漠和犬儒主义，既表现为内心极度空虚，又表现为无所作为，陷入自我贬黜、自我颓废的困境。这种状况是原初状态下的理性的各方所不愿意看到的，可见，对实现自尊的考虑影响着人们对正义原则的选择。因此在罗尔斯看来，"公平的正义总是给予自尊以比给予别的原则的更多的支持，这是原初状态各方所以接受这一原则的强

---

① ［美］罗尔斯:《正义论》（修订版），何怀宏、何包钢、廖申白译，中国社会科学出版社 2009 年版，第 138 页。

烈原因"①。

既然自尊是最为重要的基本善，那么理性的善理论就要能够对此做出阐明。实际上，罗尔斯更为看重的是理性的善理论对自尊的第一个方面即"自我价值感"的阐明。

罗尔斯认为，理性的善的观念能够使我们更充分地描述支持自尊的第一个方面，即自我价值感的环境因素。罗尔斯认为这样的因素基本上有两个："（1）有一个合理的生活计划，尤其是一个符合亚里士多德主义原则的计划；以及（2）感到我们的人格和行为受到其他同样受尊重并且受欢迎的人们的赞扬和肯定。"②

按照罗尔斯的看法，自尊与其说是人的生活计划的组成部分，不如说是生活计划的意义所在。拥有自尊的人们认为他们的生活计划是值得实现的，认为他们的生活计划体现着他们的人生价值，他们对自己的生活计划的意义的肯定就是对他们自身的肯定。反过来说，自尊依托于人们的生活计划，如果人们对他们的生活计划不感兴趣，没有通过他们的生活计划的实现而肯定自己，他们就是没有自尊的。因此，生活计划，特别是符合亚里士多德主义原则的计划，就成为人们拥有自尊的重要依托因素。前面我们已经论述过，亚里士多德主义原则是人们制订和选择理性生活计划所依据的重要原则，这个原则说的是："如其他条件相同，人们以运用他们已经获得的能力（天赋的或从教育获得的能力）为快乐，能力越是得到实现，或所实现的能力越是复杂，这

①　［美］罗尔斯：《正义论》（修订版），何怀宏、何包钢、廖申白译，中国社会科学出版社 2009 年版，第 347 页。

②　［美］罗尔斯：《正义论》（修订版），何怀宏、何包钢、廖申白译，中国社会科学出版社 2009 年版，第 348 页。

种快乐就越增加。"① 当人们的生活计划不符合亚里士多德主义原则时，也就是说，当一个人的生活计划不能以一种有趣的方式引起他的天赋能力的发展时，那么这样的计划就会失去对他的吸引力，包含在这种计划中的活动就会变得枯燥而平淡。他会认为这样的计划是没有价值的，不值得去实现，也就是说，他没有在他的生活计划的实现中获得应有的价值感，没有获得对自己的肯定。当人们制订了一个符合亚里士多德主义原则的理性生活计划时，当他们的能力在这个计划中得到了充分的运用，从而他们获得了应有的自我价值感时，他们就会更加自信，他们就获得了自尊这种基本善。

按照罗尔斯的观点，自尊的获得不仅在于人们自己对自己的生活计划的肯定，不仅在于这种计划充分地运用和展示了他们的综合的复杂的能力，而且还在于他们的生活计划得到了别人的肯定和尊重。我们在前文讨论亚里士多德主义原则时谈到了亚里士多德主义原则的一个"伴随效果"，它说的是："当我们目睹了他人运用他们的训练有素的技能时，这些表现使我们得到享受并唤起一种欲望，即我们自己应当能做同样的事情。我们希望自己像能运用我们发现潜在于我们自己身上的那些能力的人一样。"② 这就是说，如果我们的生活计划引起了别人的一种快乐享受，引起了别人运用他们的能力的欲望，从而我们的生活计划得到了别人的赞许，我们就从这一切中得到了自尊。也就是说，当我们遵循和实施了亚里士多德主义原则之后，一种伴随效果便是，它引起他人对我们的生活计划的积极评价，而这些积极评

---

① ［美］罗尔斯：《正义论》（修订版），何怀宏、何包钢、廖申白译，中国社会科学出版社 2009 年版，第 336 页。

② ［美］罗尔斯：《正义论》（修订版），何怀宏、何包钢、廖申白译，中国社会科学出版社 2009 年版，第 338 页。

价就加强着我们的自尊，加强着我们的自我价值感和自信。

正如罗尔斯所认为的，一方面，只有我们的生活计划和为实现这样的计划而做出的努力得到了我们的伙伴们的赞扬时，我们才能拥有这样的信念，即这些努力是值得的；另一方面，也只有我们的计划和活动得到他们的尊敬或者给他们带来快乐时，他们才会称道我们的行为的价值。这样，我们和我们的伙伴实际上就从我们的计划或他们的计划的实现中共享着同样的价值，共享着同样的果实，我们从彼此的生活计划的实现中得到启发，得到乐趣。这样，一个对自己充满信心的人就不会嫉妒他人取得的成就，而是赞扬他们的成就，并且乐观其成。

因此，自尊的一个重要方面就存在于人们的相互关系之中；人们不仅仅是依靠自身而获得自尊，而且还从他们的相互敬重的活动中获得自尊。一方面，我们的自尊通常依赖于别人的尊重，如果没有这一要素，我们就很难再坚持认为我们的计划和目标是有价值的，我们很难从中获得自我价值感。另一方面，人必自尊而后才能得到别人的尊重，尊重自己的人更容易得到别人的尊重；如果我们在尊重自己的基础上能尊重别人，那么就很可以希望得到别人的尊重。相反，自轻自贱导致别人的轻蔑，像妒忌一样威胁着他们的利益。因此，罗尔斯说："自尊是互惠地自我支持。"①

公平的正义理论的诸正义原则（包括优先规则）有利于人们获得自尊。莱宁就指出："'公平之正义'这一社会基本结构的公共正义原则的内容有两个方面，其中每一个方面都伴随着自尊的两个元素之一……自尊的第一个元素就是我们作为一种充分合作社会成员的这

---

① ［美］罗尔斯：《正义论》（修订版），何怀宏、何包钢、廖申白译，中国社会科学出版社 2009 年版，第 138 页。

种自信植根于两种道德能力发展和实施（由此拥有的一种有效正义感）之中；第二个元素就是自我价值的安全感，它植根于我们能够实施一种有价值生活规划的信念之中。"① 罗尔斯认为，对两个正义原则的公共承认能够带来对人们的自尊的较大支持，从而也就增加了社会合作的有效性。这正是人们选择两个正义原则的理由之一。因此，一种正义观的"可欲性"特征就是：它应当公开地表示人们的相互尊重。人们在这种相互尊重中获得了自我价值感。在罗尔斯看来，两个正义原则正符合这一目的，因为，"当社会遵循这些原则时，每个人的利益都被包括在一种互利互惠的结构中，这种在人人努力的制度中的公共肯定支持着人们的自尊。"② 按照罗尔斯的观点，公平的正义及其两个原则指导下的社会是一个互利互惠、互尊互敬的社会，在这样的社会中，人们普遍地获得自尊这一最重要的基本善。因此，"如果公民要具有一种作为道德人的鲜活价值感，并且能够通过自信提升自身的目的，那么，那些构成基本制度所通常必需的方面就被看作自尊的社会基础"③。

总之，公平的正义指导下的良序社会可以被看作是一种"诸社会联合体的社会联合体"，在这个"联合体"中，一方面，人们展现和实现着他们的根本的道德德性，即"正义感"，因为"联合体"的指导原则是"正义"，而在"联合体"中，人们的共同目标也是追求

---

① ［荷］莱宁：《罗尔斯政治哲学导论》，孟伟译，人民出版社 2012 年版，第247 页。

② ［美］罗尔斯：《正义论》（修订版），何怀宏、何包钢、廖申白译，中国社会科学出版社 2009 年版，第 138—139 页。

③ 原文是："The social bases of self-respect, understood as those aspects of basic institutions normally essential if citizens are to have a lively sense of their worth as persons and to be able to advance their ends with self-confidence." 参见 John Rawls, A Theory of Justice, Belknap Press of Harvard University Press, Revised Edition, 1999, p.59.

正义。这就是说，只有在这样的"联合体"中才能真正实现"正义"。另一方面，在"联合体"中，由于亚里士多德主义原则及其伴随效果，人们实现了他们的卓越性，发展了他们的公民友谊。可见，公平的正义的实施使社会共同体产生了一些重要的价值，这些价值对于追求正义的自由平等的理性公民来说是十分重要的。由于公平的正义给人们带来了这些重要价值，因此它也就能够得到人们的支持。

四、公平的正义与个人对善的选择

公平的正义与善的契合性表现在，公平的正义允许人们在遵守正义原则的条件下，自由地追求自己的善。在现代自由民主社会，人们的善观念是多元的，但是，由于人格同一性的要求，人们在追求善的过程中就需要某种一以贯之的指导原则。传统的"幸福论""快乐主义"以及古典功利主义理论试图提供这样的原则，但是它们的努力都是失败的，因为它们都没有求助于一种正当概念（或道德概念），而是求助于模糊不清的"幸福""快乐"或者"善"概念。与之相反，公平的正义理论把具有实质性内容的两个正义原则及其优先规则确定为指导人们行动的统一原则。当然，它只是提供了一种需要遵循的原则，而把具体的选择权留给了个人。在个人对善的选择问题上，公平的正义有条件地持一种开放态度，这种态度十分适合自由观念深入人心的现代社会，从这个方面说，人们也更愿意选择公平的正义。

（一）支配性目的的观念

我们在前文已经指出，罗尔斯把人们的善看作集中体现在他们的理性生活计划之中；进一步说，我们可以把人看作一种按照人生计划生活着的人生。而当一个人在或多或少是有利的条件下所制订和选择的理性生活计划得到或正在得到实施时，并且当他合理地相信他的计划能够成功实施时，他就是幸福的。这样看来，幸福就包含着两个方面，即合理计划的成功实施和人们对这种结果的合理确信。罗尔斯把这看作是对"幸福"的一种客观理解，它意味着，生活计划必须被调整得符合我们的生活条件，而且我们对它的结果的信念也必须是合理的。

对于幸福，罗尔斯做出了两点说明：第一，在一种正义观已然得到确立的情况下，理性生活计划意味着对一种正当或正义原则的接受（不管这个原则是什么）；第二，主观上追求幸福和客观上是幸福的，两者是不同的。第一个限定是说，当我们的生活计划是理性的或者合理的时，意味着我们已经接受了某种正当原则，并且一贯地按照这种正当原则来指导我们对生活计划的选择。如果这种原则是快乐主义的，那么我们就以"快乐"为原则来指导我们对生活计划的选择；如此等等。对于第二个限定，首先，我们的一项生活计划可能包含着多个目的，而幸福是指一项生活计划的成功实施，因此，不能把人们的生活计划本身就等同于人们的幸福，不能说，他提出了一项生活计划，因而他就是在追求幸福。幸福是整个计划成功实施的一个结果。其次，在我们看来有些不是以幸福为目的的生活计划，当其成功实施之后，对实施者来说，其实也是幸福的。比如说英雄的人生计划，他们甘愿做出自我牺牲，这在一般人看来肯定算不上是在追求幸福，但是对他们来说仍然是幸福的。

一般情况下，人们面临着很多可能的生活计划，那么怎样才能做出合理的选择，有什么原则可循呢？这一点，我们前面在讨论理性生活计划的选择时已经有所涉及。我们谈到了理性选择原则、慎思的理性原则，以及亚里士多德主义原则。但是这些原则都是一种形式的规定，它们并没有给出一个确切的答案。对生活计划的选择还有赖于对我们的目标的分析。常规的情况是，人们有多个需要实现的目标，而仅仅依靠上述原则还无法处理这些相异的目标。这就产生了选择的不确定性问题。

为了解决选择的不确定性问题，人们求助于单一的、支配性目的的观念。这个观念是说，如果存在着这样一个目的，其他目的都从属于它，那么我们现在只需要对我们所要实现的目的做一番分析，给它们进行等级排序，然后找出那个支配性目的，把它作为选择生活计划的标准，这样似乎就解决了问题。

那么，这样的"支配性目的"将会是什么呢？在罗尔斯看来，首先，"幸福"不能充当这样的目的，因为幸福是一个计划实现后的结果，在人们选择生活计划时，它还是一个尚未实现的东西。其次，政治权力的获得或者个人物质利益的最大化，也不能作为支配性目的，因为，"把这些目的中的一个看得如此之重，以致对它的追求不再因任何它物而减弱，肯定是和我们深思熟虑的价值判断相反的，并且实际上是非人的"①。说一个目的是支配性目的，这就意味着，在众多的目的之中，它具有绝对的优先性。但是，人们的目的是多种多样的，不同的目的有不同的价值，突出地追求一个目的，特别是像政治权力和物质利益这样的目的，不符合我们的深思熟虑的价值判断。

实际上，罗尔斯认为："虽然使我们的全部目标从属于一个目的严格地说来并不违反理性选择原则（至少不违反计算原则），它对我

---

① ［美］罗尔斯：《正义论》（修订版），何怀宏、何包钢、廖申白译，中国社会科学出版社 2009 年版，第 437 页。

们来说仍然是不合理的，或更恰当地说可能是疯狂的。"① 也就是说，人们的善是多样的，为了实现这些善而选择的生活计划也是多样的，我们不可能找出一个具体的支配性目的，把它一贯地用于指导我们对所有生活计划的选择。

（二）快乐主义的选择方法及其缺陷

快乐主义以谋求快乐为最终目的，在面临选择生活计划的不确定问题时，快乐主义者把"快乐"视为一种支配性目的。人们对快乐主义的解释一般有两种：一种是把快乐看作唯一的内在善，我们知道，这其实是一种价值论的解释，即把快乐看作一种善；另一种是心理学的解释，认为人们追求的唯一事物是快乐，人们的所有追求，最终都是为了得到快乐，其他事物只是手段，它们都是为快乐服务的。罗尔斯对快乐主义做了新的界定，他把快乐主义理解为努力实现慎思的支配性目的的观念。② 对快乐主义的这种理解意味着，我们有可能确定出一个支配性的目的，然后以此为标准制订出一个合理的生活计划。这种情况从理论上说是有可能的。但是，罗尔斯意在说明，在选择理性生活计划时，诉诸一个支配性目的这种做法，实际上是行不通的。

这就表明了，快乐主义等目的论理论，无法解决选择的不确定问题。而实际上，这种不确定问题的解决不能诉诸正义或正当原则，因为正义和正当原则不能独断地决定一个人的具体的理性生活计划或者

① ［美］罗尔斯：《正义论》（修订版），何怀宏、何包钢、廖申白译，中国社会科学出版社 2009 年版，第 438 页。
② ［美］罗尔斯：《正义论》（修订版），何怀宏、何包钢、廖申白译，中国社会科学出版社 2009 年版，第 439 页。

善。所以，对这个问题只能留给个人依据其具体情况而自由地加以解决。公平的正义无意于解决这个问题，它只是给出了解决这个问题的一般范围。因此，它也就与人们的善是相协调的。

回到快乐主义的问题。罗尔斯假定，当人们借助于快乐主义原则来确定他们的生活计划时，他们实际上进行了这样的推理。首先，存在着单一的支配性目的。快乐主义者们会认为，如果人们确实是受理性指导的，那么理性就必定引导他们获得一个支配性的目的，这个目的优先于其他所有目的，通过把其他目的降为实现它的一些手段，支配性目的就使所有其他目的得到了平衡。其次，把快乐看作这种支配性目的似乎是合理的。快乐主义者把快乐仅仅理解为一种愉快感，这种特殊的情感和感觉经验，被看作唯一的支配性目的，因而唯一自身就是善的东西。而痛苦等则是与快乐相反的情感和感觉经验。这样，人们在做选择的时候，就是在对快乐和痛苦做一种计算，把实现快乐对痛苦的最大净余额作为衡量生活计划的标准。

快乐主义者的这两种推理都是有问题的。第一，人们诚然接受理性的指导，但是，对理性生活计划的选择实际上涉及的是善的问题，是实践理性的问题。实践理性的对象不是"一"，而是"多"。由于理性的善观念是多元的，而且"多"还意味着"不可通约"，所以，实践理性只能提出规范性的原则，而不能给出一个单一的实质性观念。前文在讨论理性选择原则时我们已经说过，罗尔斯用诸理性原则来代替抽象的理性概念，用以体现理性对人们选择生活计划时的影响。这些理性原则只是对理性生活计划做出了形式的限制，并没有指明哪一个具体的计划是应当最终被选择的。

第二，虽然把快乐界定为一种情感和感觉经验，就意味着找到了一个确定的尺度；但是，把快乐作为支配性目的并不意味着我们具有了任何客观的目标。引起快乐的事物和活动是多种多样的。最终，人们还须求助于一种最大化原则，就是把可能的目标所引起的快乐进行计算，然后把那个能够带来最大的快乐总量的计划确定为最终的选择对象。

第三，人的情感体验和感觉经验是多种多样的，各有各的价值和意义。快乐主义者把快乐这种特定的情感体验和感觉确定为凌驾于其他情感之上的支配性情感，这是不合理的。罗尔斯认为："对一种情感或感觉的特性的超过其他特性之上的偏爱，当然也像最大限度地扩大一个人的超过他人的权力或物质财富一样是不平衡的和非人的。"①由于罗尔斯认为人的情感体验和善的多样性本身就是一种善，这种多样性属于人们的本质特性，因而以牺牲其他情感或感觉经验为代价，追求其中一种的最大化，这与人的本质属性是相违背的，是非人的。

第四，快乐主义所倚重的情感和感觉体验，它们之间是不可通约、不可计量的。罗尔斯认为，实际上，存在着不同种类的、其自身就不可比的愉快感，而且愉快感本身在量、强度和持久性方面也是不同的。当它们冲突时，我们没有平衡它们的方法。一方面，比如说，在一种短暂而强烈的情感和另一种微弱而持久的情感之间，人们的选择偏好是不同的，有的人会选择前者，而另一些人则会选择后者。另一方面，人们对感觉经验的评价也是不同的，有的人可能认为快乐比痛苦的体验更有意义，有的人则持相反的观点。此外，如果以快乐总量的最大化为标准，人们就必须把所有的欲望和倾向、把现在和将来都考虑进来，这是不太可能的。

由此可见，快乐主义并不能给人们提供确定的支配性目的。因

---

① ［美］罗尔斯：《正义论》（修订版），何怀宏、何包钢、廖申白译，中国社会科学出版社 2009 年版，第 440 页。

而，人们又一次面临着选择的不确定问题。实际上，不论是把幸福还是把快乐作为支配性目的，都不能解决选择的不确定问题。因此，罗尔斯确信："不存在这样的支配性目的：对它的追求和我们深思熟虑的价值判断一致。"①

人们之所以求助于快乐主义来确定支配性目的，乃在于人们在选择个人的善和理性生活计划时，面临着不确定性。而不确定性之成为一个需要解决的问题，则在于人们坚持了一种目的论的观点。相比之下，选择的不确定问题对于契约论和公平的正义来说并不是十分紧要的问题。因为公平的正义理论在人们的善观念问题上是开放的，它不指定什么是一个人的支配性的目的，不指定一个人应当选择哪个具体的生活计划。

快乐主义试图确定何为支配性目的，从而试图解决选择的不确定问题的努力是失败的。这就表明，目的论学说的结构本身是错误的，因为，"它们从一开始就以一种错误的方式把正当和善联系起来"②。它们首先确定善，然后把能够带来善的最大化的原则确定为正当原则。

罗尔斯则坚持正当优先于善的观点。他认为，我们在试图赋予我们的生活以某种形式时，不会首先关心被独立地规定的善。因为从根本上体现我们的本性的不是我们的具体目标，即我们所追求的个人的善，而是那些用来调节我们形成具体目标的背景条件的道德原则，这些道德原则界定着我们追求善和实现目标的方式。③

---

① ［美］罗尔斯：《正义论》（修订版），何怀宏、何包钢、廖申白译，中国社会科学出版社 2009 年版，第 442 页。

② ［美］罗尔斯：《正义论》（修订版），何怀宏、何包钢、廖申白译，中国社会科学出版社 2009 年版，第 443 页。

③ ［美］罗尔斯：《正义论》（修订版），何怀宏、何包钢、廖申白译，中国社会科学出版社 2009 年版，第 443 页。

另一方面,如果我们坚持目的论,坚持寻求一种支配性目的,把它作为调节人们的行动的公共原则,那就必须使这个支配性目的具有终极性,这就需要理性做出终极的、绝对的判断,因而是所有人一致同意的判断。但是,在罗尔斯看来,我们对善的追求、对理性生活计划的选择,始终超不出慎思的理性的范围:由于面对的是实践问题,人们必须在有限的时空内做出决定,因此,慎思的理性不能无限地思考下去,而是有一个限度。在这个限度内,理性的力量就是有限的。因而,仅仅依靠慎思的理性,无法对作为一种支配性目的的"善"做出终极的、绝对的判断。相比之下,公平的正义理论则无意于做出这样的判断,它仅仅满足于依靠慎思的理性来提出大家一致同意的正当和正义原则,而对"善的强理论"意义上的"善观念"则不寻求人们的一致同意。

因此,罗尔斯认为,我们应当把目的论学说提出的正当与善的关系颠倒过来,把正当看作优先于善的。这样,就从一个相反的方向提出了一种道德理论。① 这就是罗尔斯的契约论的道德理论,当它以正义为主题时,即是公平的正义理论。

(三) 自我的统一和个人对善的自由选择

前文已经表明,人们在选择生活计划时,不可能找到一个支配性的目的,把这个目的的实现作为我们选择一项理性生活计划的原则标准。首先,在现实社会中,人们的善是多样的,因此,一方面,善观念在人际之间是不可通约的;另一方面,对于同一个人来说,他所追求的各种善之间也是不可通约的。其次,人们的大多数善是由他们的

---

① [美] 罗尔斯:《正义论》(修订版),何怀宏、何包钢、廖申白译,中国社会科学出版社 2009 年版,第 443 页。

直觉决定的，而不是由严格的理性推理所决定的。如果坚持由善的最大化来定义正当的目的论学说，那么这样得来的正当原则就缺乏普遍性和稳定性。这是目的论学说的一个重大缺陷。

但是，如何选择一项理性生活计划，仍然是一个问题。对此，契约论和公平的正义理论只能说，一项理性生活计划是人们按照善的强意义上的慎思的理性会选择的计划。在这里，对理性生活计划的界定是形式的，它并没有具体规定哪一个计划才是合理的。对于目的论理论来说，这样的界定显然是不够的；但是对契约理论和公平的正义来说，这种界定是合理的。接下来的问题就是要表明，这种界定何以是合理的。

我们知道，罗尔斯认为道德人格有两个方面：一是善观念能力，二是正义感能力。善观念能力在现实中的表现，就是人们对善的追求，它体现为人们制订和选择理性生活计划的意图和能力。正义感的能力则表现为人们具有遵守正义原则，按照正义原则行事的欲望。这种欲望是一种调节性欲望，它调控着人们对善的追求：它既限定着人们的善的范围，也决定着人们实现这些善的方式。道德人格的终极目的是要实现他的这两种能力，所以，道德人格既追求善，也追求正义。当这种努力得到实现时，他就表现了他的道德人格的本性。由于他的善观念、他对善的追求是受正当和正义原则调节的，所以他在追求善的过程中，既不会导致与和他同样的其他道德人格之间的强烈冲突，也不会导致自身内部的强烈冲突。正义原则一贯地平衡着他的诸多的善，从而使他成为一个统一的人格。罗尔斯指出："人格的统一表现为他的计划的一致性，这种统一建立在以符合他的正当和正义感的方式，遵循理性选择原则这种更高等的欲望基础上。"[①] 虽然说，

①　[美]罗尔斯：《正义论》（修订版），何怀宏、何包钢、廖申白译，中国社会科学出版社 2009 年版，第 444 页。

人们的目的是多样的，而且也是在不断地变化着的，因为善观念能力说的就是人们形成和修正自己的善观念和生活计划的能力；但是，在这整个过程中，由于人们始终坚持以正当原则调整他们的善观念和生活计划以及实现计划的方式，人们也就塑造了统一的自我。

实际上，支配性目的观念的提出，正是为了解决选择生活计划时的不确定问题，也是为了实现自我的统一。幸福论的观点试图把幸福作为支配性目的，作为人们选择理性生活计划时应当依据的原则，由于人们始终以幸福为规范他们活动的标准，他们也就能够实现自我的统一。与此相似，快乐主义则试图把快乐的情感和感觉经验的最大量作为支配性目的，既然快乐或者愉快感是终极目的，那么其他的一切要素、一切善，包括其他的情感体验，都将被用作提升快乐的最大量的手段。这样，人们也就实现了一种自我统一。但是，由前面的讨论可知，包括幸福论和快乐主义在内，目的论学说都不能解决这个问题。

那么，契约论和公平的正义理论能够解决这个问题吗？我们知道，原初状态中的各方在选择正义原则时，他们把自己的道德人格看作自己本质的方面，而道德人格主要体现在两个重要的方面，即善观念能力和正义感能力。为了实现他们的这个本质的方面，他们只知道他们需要一些基本的社会善，这些善无疑是多样的，这些善是或多或少确定的，因此，他们关注的是对这些善的分配原则。他们当然知道他们还有许多其他的善，但是那些善具体是什么，他们是不知道的。因此，他们所要选择的正义原则就不能以任何具体的善的最大化为标准。他们不会选择幸福论或者快乐主义等形式的功利原则，他们没有理由把诸种善之中的一种凌驾于其他善之上，进而在现实社会中制订生活计划时，把它作为支配性的目的。毋宁说，原初状态下的人们所要选择的，是能实现他们的道德人格和其他善带来有利环境的正义原则。显然，这些正义原则只是限定了人们的善的范围和实现这些善的方式，但并没有把任何一种善确定为支配性的目的。

因此，如果按照契约论和公平的正义理论关于正当优先于善的观点，那么在面对选择的不确定问题时，我们只能说，人们对善观念和生活计划的选择是在正义原则所限定的范围内做出的。由于在公平的正义理论看来，人的善观念是多样的，这种多样性本身就是一种善，它具有一种形而上学的根本地位，所以，我们根本就不应当试图在这方面达成一致。因此，快乐主义等目的论学说试图要消解这种"多"以达到"一"，所以"多"的问题——因而选择的不确定问题——对它们来说才是一个问题。但是，按照公平的正义理论，它们的这种努力本身就是不合理的。善观念的多样化以及由此导致的选择的不确定问题，是不可消除的，也是不应该消除的。公平的正义理论与其说是解决了这个问题，不如说是使这个问题成了一个次要的问题。

当然，公平的正义理论并没有回避这个问题。在公平的正义理论看来，由于人们生活在一个由两个正义原则所规导的良序社会中，每个人的、体现着他的善的理性生活的计划，都是一个更大的蕴含计划的一个部分，这个更大的计划体现为作为诸社会联合体的社会联合体的整体计划。这个更具蕴涵的计划以两个正义原则为指导，以实现道德人格的能力和展示道德人格的本性为目的。个人的生活计划正是这个更大计划中的一部分，因而也就以它为边界，在这个边界内，人们运用慎思的理性，来确定他们的善和制订实现这些善的生活计划。人们也就在这个意义上实现着自我的统一。

契约论和公平的正义理论在正当与善的关系上的这种翻转，减弱了支配性目的这一观念的吸引力。目的论学说把善的最大化界定为一种正当原则，但是问题是，善是多样的，不同的善的价值也是不同的。因此，为了确定正当原则，就必须找出一种善，把它看作人们的最为重要的善，看作人们制订生活计划时的支配性目的。可见，支配性目的的观念似乎就是目的论学说的一个必然推论。但是，由于公平的正义理论坚持正当优先于善，正当原则有其特殊的来源，它的确立并不依赖于任何特殊的善的最大化。因此，善的多样化和选择的不确定性问题对目的论学说来说是一个很大的麻烦；但是，虽然人们始终面对着选择一种理性生活计划的问题，不过对于公平的正义来说，这个问题并不是一个十分紧迫的问题。第一，在公平的正义理论中，人们对善的追求和对生活计划的选择并不是任意的和无限的，人们的善观念和生活计划受到两个正义原则和良序社会的限制，人们的选择范围是有限的。第二，在这样的限定下，虽然人们对善的选择深受个人偏爱的影响，但是这种偏爱不会给别人带来严重的伤害，因此人们并不十分敏感于别人的选择。第三，对于目的论学说来说，为了使所选定的支配性目的具有高度的普遍性和客观性，使它能够被所有人接受，人们必须动用理性力量进行追根究底的思考。但是，在公平的正义理论中，人们在制订合理的生活计划时，只需要进行适度的慎思即可，不需要超出慎思的理性的范围。因为两个正义原则及其优先规则的内容是十分明确的，加上亚里士多德主义原则以及良序社会等条件的限制，人们在制订理性生活计划时并不会面临十分严重的困难。

综上所述，公平的正义理论是对目的论学说的一种翻转，就个人对善的选择问题而言，这种翻转具有重要的意义。一方面，它使不确定性问题变得不那么紧迫，因为它本身就提倡人们在限定的范围内进行自由的选择。另一方面，自我的统一也不再是严格地限定在遵守统一的支配性目的，而是在于用正义感这种调节性欲望来平衡各种不同的善。总之，在对待个人对善的选择问题上，公平的正义可以说是既有原则性，又有灵活性，它允许人们在遵守正义原则的条件下，自由地追求自己的善。公平的正义对个人的善的这种态度很受崇尚自由和个性的现代人的欢迎，这是公平的正义具有稳定性的一个重要原因。

第三节　正义感的善

公平的正义具有稳定性，一个重要方面就在于它与人们的善之间具有契合性。在前一节中，我们从四个方面讨论了这种契合性关系。接下来，我们要从一个更深的层次上来阐述这种"契合性"，即人们具备正义感或者具有正义美德本身就是一种善，而且是一种与其他的善相比高阶的善。一方面，正义感是道德人格的重要方面，体现着人的本质属性，正义的美德属于人的固有的善；另一方面，在协调人们的行为方面，正义感是处于最高地位的调节性欲望。总之，借助于康德式的道德观念和人的观念，公平的正义理论把正义感看作人的本质属性，看作人的固有的善。

一、公平的正义的康德式解释与正义感的善

在罗尔斯看来，关于正义和善的一致性，其真正问题并不在于给定具体的社会环境和个人的具体境况之后，遵守正义是否给人们带来了善，或者说遵守正义与人们的善之间是否是契合的。真正的问题在于，在屏蔽了具体的社会环境和个人的境况之后，也就是说在排除了各种偶然因素之后，具备正义感、按照正义行事仍然属于人们的善。

罗尔斯认为："真正的一致性问题在于，如果我们来设想一个人，他只在他的正义感满足把它与用善的弱理论规定的那些理由联系起来的其他描述时，才珍视他的正义感，情况会怎样。"① 也就是说，正义与善的一致性的深刻基础，不在于给定具体的环境和条件后，按照正义行事对一个人来说是善的，而在于当人们处在类似原初状态和无知之幕的条件下时，当人们不知道他们的具体目标和人生计划是什么，而只知道他们将来所生活的社会是一种受公共的正义观指导并且每个人都具备正义感能力时，人们把具备正义感仍然看作他们的善。正如弗雷曼所指出的，"正义美德成为固有美德意味着，在适当背景下实践正义的能力是一项因自身之故而值得去做的活动"②。

因此，公平的正义理论对正义感的善的解释，与"亚里士多德主义原则"和公平的正义的"康德式解释"有关。亚里士多德主义原则把实现和运用正义感这种道德能力看作人们的固有的善，而对公平的正义的康德式解释则意味着，按照公平的正义行事——即具备正义感——体现了人的道德本性。这样，按照原初状态下选择的正义原则行事的欲望，体现了人们的道德本性，体现了人们的本质属性，而实现和运用体现着人的本质的欲望则属于人们的固有的善。下面，我们就来具体阐述这个论证过程。③

（1）人是自由平等的理性存在物，人们意欲在社会中表现他们

---

① ［美］罗尔斯：《正义论》（修订版），何怀宏、何包钢、廖申白译，中国社会科学出版社 2009 年版，第 450 页。

② ［美］弗雷曼：《罗尔斯》，张国清译，华夏出版社 2013 年版，第 275—276 页。

③ 当然，罗尔斯本人的阐述是比较分散的，我们在此主要参照了弗雷曼的相关论述。参见［美］弗雷曼：《罗尔斯》，张国清译，华夏出版社 2013 年版，第 278—282 页。

的这种道德本性。按照康德的见解，人是自由的理性存在物，因而人们之间是平等的。公平的正义理论继承了康德的这种观点，把人看作是自由、平等的理性存在物，看作具备两种道德能力（即形成和运用正义感的能力以及形成和修正善观念的能力）的道德人格。在一个良序社会里，理性的人们首先把他们自身看作是道德人，他们想要表现其作为自由平等的道德人的本质。因此，人们倾向于选择能够培养和实现他们的道德本质的社会制度以及指导社会制度的道德原则。

（2）公平的正义的原初状态论证，可以看作是对康德的自律观念和绝对命令观念的一种程序性解释；原初状态中的各方对正义原则及其优先规则的选择体现了人作为自由平等的理性存在物的本性。按照康德的观点，人是一种自由、平等的理性存在物，如果他的行为原则最准确地表现了他的本性，那么当他按照该原则行动时，他就是在自律地行动。他之所以遵循这样的原则，不是因为他的特殊社会地位、特殊的欲望和目的，或者特殊的自然禀赋等偶然因素，而仅仅是因为他是一个自由平等的理性存在物，或者说是一个道德人。当他按照体现他的本质的原则行动，因而是自律地行动时，他就是在按照绝对命令行动。

现在，原初状态下的人们选择正义原则时的行动，就类似于一种自律的行动，而正义原则也就类似于康德意义上的绝对命令。[1] 我们知道，在原初状态下，由于无知之幕，人们仅仅知道他们是自由、平等的理性人，他们具有有效的正义感能力和善观念能力，都欲求基本的善；但是，他们不知道自己所处的特殊社会地位，不知道他们的特殊目的和特殊的善，以及他们的特殊自然禀赋。正是在这种假设的理

---

[1] ［美］罗尔斯：《正义论》（修订版），何怀宏、何包钢、廖申白译，中国社会科学出版社 2009 年版，第 199 页。

想状况下，人们对适用于社会基本结构和个人行为的正义原则做出了选择，而他们所选择的正义原则也就体现了他们的本性。现在，按照罗尔斯的论证，人们最终会选择两个正义原则。可见，人们对两个正义原则的选择是在没有任何特殊信息、不受任何偶然因素影响的情况下做出的，是人们在作为自由、平等的理性存在物的条件下做出的选择，因此，两个正义原则就体现着他们的本性。而按照体现人的本性的原则行动，是一种自律的行动，是服从绝对命令的行动，所以，按照两个正义原则行动也就是一种自律的行动，是按照绝对命令的行动。

可见，原初状态下的选择正是人们作为自由平等的理性存在物时的选择，而按照原初状态下选择的道德原则行动，也就是按照人们的道德本性去行动，就表现了人作为自由平等的理性存在物的本质。罗尔斯说："如果我们假设那些支持两个正义原则的推理是正确的，我们就可以说，当人们按照这些原则行动时，他们就是在按照那些他们在一个平等的原初状态中作为理性的、独立的人将会选择的原则行动。……人们通过遵循这些原则行动来表现在一般的人类生活条件下他们作为自由的、平等的理性存在物的本质。"① 总之，良序社会中的人们按照公平的正义行动，就是在按照作为自由平等的理性存在物的人的本性而行动。

（3）原初状态下的人们在选择正义原则时假定了良序社会中的人们具备有效的正义感，他们能够遵循原初状态下选择的正义原则。也即是说，当选定了两个正义原则及其优先规则之后，各方假定现实社会中的人们将会自愿地遵守它们。当然，正如弗雷曼所指出的，罗

---

① ［美］罗尔斯：《正义论》（修订版），何怀宏、何包钢、廖申白译，中国社会科学出版社 2009 年版，第 198 页。

尔斯对"正义感"的界定有时是模糊的。一方面，罗尔斯广泛地定义了"正义感"，把它看作人们判断是非、以理性支持这些判断的复杂的道德能力；另一方面，罗尔斯把正义感看作按照正义判断做事的愿望。① 当联系到公平的正义时，罗尔斯有时把正义感看作是"一种通常有效地应用和实行，至少在较小程度上，正义原则的欲望"②，看作"按照那种根据原初状态中所选择的原则来行动的愿望"③。在这里，我们就把正义感界定为良序社会中的人们遵循和维护各方在原初状态下所选择的两个正义原则及其优先规则的常态有效的欲望。

（4）按照原初状态下选择的正义原则行动的欲望（即"正义感"）和按照人的道德本性行动的欲望，在实践上其实是同一个欲望。因此，正义感之所以属于人之善，其根本原因在于正义感体现了人的本质，按照公平的正义行事就是在按照人们的道德本性行事。罗尔斯说："对正义行为的欲望和表达我们作为自由的道德人的本性的欲望，在实践的意义上其实说的是同一个欲望。一当一个人具有真实的信念和对正义理论的一种正确理解，这两种欲望以同样的方式推动他。它们都是按照完全相同的原则，亦即，在原初状态人们乐于选择的原则，去行动的倾向。"④ 可见，对于生活在良序社会里的人们来说，为了实现其作为自由平等的理性存在物的本质，他们就要按照正义感来行动，亦即按照公平的正义来行动。由于按照其本性来行动，

---

① ［美］弗雷曼：《罗尔斯》，张国清译，华夏出版社 2013 年版，第 253 页。
② ［美］罗尔斯：《正义论》（修订版），何怀宏、何包钢、廖申白译，中国社会科学出版社 2009 年版，第 399 页。
③ ［美］罗尔斯：《正义论》（修订版），何怀宏、何包钢、廖申白译，中国社会科学出版社 2009 年版，第 245 页。
④ ［美］罗尔斯：《正义论》（修订版），何怀宏、何包钢、廖申白译，中国社会科学出版社 2009 年版，第 452 页。

或者按照能够表现其本质的方式来行动属于人的固有的善，所以，按照公平的正义来行动（即对正义感的应用）也就属于人的固有的善。

上述对正义感的善的分析，显然是把正义感同人的本质联系起来了。也就是说，具备和运用正义感，是一种体现我们的本质的行为，属于每个人的善。但是，有两种观点认为正义和正义感并非是对人作为自由平等的理性存在物的本质的体现，因此，正义感并非对每个人来说都是善的。

一种观点认为，正义和正义感是羡慕和妒忌的副产品，罗尔斯认为，弗洛伊德就是这样思考正义的起源的。这种观点认为，由于社会中的一些成员嫉妒地努力保护他们的利益，那些较少受惠者就妒忌地要剥夺前者的利益。后来，人们都认识到他们相互敌视的态度会给他们自身带来伤害。最后，为了避免这种伤害，人们相互做出了妥协，制订了相互平等对待的要求。因此，正义感实际上就是一种反应结构：原来的嫉妒和妒忌转变为一种社会情感，即坚持一切人的平等的正义感。①

公平的正义理论认为，正义是作为自由平等的理性存在物的人们在原初状态下愿意选择的规范原则，同时，他们把遵守这样的原则看作是对他们的本性的体现。另外，原初状态的概念已经表明，各方在选择正义原则时持有相互冷淡的动机，也没有妒忌之心。这就意味着，原初状态的各方在选择正义原则时，既不受仁爱心或虚荣心的推动，也不受恶意、宿怨和妒忌心的推动。他们既不想牺牲自己的利益，也不想损害他人的利益；既不寻求相互亲密，也不会相互为敌。因此，在公平的正义理论看来，正义不是心怀嫉妒和妒忌的人们之间

---

① ［美］罗尔斯：《正义论》（修订版），何怀宏、何包钢、廖申白译，中国社会科学出版社 2009 年版，第 426—427 页。

相互妥协的产物，而是人们处在公平平等的地位时寻求的规范原则；正义感也不是一种反应性情感，而是人们在自由平等的良序社会中培养起来的道德情感。

另一种观点则认为，正义感是由强权者富于成果地逐渐灌输到我们身上的东西，以保证服从为了增进他们的利益而设计的规划。对此，罗尔斯认为，在一个良序社会中，没有任何人的道德信念是强制灌输的结果，道德教育完全是像理解力的发展那样推理的。因此，人们的正义感不是被强制灌输的结果，而是自由地发展起来的。[①]

总之，正义感（或者正义的美德）属于人的固有的善。正义感的能力是构成道德人格的一个重要方面。具备正义感是一个人成为道德主体的条件，而成为一个道德主体意味着他有能力为自己的行为负责，有能力参与社会活动，并从中获得好处。正如弗雷曼所说："其追求正义的道德能力和遇事保持理性的能力没有得到开发的人，是一些不具有社会生活能力的人。"[②] 如果说，正义是社会制度的首要德性，正义是社会中的首要价值，那么在某种意义上，正义感就是个人的首要道德德性，是人的固有的善。公平的正义是有利于培养人的正义感能力的理论，人们支持这样的理论。

二、正义感是处在顶层地位的调节性欲望

正义感既然体现着人作为自由平等的理性存在物的本性，是人的

---

① ［美］罗尔斯：《正义论》（修订版），何怀宏、何包钢、廖申白译，中国社会科学出版社 2009 年版，第 407 页。

② ［美］弗雷曼：《罗尔斯》，张国清译，华夏出版社 2013 年版，第 281—282 页。

首要道德德性，那么在公平的正义理论看来，在人们的推理和行动中，应当给正义以严格的优先性。也就是说，人们应当把正义感作为理性人生规划中的顶层调节性欲望，人们的所有行为最终都应当符合正义的要求，必须按照正义来行事。罗尔斯就指出："表达我们作为自由平等的理性存在物的本性这一欲望，只能通过按照具有优先性的正当和正义原则去行动才能满足。……为实现我们的本性我们除准备保持我们的正义感使之调节我们的其他目标之外别无选择。"①

前文我们已经指出过，公平的正义理论把人理解为一种按照某种计划生活着的人生。现实社会中的人们有着各种各样的生活计划，追求各种各样的善观念，他们的行为也受到各种动机的推动。人们往往用这一生活计划取代另一生活计划，用对这种善的追求取代对另一种善的追求，用这一动机抵消另一动机。但是，正义感作为绝对优先的调节性因素，它不能被别的调节性因素所抵消，而是对其他的动机起到调节作用。

因此，正义感不同于其他的调节性因素，因为这种情操如果被与其他目的调和与平衡成为与其他欲望并立的一个欲望，它就不可能得到实现。正义感本身"是一种高于其余欲望的、以某种方式引导人自身的欲望，一种在自身中包含着优先性的驱动力"②。在《正义论》之后的《道德理论中的康德式建构主义》一文中，罗尔斯再次指出："一种有效的正义感也就是按照正义原则来行动的欲望，它并不与自然欲求处于同一地位；按照那种与作为自由平等的人观念相连

---

① ［美］罗尔斯：《正义论》（修订版），何怀宏、何包钢、廖申白译，中国社会科学出版社 2009 年版，第 454 页。
② ［美］罗尔斯：《正义论》（修订版），何怀宏、何包钢、廖申白译，中国社会科学出版社 2009 年版，第 454 页。

的正义原则来行动的欲望，是一种主导性和规制性的最高阶欲望。"①

把正义感看作处于顶层地位的调节性欲望，这体现着人的自由本性。相反，如果把正义感与别的欲望相提并论，甚至让别的欲望抵消正义感的欲望，这是对人的本性的损害，是使作为自由平等的理性存在物的人服从于偶然的东西和外在的东西。罗尔斯指出："我们在多大程度上表现我们的本性，取决于我们在多大程度上能一贯地按照作为最终调节因素的正义感而行动。如果一种生活计划只把正义感看作一个要相对于其他欲望来权衡的欲望，我们就不可能依靠它来表达我们的本性。因为，这种情操展现着人格本身，损害人格就不是在为自我争得自由的统治，而是为世界的偶然性和巧合事件让路。"② 按照对公平的正义的康德式解释，原初状态下的各方所选择的正义原则相当于康德意义上的"绝对命令"，而对绝对命令的服从就体现了人的自律本性，而自律又是等同于自由的，因此，对绝对命令的服从就体现了人的自由本性。

总之，在罗尔斯看来，人们给正义感以优先性，这本身是对他的道德人格的一种肯定；相反地，把正义感和其他欲望或情感放在同一个水平上进行权衡，这是对人格的一种损害。而"损害人格就不是在为自我争得自由的统治，而是为世界的偶然性和巧合事件让路"③。这就再次表明，人是道德主体，是道德存在物，给正义以优先性，就是给道德以优先性；而正义又体现了人的自由本性，因此，给正义以优先性，也就是给自由以优先性。对体现着自由本性的道德人格来

---

① ［美］罗尔斯：《罗尔斯论文全集》全二册，陈肖生等译，吉林出版集团有限责任公司 2013 年版，第 361 页。

② ［美］罗尔斯：《正义论》（修订版），何怀宏、何包钢、廖申白译，中国社会科学出版社 2009 年版，第 454—455 页。

③ ［美］罗尔斯：《正义论》（修订版），何怀宏、何包钢、廖申白译，中国社会科学出版社 2009 年版，第 455 页。

说，遵守正义是一件自然而然的事情。

三、正义感之善的论证依赖于特定的道德人格概念

不难发现，上述对正义感的善的论述是以康德式的人的观念为基础的。也就是说，它是以把人理解为一种自由、平等的理性存在物为基础的。这样理解的人实际上是一种道德人格，这种道德人格包含着两种道德能力，即正义感的能力和善观念的能力。如果没有这个基础，那么要证明正义感属于人的固有的善，就是有困难的。因此，正如弗雷曼所指出的，罗尔斯允许良序社会中的一些人不把正义感看作是一种善①。实际上，罗尔斯倾向于认为，对于那些不具备正义感能力的人格结构，正义感对他们来说不是固有的善。

如果我们把人不是理解为康德意义上的道德人格，而是理解为另外一种人格，理解为另外一种本性，那么在"善的弱理论"所规定的条件下，就不能充分地证明正义感对这种人来说是一种固有的善。比如，对于那些不具有正义感能力的人来说，对于那些自私自利的利己主义者来说，无法在善的弱理论所描述的条件下证明具备正义感对他们来说是善的。罗尔斯认为："对他们来说，正义的安排的确不完全符合他们的本性，因而，如其他条件相同，与假如他们能肯定自己的正义感他们会感到的快乐相比，他们的快乐肯定会更少。但是人们对此只能说：他们的本性是他们的不幸。"②

---

① ［美］弗雷曼：《罗尔斯》，张国清译，华夏出版社 2013 年版，第 291 页，注释 32。
② ［美］罗尔斯：《正义论》（修订版），何怀宏、何包钢、廖申白译，中国社会科学出版社 2009 年版，第 456 页。

因此，罗尔斯认为，我们要把对正义感的善的论证和对我们应该做一个正义的人还是做一个利己主义者这二者区别开来。正义感的善的论证，是针对具备正义感能力或者出于正义的动机而行事的人而言的。因为推动人们行为的动机是多种多样的，同样的行为，既可能出于正义的动机，也可能出于别的动机，比如自利的动机。而如果这同样的行为都带来了善，那么就不清楚，这应当归于正义的动机还是其他的动机。因此，正义感的善的论证，是在"善的弱理论"所规定的条件下，对人们具有正义感是否属于他的善的论证，而不是在"善的强理论"所规定的条件下，对人们做出与正义的要求相符的行为是否能够带来善的论证。

有一种观点认为，人们行正义是出于自利的考虑，因为按照正义行事对自己有好处，所以才遵守正义。可见，在这种利己主义者那里，即使他们实际上是按照正义行动的，但是他们这样做的动机不是出于正义本身，不是由他们的正义感所驱使的，而是由自利的动机驱动的。人们不是出于正义感但是外在看来符合正义要求的行为，不能表明他们具备正义感这种道德人格能力。正如罗尔斯所说，一个利己主义者是一个局限于自己利益的观点的人，他的最终目标只和他自己相联系，他不考虑别人，不考虑自己的行为对别人的影响，不尊重别人。"这样一个人可能做得正义，即可能做一个正义的人乐于做的事；但是，只要他还是一个利己主义者，他就不可能出于正义的人的那种理由来做这些事。按照这些理由去做是同做一个利己主义者不协调的。"[1] 有时候，我们会发现一个利己主义者的行为也是符合正义的，但这仅仅说明，正义原则和利己主义原则导致了同样的行为，这

---

[1]　［美］罗尔斯：《正义论》（修订版），何怀宏、何包钢、廖申白译，中国社会科学出版社 2009 年版，第 449 页。

种一致性只是一种巧合罢了。罗尔斯认为，对于正义感，"我们决不从利己主义的观点估价这种欲望，无论这种观点可能为何，而是依据善的弱理论来做这种估价"①。

这样，罗尔斯对正义感的善的论述，就不是说，因为经验证明行正义符合我们的善，所以我们应当行正义，这是用"善的强理论"意义上的"善"来证明正义感的善的路子。公平的正义理论对正义感的善的论证，不是依靠"善的强理论"，而是依据"善的弱理论"，即在不知道一个人的特殊的自然禀赋、家庭出身和社会地位，以及他的具体的欲求为何的情况下，证明正义感属于他的固有的善。也就是说，正义感的善的论证，不是从遵循正义的结果是否有利于人们的善出发，来论证人们是否应该做一个正义的人；而是要论证做一个正义的人本身是否属于人的善。显然，如果把人看作一种自由平等的理性存在者，那么，正义感必定属于人的固有的善。

总之，公平的正义具有稳定性的一个重要方面就在于，公平的正义契合于人们对善的追求。公平的正义体现了"正当优先兼顾善"的原则，从而使道德人格的两个方面（即正义感能力和善观念能力）协调一致起来了。正如罗尔斯所指出的："正义和善的概念与不同的原则相联系，一致性问题就在于这两类标准是否相互适合。"② 上述论证表明，在公平的正义指导下的良序社会中，正义与人们的善之间是一种契合关系。这也就证明，公平的正义是一种相对稳定的正义理论。

----

① ［美］罗尔斯：《正义论》（修订版），何怀宏、何包钢、廖申白译，中国社会科学出版社 2009 年版，第 449—450 页。

② ［美］罗尔斯：《正义论》（修订版），何怀宏、何包钢、廖申白译，中国社会科学出版社 2009 年版，第 448 页。

第四章　政治自由主义与政治稳定

　　《正义论》所构想的作为公平的正义可以说开启了正义理论研究的新范式，它借助契约论的建构主义模式，一反功利主义和各种直觉主义的道德理论，发展了一种新的关于正义的理论建构模式。作为公平的正义也重构了正义观念，使分配正义问题成为实践伦理学的主题。但是，《正义论》和作为公平的正义受到了一些人的质疑，这引发了罗尔斯对其自身理论的反思。反思的结果是，《正义论》的整个背景是理想化的，即没有考虑现代民主社会人们在思想观念上的多元性。更准确地说，它不是从这种多元性出发，也不是打算要维持这种多元性，而是试图以一种完备性的正义学说来指导社会基本制度结构。

　　各种思想学说上的多元论事实，使得作为公平的正义在付诸实施时，面临很大的困难。即使它在道德上是可欲的，有足够的道德正当性，但是在可行性方面却是有问题的，因为它和多元论事实是相悖的。为了确立一种更加现实的、稳定的正义观念，罗尔斯可以说几乎放弃了整个《正义论》的理论建构思路，开始考虑在多元论的条件下，怎样构建一种具有可行性、稳定性的正义理论。于是，他转向了"政治自由主义"的思路，不再寻求一种具有完备性的道德正义观，而是寻求一种政治的正义观念。

本章讨论罗尔斯是如何转向政治自由主义，以及怎样建构一种政治正义观念的，下一章讨论他关于这种正义观念之稳定性的论证。

第一节　政治自由主义转向

一、从《正义论》到《政治自由主义》

在开始讨论这种转向之前，我们先介绍一下罗尔斯对几个概念的界定，即普遍性学说、完备性学说、充分完备性学说和部分完备性学说。按照罗尔斯的界定：（1）如果某一道德观念面向一广泛的主题范围，并且普遍适用于所有主题，则该道德观念便是"普遍的"。比如，一种正义观念，它试图适用于人类社会生活的一切领域，包括基本社会制度（政治制度、经济制度）和家庭制度等广泛的社会制，那么它就是一种普遍的正义学说。（2）当某一道德学说是作为一个整体，包括各种有关人生价值、个人品格理想，以及友谊、家庭和联合体关系的理想，乃至在我们的一生中，指导我们行为的其他理想时，则它就是"完备的"。比如，康德自由主义学说就是这样的学说，它以人的意志自由为轴心，推演出人们在各个方面基于意志自由而应该有的品质和基于这种自由的各种社会关系。（3）如果某一观念囊括了人们在相当清楚准确地阐明了的系统内所认识到的全部价值和美德，则该观念就是"充分完备的"。（4）而当一观念只是部分而非全部地包括各种非政治的价值和美德、且只给予了极为粗陋的阐释时，它就只具有"部分的完备性"。在罗尔斯看来，按照上述区分，许多宗教学说、哲学学说和道德学说都渴望成为既普遍而又完备的学

说。同样，《正义论》中"作为公平的正义"也是一种完备性的正义
观念。

现在我们来看罗尔斯为什么要转向政治自由主义。罗尔斯指出，
他在阐述《正义论》一书目的时，把社会契约论传统看作是道德哲
学的一部分，没有在道德哲学与政治哲学之间做出区分。进一步说，
在《正义论》中，普遍的道德正义学说没有与严格意义上的政治正
义观念区别开来，而这一点主要是源于没有在完备性的哲学学说、道
德学说和仅仅限于政治领域的各种政治观念（包括正义观念）之间
做出对比和区分。而从罗尔斯转向政治自由主义的事实来看，罗尔斯
最终认为做出上述区分是合理的，他的目标也不再是追求一种完备性
的道德正义观念，而是追求一种政治的正义观念，从而转向了政治自
由主义。

关于转向政治自由主义的原因，罗尔斯是这样解释的，他说：
《政治自由主义》的目的和内容与《正义论》有着一种主旨的改变。
要理解这种差异的本性和程度，就必须视之为源自力图消除内在于公
平正义的一个严重问题时所产生的差异，亦即源自这样一种事实所产
生的差异，这个事实就是，《正义论》第三部分关于稳定性的解释与
全书的观点并不一致。[①] 这种不一致是指什么？又将导致怎样的理论
上的不自恰呢？

罗尔斯进一步解释说，问题的根源在于《正义论》中关于秩序
良好社会的理念是不现实的。在那里，秩序良好的社会的本质特征
是，它的所有公民实际上都是在完备性哲学学说的基础上来认可公平
的正义观念的，而处在这一社会中的人们对正义两个原则的接受也是

---

① ［美］罗尔斯：《政治自由主义》（增订本），万俊人译，译林出版社 2011 年
版，"导论"，第 3 页。

以这种学说为根基的。我们可以发现，在《正义论》中，之所以提出公平的正义的观念，实际上就是为了避免把任何既存的完备性道德学说（主要是功利主义）直接当作指导社会基本制度建设的学说，而公平的正义就是要另辟蹊径，通过原初状态设置，使人们在公平的状态下，挑选出各方都认可的正义原则，只有这样选出的正义原则才具有合法性。可见，在这里，罗尔斯实际上已经在完备性学说与公平的正义之间做出了区分，只不过不是十分明显。但是，尽管如此，《正义论》的核心议题并不在于正义观念及其正义原则的政治合法性，而在于它的道德可欲性，因为它本质上是一种完备性学说，包含着深刻的道德价值。

按照罗尔斯《正义论》的理论框架，第一步是确定正义观念和选出正义原则；第二步是这些原则如何用来指导制定社会基本制度，如何把这些原则体现在制度中；而第三步就是一旦这样的制度被确定，那么生活在这种制度下的人们是否能够自觉地遵守这些制度及其背后体现的正义观念和正义原则，这就是稳定性论证需要解决的问题。罗尔斯认为，这里就出现了一种理论上的前后不一致：在第一部分论证两个正义原则时，实际上已经假设了完备性学说的多元论事实，但是在第三部分的稳定性论证中，秩序良好社会又仅仅是一个只存在一种完备性学说（即公平的正义）的社会。这时候，稳定性论证实际上就被限定在十分狭隘的范围内了。也就是仅仅从道德心理学的角度进行论证，即论证人们是怎样基于公平的正义本身的道德价值而不断培养出道德正义感，即按照公平的正义的道德原则行事的道德欲望。这被认为仅仅是一种道德心理学论证。而实际情况是，虽然公平的正义被选出而且被用于社会基本制度，但是人们的思想观念和各种完备性学说还是存在的，而《正义论》对稳定性的论证，实际上是没有考虑这些完备性学说与公平的正义之间的关系，没有考虑，持有各种完备性学说的人们何以会抛弃他们的学说转而支持公平的正义，这一点是稳定性论证中更为重要的一点，《正义论》恰恰没有对这个问题作出回答，因为它假定这个问题不存在。因此，如果说《正义论》对一种正义观念之稳定性的论证主要是一种道德稳定性论证，那么《政治自由主义》对一种正义观念之稳定性的论证则更多的是一种社会稳定性或政治合法性的论证，即论证多元论背景下的人们何以会支持某种正义观念。

罗尔斯发现，现代民主社会不仅具有一种完备性宗教学说、哲学学说和道德学说之多元论特征，而且具有一种互不相容然而却又合乎理性的诸完备性学说之多元化特征。这些学说中的任何一种都不能得到公民们的普遍认可，将来也不会。而且他还认为，出于政治的目的，合乎理性的然而却是互不相容的完备性学说之多元性，乃是立宪民主政体之自由制度框架内人类理性实践的正常结果，一种合乎理性的完备性学说并不拒斥民主政体的根本。①

可见，由于发现现代民主社会是一个各种完备性学说并存的多元论社会，罗尔斯认为《正义论》对一种正义观念的构建是不现实的，即使它有充分的道德合理性，但是现代社会需要的不是这种具有完备性特点的正义观念，或者说这种观念根本无法实现。更重要的是，他认可了这种多元论的民主价值，认为一种正义观念不应该试图消除或者遏制这种多元论事实，而是应该维护它，因为它本身是有价值的。现在，问题已经不是《正义论》对稳定性的论证是否恰当，而是《正义论》的整个理论建构路径本身就是有问题的，其理论目标也是

----

① ［美］罗尔斯：《政治自由主义》（增订本），万俊人译，译林出版社 2011 年版，"导论"，第 4 页。

有问题的。因此，现在的问题就不是怎样论证各种完备性学说去适应或者认可公平的正义，而是要从根本上重新解释正义观念，重新解释公平的正义。这是一种根本性的转变，而对一种新的正义观念之稳定性的论证，也是在全新的基础上进行的。

既然是从头进行理论重构，那么首先就要从对概念的重释和重组开始。实际上，罗尔斯本人也指出，这种基本观念的改变又使他作出许多其他的改变，并需要一组以前所不需要的观念，比如，作为社会公平合作系统的理念、秩序良好之社会的理念、政治的个人的理念、重叠共识的理念、公共理性的理念等。在罗尔斯看来，因为稳定性问题而对一种正义理论做出这样大的修正是一件令人惊奇的事情，因为稳定性问题在道德哲学史上一直很少受到人们的重视，但是对于政治哲学来说，稳定性问题至关重要，所以，如果一种理论的稳定性论证与整个理论不一致，那么做出如此大范围的修正就是必须的。

二、政治自由主义的目标

罗尔斯对政治自由主义的探讨，不是从径直给出政治自由主义的定义开始的，而是从政治自由主义需要回答的基本问题开始的。政治自由主义本身是通过对它所要回答的问题的阐述，以及它所包含的一系列理念的阐述中呈现出来的。

罗尔斯认为，民主社会中政治正义试图回答的第一个基本问题是：在被看作是自由而平等的、世世代代都能终身充分合作的社会成员的公民之间，何种正义观念最能够明确规定其社会合作的公平条件？第二个问题是：在给定合理多元论事实的条件下，普遍形式的宽容的基础是什么？这两个问题针对着作为它的对象（或主题）的现代社会的两个主要之点，一是合作系统，二是思想学说上的多元论事实。需要解决的问题也就是两个，一个是怎样为这样的合作系统确定一种合理的正义观念；另一个是怎样处理多元论的问题，由于罗尔斯已经假定了多元论是一个事实，所以问题显然不是怎样消除多元论，而是怎样在保持这样的多元论的条件下，使这些不同的学说相安无事，也即是找到这些学说之间相互宽容的基础。

这样一来，上述两个问题就被融合为一个总问题：由自由而平等的公民——他们因各种合乎理性的宗教学说、哲学学说和道德学说而产生深刻分化——所组成的公正而稳定的社会如何可能长治久安？政治自由主义就是要解决这个问题。

罗尔斯认为，对这一问题的解决有赖于以下三个条件："第一，社会的基本结构是由一种政治的正义观念所规导的；第二，这种政治观念是各种合乎理性的完备性学说达到重叠共识的核心；第三，当宪法根本和基本正义问题发生危险时，公共讨论是按照政治的正义观念来进行的。"① 也就是说，政治自由主义要具体解答这样三个问题：首先，要确定一种政治的正义观念，现代民主社会的基本结构是受这一正义观念指导的；其次，这种政治观念实践中不是与各种完备性学说毫无关系，而是要成为这些学说达成的重叠共识的核心，要得到它们的共同认可；最后，当宪法根本和基本正义问题发生危机时，人们不是诉诸自己的完备性学说来解决危机，更不是以暴力等方式解决这一问题，而是在公共理性的指引下通过诉诸公共论坛来解决。只有同时解决了这三个问题，才能最终解决政治自由主义为自己设定的总问题。

---

① ［美］罗尔斯：《政治自由主义》（增订本），万俊人译，译林出版社 2011 年版，第 40 页。

在后来的"平装本导论"中，罗尔斯更加清晰地阐述了《政治自由主义》的主要目标。其中一个主要目标是，讨论秩序良好的公平正义的社会是如何通过一种政治的正义观念来获得理解的，而且，一旦它适合于合理多元论的事实，又是如何受一种政治的正义观念规导的。为此，罗尔斯首先从政治领域的理念以及政治的正义理论开始，将《正义论》中提出的公平正义的观念仅仅作为政治正义观念的一个范例来探讨。这些理念的大多数是《正义论》中没有出现的，而且它们与各种完备性学说也有很大的区别，对政治自由主义来说这些恰恰又是最为根本的。《政治自由主义》的第一至第三讲、第五讲阐述了这些概念，并对其他必要的观念做了界定。另一个主要目标，是讨论如何理解一个包含着大量合乎理性的政治观念之秩序良好的自由社会。在政治自由主义假定的现代民主社会中，既存在合理多元论的事实，也存在族类性的、尽管相互不同却又合乎理性的诸种自由主义政治观念。问题就是，在这两种条件下，社会统一最合乎理性的基础是什么。《政治自由主义》的第四讲"重叠共识的理念"、第六讲"公共理性的理念"讨论了这些问题。实际上是在解答这样一个问题，即一种政治正义观念以及由它规导的社会基本结构是怎样具有稳定性的，或者说怎样维护它们的统一性和稳定性。

政治自由主义并不想再为人们提供一种完备性学说，它没有这个目标。政治自由主义和康德或密尔式的自由主义不同，后两者是完备性学说。它也不是一种启蒙自由主义的形式，不是一种常常被认为是基于理性并被视为是适合于现代社会的世俗学说，因而不是针对着宗教学说而提出来的。它不偏不倚地对待各种合乎理性的完备性学说，因为罗尔斯把这些学说及其多元论事实看作是人类理性实践的结果、看作现代民主社会必然而正常的结果，因此政治自由主义的正义观念不打算遏制或者消除这种多元论事实，相反，还要维护它们。当然，对于那些不合乎理性的学说（因其既不合乎理性又不是理性的而表现的极端），政治观念是不能容忍的，普遍宽容原则不适用于它们。

总而言之，《政治自由主义》要探究在各种合乎理性的学说——宗教的与非宗教的；自由主义的与非自由主义的——多元性环境下，一种秩序良好而又稳定的民主政府是否可能的问题，也探讨了如何使它本身始终如一的问题。

三、政治的正义观念的理念

既然公平正义因其是一种具有完备性的正义观念而被摒弃，那么，作为它的替代品的政治的正义观念的理念又是一种什么样的理念呢？罗尔斯没有通过下定义的简单方式给出这个理念，而是通过分析这一理念所具有的三个特征而向人们呈现出来。

政治正义观念的第一个特征事关政治观念的主题，它被看作是一种为社会基本结构而创造出来的道德观念。罗尔斯认为，政治的正义观念是为社会基本结构（包括政治制度、社会制度和经济制度）这一特殊主题所创造出来的道德观念。这里需要理清两个问题：一是这种观念何以仍然是一种道德观念，二是社会基本结构的指称范围。

关于第一个问题，政治正义观念何以仍然是一个道德观念。人们可能会认为，既然《正义论》中公平的正义被看作是一种具有完备性的道德观念，而政治自由主义是要重构这种观念，使其具有政治性质，那么这种政治正义观念何以还是一种道德观念呢？罗尔斯的解释是："说一观念是道德的，我的意思之一，是指该观念的内容是由某些理想、原则和标准所给定的，而这些规范明确表达了某些价值，在这一情形中，这些规范所表达的是政治的价值。"① 可见，一种观念是否是道德观念，关键不在于它适用于什么主题，而在于它所包含的理想、规范和标准表达了某种价值。这些规范并不仅仅是一种规则，而且还表达了某种价值，也就是说这些规则所表达的东西是人们想要的。现在，政治的正义观念虽然是为社会基本结构这一特殊主题而创造的，这一观念表达了某些政治价值，例如民主价值、公平价值等，所以这一观念就是一种道德观念。虽然它与其他道德观念具有不同的性质。

关于第二个问题，涉及政治正义观念的主题的范围，这一观念的主题是社会基本结构。在政治自由主义中，罗尔斯把这种社会基本结构看作是一种现代立宪民主，或者民主政体，一般情况下，这两个概念可以通用。社会基本结构是一个描述性概念，它可以指任何形式的社会，而不同的社会形式，可能需要建构不同的正义观念。所以罗尔斯不忘提醒人们，他所谓的社会基本结构指的是现代立宪民主社会的基本结构，因而他力图建构的也就是与之相适应的政治正义观念。

罗尔斯认为，社会基本结构是指社会的主要政治制度、社会制度和经济制度，以及它们是如何融合为一个世代相传的社会合作的同一系统的。罗尔斯进而假定，这样的社会基本结构是一个封闭系统，是一个自我包容的、与其他社会没有任何关系的社会，其成员也只能因生而入其中、因死而出其外。罗尔斯之所以把社会基本结构可化为这样一种理想的封闭系统，是为了避免一些争论不休的问题，而这些问题往往是些细枝末节的问题，而政治正义观念的建构必须集中于自己的主题，不能受到这些细节问题的纠缠。当然他也认识到，政治的正

---

① ［美］罗尔斯：《政治自由主义》（增订本），万俊人译，译林出版社 2011 年版，第10页，注释11。

义观念必然要涉及其他领域的问题，比如代际之间的关系问题、民族之间的关系问题（这涉及万民法），以及人与自然、人与动物之间的关系，但是对于罗尔斯在《政治自由主义》的主要目的来说，这些问题都不是最为紧迫的。一句话，这里的主要任务是建构一种适合于民主政体之社会基本结构的政治正义观念。

政治正义观念的第二个特征事关表现样式：一种政治的正义观念是作为一种独立的观点表现出来的。这里涉及政治正义观念与其他各种完备性学说之间的关系问题。罗尔斯提醒我们要注意两个不同性质的问题："其一，一种政治观念是如何表现在一种完备性学说之中的；其二，它是如何成为该学说之一部分的，或者说它是如何从该学说内部推导出来的。"① 第二种情况意味着，一种政治正义观念是从某种完备性学说中推导出来的，对此，罗尔斯明确指出，政治正义观念的突出特征是它表现为一种独立的观点，对它的解释与任何这类学说没有丝毫关系，或者说，它不依赖于任何这类学说中的任何特定观念（这种观念往往具有某种形而上学根基）。而第一种情况是说，虽然政治正义观念不依赖于完备性学说，但是它也并不必然排斥完备性学说，恰恰相反，它能够以某种方式相容于完备性学说，或者说表现在完备性学说中。这也就是政治正义观念之稳定性的所在：一方面，它不依赖于任何完备性学说，也不偏袒任何完备性学说，从而不会导致另一些完备性学说对它的攻击；另一方面，它又以某种方式相容于各种完备性学说，能够得到坚持各自的完备性学说的全体公民的一致支持。

罗尔斯进一步指出，政治的正义观念与许多道德学说的区别在于

---

① ［美］罗尔斯：《政治自由主义》（增订本），万俊人译，译林出版社 2011 年版，第 11 页。

应用范围的不同。许多道德学说被人们广泛地视为普遍而完备的观点，比如功利主义。功利原则就是最大化原则，以实现对某一主体来说总体善的最大化为正当原则，这种原则通常被用于个体行为、人际关系和整个社会制度等极广的范围内。罗尔斯提出公平的正义就是为了对抗这种道德学说，指出了这种学说在道德层面的不正当性，因为它没有考虑分配的问题和人际比较的问题，没有给予平等价值以应有的地位。当然，对功利主义的道德层面的批判在《正义论》中已经完成了。在这里，它是在另一个意义上被拿来与政治正义观念作比较的。和这种试图应用于几乎所有人类生活范围的完备性学说不同，一种政治观念只是力求为基本结构精心阐明一种理性的观念，并尽可能不涉及更广泛的对任何其他学说的承诺。因此，一种政治的正义观念与其他道德观念之间的分别，乃是一个范围问题，这就是说，两者之别乃是一观念所应用的主题范围与一种较广范围所要求的内容之别。

其实，这些区别不是简单的、表面的，而是有着本质性的不同。这里可能存在着一种致思路径的差异：完备性学说首先考虑的是学说本身的道德价值本身，如果这种道德价值是十分值得追求的，那么它就应当以各种具体方式应用于人类生活的各个方面；而政治正义观念首先考虑的不是某种独立的道德价值本身是否是最值得追求的，而是考虑一种具体的对象或者主题本身需要什么样的价值。这样，前者的思路是由学说和道德价值到对象，先确立一种包含某些价值的学说，再把它推广于尽可能多的对象；而后者的思路则相反，先确立观念所要适用的对象的本性，再考虑该对象需要什么样的价值和学说。可见，这种思考路径上的差异是导致政治正义观念与其他完备性学说之间差异的根本原因。

政治正义观念的第三个特征事关它的内容的表达。罗尔斯指出，政治正义观念的内容"是借某些基本理念得到表达的，这些基本理念被看作是隐含在民主社会的公共政治文化之中"①。政治正义观念虽然是一种独立的观念，但并不是无中生有，而是有着深厚的政治文化背景。

罗尔斯在公共政治文化和作为背景文化的社会文化之间做了区分。他认为，公共文化由一立宪政体的各种政治制度及其解释的公共传统（包括那些司法解释传统），以及作为共同知识的历史文本和文献所组成；而所有各类完备性学说，如宗教的、哲学的和道德的学说，都属于市民社会的"背景文化"，这是社会文化，而不是政治文化。社会文化是日常生活的文化，是许多联合体的文化，例如教会和大学、学术和科学团体、俱乐部和球队的文化。② 在罗尔斯看来，在一个民主社会里存在一种民主思想的传统，而这种传统的内容至少能为公民的教养常识所熟悉和理解；同时，人们也会把社会的主要制度及其被人们所接受的解释，看作是隐含在为公民所共享的理念和原则之中的资源储备。可见，在这里，罗尔斯实际上是把政治正义观念看作是一个具有民主传统的民主社会长期发展的结果，政治正义观念的诸理念并不是主观臆造的、不能为人们理解的，相反，它们有着深刻的公共文化传统，也是能够为人们的一般教养常识所熟知和理解的。

这样，作为政治正义观念之范例的公平正义也是由这样的政治传统孕育出来的，它的基本理念是关于社会的理念，即把社会理解为一

---

① ［美］罗尔斯：《政治自由主义》（增订本），万俊人译，译林出版社 2011 年版，第 12 页。

② ［美］罗尔斯：《政治自由主义》（增订本），万俊人译，译林出版社 2011 年版，第 12 页。

个世世代代都参与其中的公平合作系统。与这一基本理念相伴随的还有两个理念，一个是公民理念，一个是秩序良好社会的理念。整个政治的正义观念以及作为它的一个范例的公平的正义，就是以这三个理念为基础进行建构起来的。

第二节　社会的理念

罗尔斯的整个政治自由主义建构中，有两个基本的理念，一个是社会理念，另一个是个人理念。对政治正义的问题的讨论就是在这两个理念的基础上进行的，也可以说政治正义的问题是这样被界定的社会里、这样被界定的个人（公民）之间才会存在的问题。因此，想要进一步理解罗尔斯对政治正义问题的讨论，就必须先要搞清楚他所设定的这两个基本概念。

一、作为公平合作系统的社会理念

在罗尔斯对正义的总体看法中，正义的问题就是指分配正义。而分配正义之所以重要，或者说分配正义之所以成为一个紧迫的社会问题，是因为它与一种特定的社会观念相联系。只有在这样的社会观念中，探讨正义问题才具有理论上的合法性。反之，对于某些社会或者以某些方式理解的社会，正义问题可能就不是一个问题，或至少不是一个十分紧迫的问题，而对正义问题本身的讨论也许会以另外的方式进行。因此，罗尔斯首先指出："公平正义之基本组织化理念是一种世代相传的、长期的公平合作系统的社会理念，其他基本理念在该理念内部系统地联系着。"① 一切工作就从对这样界定的社会理念的解释开始，同样，对宪法根本和基本正义问题的政治讨论只能从作为公平合作系统的社会理念开始，而不能从比如个人道德观点等其他观点开始。

罗尔斯认为，"在公民的政治思想和他们对政治问题的讨论中，他们并不把社会秩序看作是一种固定的自然秩序，或看作是通过宗教价值或贵族价值而得到正当性证明的一种制度等级"②。在罗尔斯看来，如果人们从其他观点，比如说，从个人道德观点，或是从一联合体成员的观点，抑或从某人的宗教学说或哲学学说的观点来看，就可能以不同的方式，来看待这个世界的方方面面，看待人与世界的关系。一般说来，我们不把这些观点引入对宪法根本和基本正义问题的政治讨论中。③

为了使人们对这一社会合作理念具有更具体的理解，罗尔斯讨论了这一理念所包含的三个要素：甲、合作不同于纯粹的社会协调活动，协调活动可以是上级以命令的方式进行协调各方的活动，而合作则是由公共认可的规则与程序来引导的，合作者把这些规则和程序看作是恰当规导他们行为的规则和程序。乙、合作包含公平合作项目的理念：这些项目是每一个参与者都可以理性地予以接受的（假如所有其他人也同样接受它们的话）。公平合作项目将一种相互性理念具体化了：所有介入合作并按规则和程序履行其职的人，都将以一种适

---

① ［美］罗尔斯：《政治自由主义》（增订本），万俊人译，译林出版社 2011 年版，第 14 页。

② ［美］罗尔斯：《政治自由主义》（增订本），万俊人译，译林出版社 2011 年版，第 14 页。

③ ［美］罗尔斯：《政治自由主义》（增订本），万俊人译，译林出版社 2011 年版，第 14 页。

当的方式受益于合作，而这适当的方式则由一种合适的比较基准来估价。政治的正义观念刻画了公平合作项目的特征。由于正义的第一主题便是社会的基本结构，这些公平项目是通过一些原则来表达的，这些原则具体规定了社会主要制度内的基本权利和义务，并永远规导背景正义的安排，以使靠大家的努力所产生的利益得到公平分配，并为世世代代所分享。丙、社会合作的理念要求有一种各参与者合理得利的理念或善的理念。这种善的理念具体规定了介入合作的那些人（无论是个体、家庭，还是联合体，甚或是民族政府）想要获得什么——当他们从他们自己的立场来看这种合作图式时。①

从上述三个要素中可以简单概括出这样几个要点：第一，合作者之间的平等地位，合作活动按照大家都接受的原则和程序进行；第二，合作者各自的权利和义务，合作产品在合作者之间的分配，这种分配原则的制定；第三，参与合作是理性行为，从长远看，合作者们参与合作比不参与合作更能得利。有了这几个要点，再来谈论正义问题就有了坚实的基础、有了具体的语境，否则就会漫无边际。

上述三个要素表达的意思应该说基本都是比较明确的。但是，第二个要素比较复杂，因为在罗尔斯看来它包含着一个特殊的理念，即"相互性"理念（idea of reciprocity）。罗尔斯所谓的相互性理念具有三个特点：

第一，相互性理念介于公道理念与互利理念之间。在罗尔斯看来，公道理念（idea of impartiality）是利他主义的（altruistic），它受普遍的善的驱使。公道也就是不偏不倚，一方的受益不能以另一方的受损为条件。而互利理念（idea of mutual）则被理解为每个人按其在

---

① ［美］罗尔斯：《政治自由主义》（增订本），万俊人译，译林出版社 2011 年版，第 14—15 页。

事情中的地位（现在的和预期的）而获得利益。罗尔斯认为："按照公平正义来理解，相互性是公民之间的一种关系，这种关系是通过规导社会的正义原则来表达的，在此一社会世界，每一个人所得的利益，都以依照该社会世界定义的一种适当的平等基准来判断。"①

第二，相互性理念是一种秩序良好社会里的公民关系，它是通过该社会公共的政治正义观念表达的。在罗尔斯的正义理论中，正义两原则，包括平等自由原则和差别原则以及它所含蓄指涉的平等分配基准，系统地阐明了一种公民之间的相互性理念。

第三，相互性理念不是那种互利理念。罗尔斯敏锐地觉察到，如果把一个财产极不平等（很大程度上是由于运气和幸运，而这在罗尔斯看来都是有问题的）的现实社会移植到由正义两原则所规范的秩序良好社会之中，如果那些因运气等原因而拥有巨大财产的人仍然按照先前的态度来判断问题，那么就没有任何东西能够保证他们在由两个正义原则指导下的社会中会比在原来的社会中更有收获。因为正义两原则特别是差别原则及其包含的平等倾向，可能反而会使这些拥有巨大财富的人损失惨重。显然，任何合理的（reasonable）正义观念都不可能合乎这样解释的互利理念。由此可见，决不能把相互性理念等同于互利理念。

二、秩序良好社会的理念

上文讨论了作为公平合作系统的社会理念，这是一种理论上的理想。但是，现实中的社会很糟糕，暴力横行，欺诈肆虐，人们的合理

---

① ［美］罗尔斯：《政治自由主义》（增订本），万俊人译，译林出版社 2011 年版，第 15 页。

正义观念也没有成长起来，正义还杳无踪迹。如果以此为基础，那么构建一种正义理论也就无从谈起。所以，还要进一步假设一种秩序良好社会的理念，即人们已经为这一社会合作系统选择了一种正义观和正义原则，而且当这种正义观及其正义原则应用于社会基本制度结构之后，效果也十分理想。那么这样的社会又是怎样的呢？

罗尔斯指出，在公平正义中，作为世代公平合作系统的基本社会理念，它还有两个与之相伴随的理念，它们三个是同时展开的。这两个伴随理念，一个是作为自由而平等的个人之公民理念，另一个是作为由公共政治的正义观念有效规导的秩序良好的社会理念。① 前一个理念我们放到第三节去讨论，这里先讨论后一个理念。

罗尔斯认为，秩序良好社会的理念包含三层意思：第一，在该社会中，每一个人都接受且知道所有其他人也接受相同的正义原则，这一点已经包含在公共认可的正义观念的理念之中了；第二，人们公共地了解或者充分相信这一社会的基本结构能满足这些正义原则，所谓基本结构是指这一社会的主要社会制度和政治制度，以及这些制度如何共同适合于组成一个合作系统；第三，这一社会中的公民在正常情况下都具有行之有效的正义感，所以他们一般都能按照社会的基本制度行事，并把这些社会基本制度看作是公正的。②

可以看出，这是一种高度理想化的概念。然而，在罗尔斯看来，这种理想化处理是合理的，因为如果一种正义观念不能很好地规范一立宪民主政体，那么这种正义观念就是不充分的。发生这种不充分现

---

① ［美］罗尔斯：《政治自由主义》（增订本），万俊人译，译林出版社 2011 年版，第 32 页。

② ［美］罗尔斯：《政治自由主义》（增订本），万俊人译，译林出版社 2011 年版，第 32 页。

象的原因是，民主社会具有合理多元论事实的特征，也就是由于存在着各种不同的完备性学说，秉持这些学说的公民可能不认可这种正义观念。但是对于一种充分的政治正义观念来说，必须能做到这一点，即是说它必须得到各完备性学说之间的一种合乎理性的重叠共识的支持。因此，上述这种理想化处理，既是建构理论所依赖的条件，也是一种政治的正义理论所追求的目标。

为了进一步讨论这种理想化处理何以是必要的，以及丰富对一种现代民主社会之特征的理解，罗尔斯论述了民主社会的政治文化的三个普遍事实，如果加上罗尔斯随着理论的进展而加进来的另外两个事实，那么现代民主社会的政治文化总共就有五个基本事实。我们在这里把这五个基本事实放在一起来讨论。

第一个事实，我们姑且把它称作"合理多元论的事实"。先区分两个概念，即"合理多元论的事实"（fact of reasonable pluralism）和"一般多元论的事实"（fact of pluralism as such）。罗尔斯对这两个概念的讨论比较复杂，而且有时也比较模糊。简单说来，它们的区分是这样的：在社会中，存在着各种完备性的宗教学说、哲学学说和道德学说，这些学说包含着十分宽泛的内容，可能涉及对整个世界的基本看法、一整套的价值理论，因而能够对几乎所有的人类生活领域给出自己融贯的看法，从社会整体到个人生活领域，无所不包，而这一切又是建立在几个最为根本的、往往是不证自明的观点之上的。这些学说具有狭隘性和封闭性，往往只限于自己个人、集团或阶层的利益，甚至是某些想象的利益，而不顾及他者，因而他者往往就成为他们必欲除之而后快的障碍。这就是一般多元论的事实。但是，合理多元论的事实与此不同。按照罗尔斯的见解，合理多元论事实中的各完备性学说，是自由制度下在各种观点中间所发展起来的，这些学说是公民们所认可的，也是政治自由主义必须予以关注的；它们不仅仅是自我利益和阶级利益的结果，而且往往是自由制度框架内自由实践理性作用的结果。当然各种历史性的（历史上传承下来的）学说并不都是自由理性作用的结果。罗尔斯同时指出，在现代民主社会里发现的合乎理性的完备性宗教学说、哲学学说和道德学说的多样性，不是一种可以很快消失的纯历史状态，它是民主社会公共文化的一个永久特征。在得到自由制度的基本权利和自由之保障的政治条件和社会条件下，如果还没有获得这种多样性的话，也将会产生各种相互冲突、互不和谐的（而更多的又是合乎理性的）完备性学说的多样性，并将长期存在。① 可见，在罗尔斯看来，合理多元论的事实并不是人类生活的不幸状态，相反，毋宁说它是人类理性所向往的；同时，这种事实也不会很快消失，因为现代民主社会会不断产生这种多样性。

第二个事实，罗尔斯称之为"压迫性事实"（the fact of oppression）。② 罗尔斯认为，无论是在古代社会还是现代社会，只要存在国家权力，国家权力在某种意义上都是一种压迫性力量。比如，在中世纪社会，宗教裁判所的产生并不是一种偶然，它对异教徒的压制，是保持那种共享的宗教信仰所需要的。另外，在一个统一于合乎理性的功利主义基础上的社会，或者在一个统一于康德或密尔式的理性自由主义基础上的社会，都需要有国家权力的制裁，以保持社会的统一。这样的解释也适用于政治自由主义下的政治社会。一方面，只有靠压迫性地使用国家权力，人们对某一种完备性宗教学说、哲学学说和道

---

① ［美］罗尔斯:《政治自由主义》（增订本），万俊人译，译林出版社 2011 年版，第 33 页。

② ［美］罗尔斯:《政治自由主义》（增订本），万俊人译，译林出版社 2011 年版，第 34 页。

德学说的持续共享性理解才得以维持下去；另一方面，如果我们把政治社会当作以认可同一完备性学说而达到统一的共同体，那么，对于政治共同体来说，压迫性地使用国家权力就是必需的。实际上，即使政治社会已经确立起了一种共享的正义观念和正义原则，情况也是如此。

第三个事实，民主政体必须得到多数公民的支持。罗尔斯说，一持久而安全的民主政体，也就是说，一个未被分化成持有相互竞争之学说观点的和敌对的社会阶层的政体，必须至少得到该社会在政治上持积极态度的公民的实质性多数支持。这一事实与第一个普遍事实共同意味着，政治正义观念要发挥立宪政体的公共正当性证明的基础作用，就必须是一个能够得到各种不同且相互对立的（然而却是合乎理性的）完备性学说的广泛认可。① 政治正义观念虽然不是由某一种或某几种完备性学说直接推导出来的，即是说它是独立的，但是它必须得到各种合乎理性的完备性学说的支持，否则就会沦为无根之萍，没有任何现实意义。

在谈及公共文化时，罗尔斯又补充了第四个事实：民主社会的政治文化，在一个相当长的时期里理性地发挥着作用，它通常包含着或至少隐含着某些基本的直觉性理念，从这些理念中，有可能制定出一种适合于一立宪政体的政治的正义观念。当我们具体阐释一种政治的正义观念、并把公平正义作为这样一种观点来表达时，这一事实就是重要的。② 就是说，罗尔斯所建构的这种政治正义观念，实际上在民

---

① ［美］罗尔斯：《政治自由主义》（增订本），万俊人译，译林出版社 2011 年版，第 34 页。

② ［美］罗尔斯：《政治自由主义》（增订本），万俊人译，译林出版社 2011 年版，第 34 页，注释 41。

主政治文化中已经隐含地存在着，即使它只是萌芽。这就再次表明，这种正义观念绝不是从天而降，绝不是无中生有，而是有着现实根基，这也是人们能够认可它的重要原因之一。

在论及"判断的负担"（the burdens of judgment）时，罗尔斯又补充了第五个事实，即"判断的负担"的事实。罗尔斯认为，在我们最重要的判断中，许多都是在这样一些条件下做出的，即我们不能期待正直的个人以其充分的理性能力（甚至是在经过自由讨论之后）总能达到相同的判断。某些相互冲突的理性判断（特别重要的是那些属于民族之完备性学说的判断）可能为真，而另一些相互冲突的理性判断则可能为假；还可以设想，所有相互冲突的理性判断都可能为假。对于一种民主宽容的理念来说，这些判断的负担有着最重要的意义。① 这样的情况既适用于人们的完备性学说，也适用于对一种政治正义观念的探讨中。这里的深意在于，人们的各种判断并不总是正确无误的，实际上往往是不真实的，即使给定足够充分的条件，这样，就没有任何一种观念学说能够自称对真理具有垄断权，从而顺理成章地排斥其他学说，各种完备性学说不能，一种作为公共观念的政治正义观念也不能。只有在这样的条件下，建构一种独立而又能得到各方认可的政治观念才既是可欲的，也是可行的。

论述了以上五个事实之后，我们还会发现，现实中的公民实际上同时认可两种观念，即他们各自的完备性学说和一种共享的政治观念。问题也就随之而来，完备性学说与公共政治观念之间的关系如何呢？这个问题又涉及政治观念和社会系统的稳定性。

首先，罗尔斯认为，由于任何一种合乎理性的宗教学说、哲学学

---

① ［美］罗尔斯：《政治自由主义》（增订本），万俊人译，译林出版社 2011 年版，第 54 页。

说和道德学说都不能得到全体公民的认可，所以，在一个秩序良好的社会里得到公民认可的正义观念，必须是一种限于"政治领域"及其价值内部的观念。因此，也必须如此构造秩序良好社会的理念。在这样的社会中，公民们不是全部只持有一种观念学说，而是同时持有两种类型的观念（这和《正议论》中的设想极为不同）。故而，公民的完整观点就包含两部分：一部分是公共认识到的政治的正义观念，或者是与公共认识到的政治的正义观念相协调的；另一部分是该政治观念以某种方式与之相联系的完备性学说。[①] 至于二者之间如何联系，则是罗尔斯在《政治自由主义》第四讲"重叠共识的理念"中需要解决的问题。本书第五章第二节讨论了这一问题。

最后一个问题是，秩序良好的民主社会是如何来满足一种现实的和稳定的必要条件的，当然在罗尔斯看来，这些条件肯定不是充足的。罗尔斯认为，只要具备下述两个条件，一社会便可通过一种政治的正义观念达到秩序良好：第一，认可合乎理性却又相互对立的完备性学说的公民能达到一种重叠共识，也就是说，他们普遍认可正义观念是他们对基本制度的政治判断的内容；第二，不合乎理性的完备性学说不能充分流行，不能削弱社会根本正义的基础。[②] 可见，这种要求并不是一种很强的要求，并不要求全体公民认可同一种完备性学说，而只要求公民们认可同一种公共的正义观念。至于这种观念具体为何，则是一个开放的问题，由具体设定的诸政治理念来决定，公平正义只是其中的一个范例。这样看来，所谓秩序良好的社会理念，也

---

① ［美］罗尔斯：《政治自由主义》（增订本），万俊人译，译林出版社 2011 年版，第 35 页。

② ［美］罗尔斯：《政治自由主义》（增订本），万俊人译，译林出版社 2011 年版，第 35 页。

就并不是一种乌托邦理想。

三、秩序良好社会理念与其他观念的区别

为了更好地阐明秩序良好社会的理念，以区别于其他一些往往被人们混淆的观念，罗尔斯在秩序良好社会的理念和其他两个常见的观念之间做了比较，一个是"联合体"（association）的观念，另一个是"共同体"（community）的观念。一秩序良好的社会既不是一种共同体，也不是（从更普遍的意义上说）一种联合体。

民主社会与联合体的区别。民主社会与联合体的第一个区别是：民主社会是一个封闭系统，而联合体则不是。罗尔斯认为，民主社会就像任何政治社会一样，将被视为一个完全而封闭的社会系统。说它是完全的，是因为它自足且能给予人类生活的所有主要目的以合适地位；说它是封闭的，是因为对于这一社会系统，人们只能由生而入其中，因死而出其外。我们不是从某个地方来到这一社会系统的，不是在一个理性的时代加入社会的，就像我们加入一个联合体那样，而是生于斯长于斯，是在此一社会中的此一社会状况中成长起来的，既享受着它的雨露阳光，也承受着其中的风吹雨打。这样设想就会带来三个便利：第一，在进入社会以前，我们没有任何在先的认同，也就不存在在先前的公共观念与现在的公共观念之间进行比较和选择的问题。第二，可以暂时抛开我们与其他民族或国家之间的种种关系，不用考虑各民族之间的正义问题。除了罗尔斯提到的这两点，也许我们还可以加入第三点，即不存在同意不同意的问题，因为罗尔斯的正义理论借用了传统契约论的模式，而契约论面临的一个重要挑战是，现实中的公民没有任何一个人签署过传统契约论者（洛克、卢梭等）

所说的那样的契约。如果假定了民主社会是一个封闭社会，就可以极大地减少这方面的麻烦。现在，正义原则的设计正是用来形成这样的社会世界的，在这样的社会世界的限制条件下，我们便形成一系列的观念，展开一系列的论证，最终建立起一种完整的、共享的政治正义观念。

民主社会与联合体的第二个基本区别是，这种社会没有任何个人或联合体所拥有的那种终极的目的和目标。罗尔斯在这里所说的目的和目标，是指那些在完备性学说中占有特殊地位的目的和目标，与之相反，政治自由主义语境中民主社会也有它的目的和目标，但不是完备性学说中的那种目标，而是民主宪法意义上的目的和目标。这意味着，"公民并不认为有什么先定的社会目的，可以证明他们把某些人看作是比其他人拥有或多或少优于社会的价值、并因此分配给他们不同的基本权利和特权这种做法是正当合理的。"① 民主社会的公共目标不能是任何完备性学说中的目标，正义观念的选择和社会基本制度的安排，都既不能从这样的特殊目标出发，也不能以促进这样的目标为动机。相比之下，在罗尔斯看来，许多过去的社会则正好如此，在那里，人们把宗教、王位、统治和荣耀当作终极目的来追求，而个体和阶级的权利与地位则依赖于他们在实现这些目的的实践中所发挥的作用。也正是在这一意义上，他们把他们自己看作是一种联合体。与之相对，民主社会及其政治观念根本不把它自身看作是一个联合体。②

---

① ［美］罗尔斯：《政治自由主义》（增订本），万俊人译，译林出版社 2011 年版，第 38 页。

② ［美］罗尔斯：《政治自由主义》（增订本），万俊人译，译林出版社 2011 年版，第 38 页。

在《正义论》中，罗尔斯就谈到了社会作为公平合作系统的观点。特里·法丁认为，罗尔斯在那里实际上把社会看作是一种目的性联合体，因为它把社会描述成了一种合作图式。但是在罗尔斯看来，这一点并不具有决定性。罗尔斯认为重要的问题是，人们之间的这种合作究竟是一种什么样的合作，他们的合作取得了什么样的成就。罗尔斯指出，民主社会的特征是，人们是作为自由而平等的公民来进行合作的，他们的合作所取得的成就（在理想的情形下）是一种具有正义背景制度的公正的基本结构，这些背景制度是实现正义原则，并给公民提供着满足他们作为公民之需求的全能目的性手段的背景制度。他们的合作是确保他们相互间的政治正义。而在联合体中，人们是作为联合体的成员来进行合作的，他们所要实现的正是驱使他们加入该联合体的动机，而这一点又会随着他们从一个联合体到另一个联合体而发生改变。因此，作为公民，他们合作实现的是他们共同分享的正义目的；而作为一联合体的成员，他们合作实现的目的却分属于他们各自持有的不同的完备性善观念。① 也就是说，合作有很多种，不能把对作为公平合作系统的社会的理念的理解，仅仅停留在一般合作系统的层面上，其核心之点在于这种合作的特有性质，因为正是这种特有性质使它与其他合作形式（比如联合体）区别开来了。决不能在联合体的意义上理解秩序良好的社会的理念。

秩序良好的社会与共同体的区别。秩序良好的社会既不是联合体，也不是共同体。罗尔斯首先在联合体与共同体之间做了区分。他把共同体设想为一种特别类型的联合体，即靠一种完备性学说统一起来的联合体，如教会。其他联合体的成员经常共享着某些目的，但这

---

① ［美］罗尔斯：《政治自由主义》（增订本），万俊人译，译林出版社 2011 年版，第38—39页，注释44。

些目的并不创造一种完备性学说，所以它们甚至可能是纯工具性的目的。① 共同体的概念比联合体的概念更为严格，它是特殊类型的联合体，即共享着同一种完备性学说的联合体。

按照罗尔斯的界定，秩序良好的社会共享着同一种政治正义观念，因此，人们往往把它也理解为一种共同体。但是，根据罗尔斯的上述分析，这显然是一种误解。罗尔斯认为："对于秩序良好社会的公共理性理念来讲，这一事实十分关键。把民主社会看作一种共同体（如此规定的共同体）的想法，忽视了建立在一种政治的正义观念之上的公共理性的限制范围。它错误地将这种统一视为一种能够不触犯最基本民主原则的立宪政体。一种对完整真理的热望，诱使我们去追求一种无法得到公共理性证明的更广阔更深刻的统一。"②

可见，共同体共享的观念是一种完备性学说，它承载着特殊的价值观念和目标，而民主社会所共享的观念乃是一种政治正义观念，它与完备性学说有着根本的不同。不能仅仅从认可一种观念学说这种形式出发把共同体和民主社会的理念混淆起来。

第三节　个人的理念

在公平正义中，作为世代公平合作系统的基本社会理念，它还有两个与之相伴随的理念，它们三个是同时展开的。这两个伴随理念，

① ［美］罗尔斯：《政治自由主义》（增订本），万俊人译，译林出版社 2011 年版，第 37 页，注释 43。

② ［美］罗尔斯：《政治自由主义》（增订本），万俊人译，译林出版社 2011 年版，第 39 页。

一个是作为自由而平等的个人之公民理念，另一个是作为由公共政治的正义观念有效规导的秩序良好的社会理念。后一个理念我们在第二节刚刚讨论过了，现在讨论个人之公民理念。

一、个人的基本理念

罗尔斯在多处讨论过关于自由民主社会中的个人的观念，因理论阐述的不同需要，每次关于个人的理念的探讨也有不同的侧重点。在《政治自由主义》第一讲第三节谈完作为公平合作系统的社会理念之后，罗尔斯接着谈了个人的基本理念。在古今思想史上，人们对个人（或者人）的理解是多种多样的，这些观点关涉人性的方方面面，这些方面以及由此而来的不同观点，都有重要意义。比如"政治人""经济人""游戏人""组织人"等概念，这些不同的理解都体现了人们从某个特定的角度对人本身的认识，这些认识是与它所属的学说领域密切联系的，而且往往构成这些理论学说的基础性概念。

罗尔斯的政治哲学是要为特定社会（即现代民主社会）寻求一种共享的政治正义理念，用以规导社会基本制度结构，保持该社会的统一稳定。所以，罗尔斯也需要一种特定的人的理念，以便进行理论创建。正如他所指出的："由于我们对公平正义的解释是从把社会设想成一种世代公平合作的系统之社会理念开始的，所以，我们采取了这样一种个人概念与该社会理想相配置。"①

罗尔斯的政治哲学，无论有多少独特之处，总归是西方文化传统

---

① ［美］罗尔斯：《政治自由主义》（增订本），万俊人译，译林出版社 2011 年版，第 16 页。

的继承者，它对人的考察也自然会诉诸西方思想传统。在西方思想传统中，无论是在政治哲学中，还是在法学中，个人的观念是一个十分重要的观念，而且一直被理解为某个能够参与社会生活，或能够在社会生活中发挥作用，因之能践行和尊重社会的各种权利与义务的个人概念。换言之，个人就是某个能够成为公民的人，即能够成为一个正常的终身能够充分参与社会合作的社会成员。

由于罗尔斯是从这样的民主思想传统内部着手的，所以，他顺理成章地就把公民当作自由而平等的个人来思考。因此，对罗尔斯而言，个人的基本理念是：个人凭借其两种道德能力（two moral powers）（正义感和善观念的能力）和理性能力（powers of reason）（判断能力、思想能力以及与这些能力相联系的推论能力）而成为自由的。而拥有这些能力，就使他们在所要求的最低限度上成为充分参与合作的社会成员，这一点又使每一个个人成为平等的。①

罗尔斯进一步阐述到，由于个人能够成为公平社会合作系统中的充分参与者，所以，我们才说他们具有与社会合作理念中的三种要素相联系的两种道德能力，即正义感的能力和善观念的能力。所谓正义感（sense of justice），即是理解、运用和践行代表社会公平合作条款之特征的公共正义观念的能力。如果说政治观念的本性是具体规定一种公共的证明基础，那么，正义感也表达了这样一种意愿，即在与他人的关系中按照他人也能公开认可的条款来行动的意愿。所谓善观念的能力（capacity for a conception of the good），乃是形成、修正和理性地（rationally）追求一种人的理性（rational）利

---

① ［美］罗尔斯：《政治自由主义》（增订本），万俊人译，译林出版社 2011 年版，第 17 页。

益或善观念的能力。① 拥有这两种能力意味着，人们知道什么是他想要的，或者什么对他来说是善，因而不需要别人替他做主；同时，他是讲道理的人，他也知道别人和他一样也是讲道理的人，所以他在追求自己利益之时，也会考虑到别人的利益，在这一意义上，他知道什么是该得的，什么不是该得的。任何一种正义观念都只能适用于这样的人，反之，如果人们不能同时具备这两种能力，在他们中间寻求正义就是不可能的。

两种道德能力是与社会合作理念相联系的：正义感意味着人们能够、愿意依据某种方式、某些原则来调节他们之间的关系，即"心中有他人"，而不是只能"唯我独尊"；善观念能力意味着人们能够知道自己想要什么，并且想要更多而不是无所谓。反过来说，如果人们没有善观念能力，不知道自己想要什么，或者实际上什么都不想要，那么从他们本身来说，就不存在如何分配的问题；同时，如果设想人们没有正义感能力，也就是说，不认可任何分配方式或分配原则，只承认命运或者强力掠夺，那么制定任何分配原则，就都是无效的，没有必要。

除了上述两种道德能力之外，罗尔斯还补充了两个要点。首先，他假定个人具有一种他们在任何既定时刻力图实现的决定性善观念，即包含着一种人生价值观念的善观念。② 这一点又至少蕴含着三个重要的方面。第一，一种善观念通常都由一种或多或少具有决定性意味的终极目的图式，这些目的是人们因其自身之故而想实现的目的图

---

① ［美］罗尔斯：《政治自由主义》（增订本），万俊人译，译林出版社 2011 年版，第 17 页。

② ［美］罗尔斯：《政治自由主义》（增订本），万俊人译，译林出版社 2011 年版，第 17—18 页。

式。这些善本身就是目的，而不再是工具性的，因为有很多价值或者善是工具性的，追求它们是为了别的目的。因此，在罗尔斯看来，人应当在其善观念系统中确立某种终极善，而不能把所有的善都仅仅当成工具性的。第二，人们的善观念还包含着对他人的情感依附和对各种各样的群体和联合体的忠诚，而这些情感依附和忠诚又产生了奉献和仁爱情感。这样一来，一方面，人固然是追求自身利益的，但也是有奉献精神的，或者说是有让渡的观念的，不能把人仅仅理解为自私自利者；另一方面，作为这些情感之对象的个人和联合体的繁荣发展，也是人们的善观念的一部分，也即是说，人们乐见他人和联合体的繁荣，并把这看作他们的善。第三，人们也把他们的善观念和一种有关他们与世界之关系的观点（宗教的、哲学的和道德的观点）联系起来，通过这些联系，才能理解他们的目的的价值和意义，理解这种情感依附。

其次，罗尔斯还假定，个人的善观念并不是固定不变的，而是随着他们的不断成熟而形成和发展的，在他们的整个生活历程中，可能或多或少会发生重大改变。[①] 这个设定的重要意义在于：一方面，人们的善观念会改变，所以，一旦一种合理的政治正义观念被选择并被用于社会基本制度结构，就有可能会慢慢地影响那些持有完备性学说（不管其是否是合理的）的人们向它靠拢，从而在社会中减少实施该正义观念的阻力；另一方面，虽然一种政治正义观念是独立的，但是随着社会的变化以及不同利益诉求群体的出现，政治正义观念的具体内容（比如正义原则）可能需要作出修改。

总之，罗尔斯指出，他在这里所理解的个人观念乃是一种规范性

---

① ［美］罗尔斯：《政治自由主义》（增订本），万俊人译，译林出版社 2011 年版，第 18 页。

观点，区别于自然科学和社会理论中对人的理解。[①] 在罗尔斯看来，无论是法律的、政治的，还是道德的，抑或是哲学或宗教的个人观念，都依赖于它所属的整体观点，而这种观点往往具有某种形而上学根基。但是，在罗尔斯这里，个人观念固然是一种道德观念，但它是从人们日常的作为基本思想、沉思和责任单位的个人观念开始的，并适用于一种政治的正义观念，而不适用于一种完备性学说。实际上，它是一种政治的个人观念，如果人们确定以公平的正义为目的，那么该观念就适用于作为民主公民的基础。可见，这种个人理念既不"太深"，也不"太浅"，而是正合其宜。

二、政治的个人理念

在罗尔斯的论证逻辑中，政治的个人理念直接地是从建构原初状态的理念中引出的。于是，主要突出道德能力内含的个人基本观念，就被主要突出政治公民身份和政治公民关系内含的政治的个人理念所取代。

简单讨论一下原初状态的理念。这一理念在《政治自由主义》中和在《正义论》中并无实质性区别，只是由于理论需要还有所微调。罗尔斯指出，原初状态理念的引入，是为了弄清楚，一旦社会被看作是自由而平等的公民之间的一个公平合作系统，那么，哪一种传统正义观念或其中某一观念之变体，能够具体规定最合适的实现自由与平等的原则呢？由于在合理多元论条件下，没有哪一种现存的正义

---

① ［美］罗尔斯：《政治自由主义》（增订本），万俊人译，译林出版社2011年版，第16页，注释20。

观念能够被人们广泛认可，那么就只能走契约论的建构主义道路，即通过某种大家一致同意的程序来得出一种独立的正义观念和正义原则。罗尔斯设想了一种公平正义的正义观念，它更新了社会契约学说，认为正义问题的根本是为社会合作系统寻找公平的合作条款。它认为，这样的条款只能是那些介入社会合作的人一致同意的条款，就是说，是那些生长在该社会中的自由而平等的公民所一致同意的条款。但问题是，这种同意是在什么条件下做出的。先不管这些具体条件是什么，但是它们必须满足这一点：使自由而平等的个人处于公平的境地，决不允许某些个人占他人的便宜；进一步说，必须排除武力威胁、强制、欺骗和欺诈。

在确保形成契约的人们处在自由公平境地的同时，还要对他们所知道的信息（包括特定的理论学说和一些现实社会状况）进行限制，排除各种偶然因素对人们做决定的影响。为此，罗尔斯设置了"无知之幕"，来发挥这种隔离作用。在做了这种设置之后，各派就要选派代表进入这样的原初状态，提供商讨公平合作条款。罗尔斯对作为原初状态中各派代表的公民的描述，使人们产生了误解，以为罗尔斯在这里实际上对自由公民作了一种形而上学的界定。但罗尔斯认为这种理解是站不住脚的。

为了澄清这一点，罗尔斯阐释了他所谓公民之所以自由包含的三个特殊方面。

公民把自己看作是自由的第一个方面是，公民在他们设想自己并相互设想对方具有掌握一种善观念的道德能力这一方面是自由的。①这里的意思不是说，公民把自己看作是与追求他们在任何既定时刻所

---

① ［美］罗尔斯：《政治自由主义》（增订本），万俊人译，译林出版社 2011 年版，第 27 页。

认肯的特殊善观念不可避免地联系在一起。而是说，作为公民，他们被看作是能够按照合理的和理性的根据来修正和改变这种观念的。罗尔斯认为，作为自由的个人，公民要求把他们的人格看作是独立于任何带有其终极目的图式的特殊观念，且与这种观念没有同一性。就是说，他们的独立自由人格和他们的观念特别是终极观念没有关系，他们不是因为有某种善观念而是自由的。同时，即使假定他们有形成、修正和合理追求一种善观念的道德能力，但是，他们作为自由个人的公共认同，也不会受到他们的决定性善观念变化的影响。① 例如，即使他们的宗教信仰发生了变化，但他们在政治正义的范围内，仍然是以前所是的那个人。

公民把他们自己看作是自由的第二个方面是，他们将他们自己视为各种有效要求的自证之源。② 这就是说，公民们认为自己有资格向他们的制度提出各种要求、以发展他们的善观念，假如这些善观念为公共的正义观念所允许的话。公民们把这些要求看作是具有其自身价值的，其价值既与一种政治的正义观念所具体规定的义务和职责无关，也不是从这些义务和职责中推导出来的。就是说，他们的这些要求源自自身，其合法性也源自他们自身，仅仅因为他们是自由公民，他们的这些要求就是合法的，决不能受到轻视和损害。相反，有些人的要求就没有这样的特点，因为这些人并不是这些要求的自证之源，比如说奴隶。奴隶向来被看作只是没有人格的会说话的工具，他们也就被看作是没有要求的。禁止虐待奴隶的法律，也不是建立在奴隶提

---

① ［美］罗尔斯：《政治自由主义》（增订本），万俊人译，译林出版社 2011 年版，第 27 页。
② ［美］罗尔斯：《政治自由主义》（增订本），万俊人译，译林出版社 2011 年版，第 27 页。

出的要求之上，而是建立在奴隶持有者的要求之上，或者是建立在社会普遍利益的基础之上。这种对比使我们看清楚了，为什么根据公民的道德能力和他们拥有一种善观念而把他们设想成为自由公民这一点，与一种特殊的政治正义观念是相辅相成的。反过来说，如果公民个人不是他们的善观念的自证之源，因而可以任意地处置他们的要求，他们没有任何反抗的理由，那么也就不需要正义了，完全可以以其他方式（比如武力）来解决人们的利益或者诉求问题。

公民们把自己看作是自由的第三个方面是，他们能够对他们的各种目的负责，而这一点又影响到对他们各种要求的评价。① 罗尔斯简要地指出，假定有了公正的背景制度，假定每一个人都有一份公平的首要善②，则我们认为，公民们就能按照他们合乎理性的期待来调节他们的目的和志向。当然，他们也能在正义问题上把他们的目的限制在正义原则所允许的范围内。这时，公民们将会认识到，他们的目的价值不是由他们需求和欲望（与他们作为公民的需要相对立）的力量与心理强度所给予的。那么，这种过程或程序是如何发生的呢？当我们在一种政治的正义观念下，把公民看作是能够终身介入社会合作的个人，那么他们也就能够对他们的目的负责，即是说，他们能够调整他们的目的，以便能够以某种合乎理性的手段获得它们。③ 也就是

---

① ［美］罗尔斯：《政治自由主义》（增订本），万俊人译，译林出版社 2011 年版，第 30 页。

② 在《政治自由主义》第五讲第三节，罗尔斯列出了"首要善"的目录清单，包括但不限于：（1）基本的权利和自由（它们可以列出一个目录）；（2）移居自由与多样性机会背景下对职业的选择；（3）在基本结构之政治制度与经济制度中享有各种权力、职位特权和责任；（4）收入和财富；（5）自尊的社会基础。参见［美］罗尔斯：《政治自由主义》（增订本），万俊人译，译林出版社 2011 年版，第 167 页。

③ ［美］罗尔斯：《政治自由主义》（增订本），万俊人译，译林出版社 2011 年版，第 31 页。

说，公民有这样的能力，他们可以负责掌控自己的目的，调整这些目的，使其处于正义原则所允许的范围之内；而不是相反，当他们的目的与正义原则不相容时，要么固执己见，要么无能为力。在这个过程中，还包含着他们对他们的目的的评价：他们追求某些目的或者调整某些目的，不是仅仅因为他们对这些目的的需要十分强烈，而是因为这些目的只有与政治正义相容时才是有意义的，才是值得追求的。

简要概括一下本节两个部分的讨论。在第一部分，我们探讨了罗尔斯关于个人的基本理念。在那里，个人被看作是因其在必要程度上拥有两种道德能力，即正义感的能力和善观念的能力，而成为自由平等的人。在罗尔斯那里，他把这两种道德能力与社会合作理念的两个主要要素（即公平合作条款的理念和每一个参与合作者的理性利益或善的理念）联系起来了。在第二部分，我们探讨了罗尔斯认为的公民自由的三个方面。正是上述这样设想的公民对公平的合作条款达成了一致契约。

罗尔斯关于公民个人的观点，既是他的政治正义理论建构在第一阶段所依赖的重要理念，也是第二阶段即论述这一观念之稳定性时所依靠的重要基础。

第五章　政治正义观念的稳定性

政治自由主义转向的目的是为现代民主社会论证一种能够得到人们普遍认可的政治正义观念，使得这种观念以及由这种观念规导下的社会基本结构能够长治久安。因此之故，对一种政治正义观念的论证，也就必然包含两个部分：一是确立一种独立于各种完备性学说的政治正义观念，二是论证这种观念将何以得到人们的普遍遵守。后者就是对一种正义观念之稳定性的论证。依笔者的理解，罗尔斯对政治正义观念之稳定性的论证主要表现在三个方面：第一，公民具备基本的道德能力，能够成为充分参与社会公平合作的成员；第二，政治正义观念要成为各种完备性学说达成的重叠共识的核心，从而能够获得这些学说的支持；第三，在宪法根本和正义基本问题发生危机时，公民能够通过诉诸公共理性来解决问题。

第一节　政治公民的道德能力

政治公民所具备的基本道德能力，既是他们能够充分参与社会公平合作的基本条件，也是他们之间能够达成政治正义以及他们能够维护政治正义稳定性的重要条件。

一、理性的与合乎理性的

"理性的"（rational）和"合理的"（或"合乎理性的"，reasonable）是公民理性的两个方面。正是这两个方面，才使得有着不同利益追求的公民之间有可能达成一种处理他们之间关系的一致意见，也就是说，使达成这种一致既有必要又有可能。罗尔斯对建构一种稳定的正义观念以及在这一观念指导下，寻求社会的统一和稳定，所最为依赖的一个条件，就是公民所具有的这种理性的和合乎理性的特征。因此，在论述公民的能力及其表现时，罗尔斯首先对这一问题做了详尽探讨。①

罗尔斯把这一区别追溯到康德的实践理性批判和道德哲学。罗尔斯认为，在《道德形而上学的基础》及其他著作中，康德对绝对命令（即直言命令）和假言命令的区别正好表现了他对合乎理性的和理性的区分。前者代表纯粹实践理性，后者代表经验实践理性。但

---

① 关于"reasonable"和"rational"，国内学者有不同的译法。一些人将"reasonable"译为"合理的"，相应地，"reasonableness"译为"合理性"；而把"rational"译为"理性的"，"rationality"则译为"理性"。另一些学者的译法则正好相反，如万俊人在《政治自由主义》中，当与个人相联系时，把"reasonable"译作"理性的"，而把"rational"译作"合理的"；但是有一个特例，即"公共理性"，则对应的是"public reason"。按照罗尔斯本人对这两个概念的使用，"reason"应该译为"理性"，这时它与"道德"相联；相应地，"reasonable"也应译为具有道德意味的"合理的"或"合乎理性的"；而"rational"仅指个人的一种正常理智，与道德无关，因而应译为"理性的"。所以，在万俊人所译的《政治自由主义》中，这两个单词似乎正好译反了。在本书中，在政治自由主义的语境中，当"reasonable"与"rational"对举，从而指公民理性的两个层面的意思时，我们把前者译为"合乎理性的"或"合理的"，把后者译为"理性的"。全书皆从此例。

是，罗尔斯并没有过多地纠缠于康德的这种形而上学探讨，而是把对这一问题的探讨仅限于政治的正义观念的目的。一方面，罗尔斯把这两个概念的使用与公民们提出和尊重公平之合作项目的意愿联系起来了；另一方面，罗尔斯还把它们与认识到判断负担并接受这些判断负担的结果之意愿联系起来了。因此，在这里，罗尔斯对这两个概念做了一种一般性的区分。按照罗尔斯的说法，当我们知道人们是"理性的"（rational）时，却并不知道他们所追求的目的是什么，但是我们知道他们将会理智地去追求这些目的。比如，他们会根据他们的需要的程度而选择追求多个目标中的最为急迫的那一个，或者根据经济理性原则，以付出最少的代价而追求最大的效益，如此等等。相反，当我们说某个人是"合乎理性的"（reasonable）时，他在追求自己的目标时，一定会考虑关涉他人对他们目标的追求，他会愿意用一种原则来支配他的行为，而这一原则是他和他人可以共同推理出来的。同时，合乎理性的人还会考虑他们的行动对别人的影响。由此可见，"合乎理性的"这一品质既不是由"理性的"推导而来的，当然也不是与"理性的"相对立，但是，这种品质是与利己主义不相容的。也就是说，合乎理性地行动，不是目中无人，不是仅仅考虑自身利益，而是会考虑到别人的利益，因此在罗尔斯看来，合乎理性地行动，倒是与有道德地行动这一品质相联系的。正是因为公民有这种能力，才有可能在他们之间形成规范他们行为的统一规则，而在罗尔斯这里，就是一种正义观念和正义原则。可见，正义既来源于这种公民的这种能力，其持久稳定性也依赖于这一能力。

在政治自由主义的语境中，用罗尔斯的话说，在平等的个人中间，当他们准备提出作为公平合作条款的原则和标准，并愿意遵守这些原则和标准时，并且假定他们可以确保其他人也将同样如此时，则这些人在这样行动时，就是合乎理性的（reasonable）。相反，当平等公民们打算介入社会合作，却又不愿意尊重、甚至不愿意提出任何具体规定公平合作条款的普遍原则或标准时，他们就是不合乎理性的。在环境允许时，他们就会侵犯这些适合于他们利益的项目条款。①

只按照理性行动的人，缺乏一种道德敏感性，缺乏道德人格素质。理性的（rational）行为主体追求他所认为的利益或者善，而不管这种利益或者善是什么。由此可见，理性的行为主体所缺乏的，是那种特殊形式的道德敏感性，这种缺乏，在康德看来，更是一种"道德人格素质"的缺乏。仅仅具有理性的行为主体只具有人性的素质和动物性的素质，这样的行为主体即使理解道德法则的意义和内容，但却不受道德法则的驱使，对于这样的行为主体来说，道德法则仅仅是一种令人好奇的理念而已。而在罗尔斯对正义的追求中，公民们必须被假定为具有这种道德敏感性，这种道德人格素质，因为，这一点乃是人们介入公平合作，并按照那些可以合理地期许同样平等的他人也会认可的条件来这样做的欲望之基础。当然，"合乎理性"这种道德能力并不就是道德敏感性的全部，但是，对于罗尔斯的政治正义观念来说，特别是对于作为这种正义观念的一个范例的公平正义来说，它却是非常重要的一部分，没有这个部分，公平正义就无从建构起来，即便建构起来，如果大多数公民不具备这种道德能力，这样的正义观念也难以为继。

在罗尔斯的公平正义语境中，"理性的"与"合理的"（即"合乎理性的"）被作为两个互不相同而又互相补充的概念来看待。首先，"理性的"与"合理的"是各自独立的基本理念，在它们之间不

---

① ［美］罗尔斯：《政治自由主义》（增订本），万俊人译，译林出版社 2011 年版，第 45—46 页。

存在相互推导，尤其是不能认为可以从理性的理念中推导出合理性的理念。在道德哲学史上，不乏有人做过这样的尝试，他们认为，理性的（rational）更为根本。他们认为，如果合理性的（reasonable）理念能够从理性的（rational）理念中推导出来，对于正义理论来说，也即，如果某些正义原则可以从偏好、决定或适当规定的环境中的纯理性行为主体之一致中推导出来，那么，合理性就最终有了一个坚实的基础。但是罗尔斯反对这种看法，至少在公平正义中是如此。相反，在罗尔斯的公平正义中，也就是在公平合作的理念中，"理性的与合理的乃是两个相互补充的理念。它们都是公平合作这一基本理念的要素，各自都与不同的道德能力相联系着，即分别与正义感的能力和善观念的能力相联系着。它们的作用是依次具体规定公平合作条款的理念，考虑社会合作问题、合作各方的本性及其相互地位"①。

实际上，作为两个互补性的理念，"理性的"和"合理的"都不能离开对方而独立存在。正如罗尔斯所指出，纯粹合理性的行为主体可能没有任何他们想通过公平合作来发展的他们自己的目的；而纯粹理性的行为主体则可能缺乏一种正义感，认识不到别人要求的独立有效性。唯有在一种哲学的结果，或者作为一个在其中理性理念占据重要地位这样的主题中，比如在经济学或社会决策中，而且人们都认为从理性中推导出合理性是必然的，并受这种思想的驱使时，合理性才是可以理解的。② 也就是说，如果人们是缺乏理性的，因而无法形成自己的有效需要，或者说没有自己想要追求的目标，那么就不会出现

---

① ［美］罗尔斯：《政治自由主义》（增订本），万俊人译，译林出版社 2011 年版，第 47 页。

② ［美］罗尔斯：《政治自由主义》（增订本），万俊人译，译林出版社 2011 年版，第 48 页。译文有改动。

人们在追求利益时的分歧或者对抗，因而正义问题也就不会出现，这也就意味着不需要假定合理性的存在，因为合理性是解决正义问题所必需的主观条件；相反，如果人们仅仅只具有理性，那么他们在追求自己的目的的时候，就没有他人的观念，也就是说，对他们来说，也不存在正义的问题，因为正义的问题仅仅存在于那些同时把他人当作自己的平等者来看待的人中间。因此可以说，正义问题的缘起和对这一问题的解决，都决定于理性和合理性这样两个理念。

"理性的"和"合理的"之间更进一步的差异在于，在某种意义上，后者是公共的，而前者则不是。说"合理的"是公共的，这意味着正是通过合理性，人们才作为平等的人进入了他人的公共世界，并准备对他们提出或接受各种公平的合作条款。这些条款一经确定下来，它们就具体规定着人们将要共享的、并在人们相互间公共认作是奠定我们社会关系之基础的合理性。只要人们是合理的，人们就会创造出公共社会界的框架，人们可以合理地期许每一个人都将认可和履行这一框架，假如人们信赖别人也会同样如此的话。相反，如果人们不能信赖别人，那么，按照这些原则行动就可能是不合理性的，或者就是一种自我牺牲行为，而自我牺牲的情形与正义无关。由此可见，如果没有一个公共世界，合理性的理念就是空中楼阁，而人们就会在很大程度上反求助于理性的理念。即是说，如果没有这样的公共世界，合理性就无从谈起，它不再能成为我们行为的依据，不能为我们的行为保驾护航，我们也就不再诉诸它，而只有依靠自身的理性而行动。这时，就会出现霍布斯所宣称的那样，人对人像狼对狼一样，因为除了自己的理性以及由此而来的自私自利，不会有别的东西来指引或协调人们的行为。

合理性理念是相互性理念的一部分。在罗尔斯的正义理念中，社会被界定为一种公平合作系统，而合理性则是这样一个社会理念的一个要素，而在所有人所接受的合理的公平项目中，合理性又是其相互性理念的一部分。相互性的理念介于公道性的理念和互利性的理念之间，公道性的理念是利他主义的（受普遍善的驱动），而互利性的理念则被理解为相对于人们现在的或预期的实际情况来说，每一个人都可得到；也就是说，合理性的理念既不像公道性理念那样去追求普遍的善，也不像互利性理念那样，追求人们之间的互利共赢；合理性的理念没有这样的具体追求。同时，合理性的理念既不是较强意义上的利他主义，即只为他人的利益而公正行动，也不是极端的利己主义，只关注自我的利益。在合理性的社会里，只存在这样的情形：所有人都有他们的自己希望实现的目标，所有人都准备提出一些可以合理地期望他人接受的公平项目，以至于所有的人都有可能获利。因此，这样的社会就既不是一个圣徒的社会，也不是一个以自我为中心的社会，而只不过是一个日常人类社会，而生活于其中的人们，既是追求着自身利益的理性行为主体，又是能够提出公平合作条款并愿意遵守的合理的行为主体。

二、合理性分歧的根源及其后果

罗尔斯认为，合理性的理念具有两个基本的方面，第一个方面是，人们由此而能够提出公平合作条款并遵守这些条款的意志；第二个方面是，人们的认识判断的负担，并在指导立宪政体中政治权力之合法行使时，为运用公共理性而愿意接受这些判断负担的后果。

先看第一个方面。在整个政治自由主义的语境中，合理多元论（reasonable pluralism）事实是一个基本事实背景。现在的问题是，如何解释这一多元论事实呢？为此，罗尔斯提出了判断负担的概念，他认为，合理分歧（reasonable disagreement）的理念包含着对各种根源和原因的考虑，包含着对这样加以界定的合理个人之间的分歧的考虑。也就是说，合理多元论存在的根源或原因，就是判断的负担。而在合理的个人中间，产生合理分歧的各种根源（即判断负担）乃是许多偶然未知因素，这些因素包含在我们于政治生活的日常进程中正确地和正直地行使我们的合理性能力和判断能力的实践之中。

在罗尔斯看来，作为合理的和理性的人，我们不得不做出各种不同的判断。首先，作为具有理性的人，我们不得不权衡我们的各种目的，并评估它们在我们的生活方式中的适当位置，我们在做出这样的判断时就会面临很多困难。其次，作为合理的人，我们必须评估民族对我们共同的实践和各种制度的诸要求的力量，不仅是那些与我们的要求相反的民族要求，而且还有那些相互矛盾的民族要求，而所有这些又使我们在作出正确的合理性判断时产生种种困难。最后，当我们把合理性运用于我们的信念和思想图式之中时，或者，当我们以合理性来评价我们运用自己的理论能力（而非道德能力和实践能力）时，我们也会遇到困难。这些困难就是我们判断的负担，也是产生合理分歧的根源。除此之外，罗尔斯还具体列举了六种判断负担（也就是产生合理分歧的六个根源）。① 当然，除了这些判断负担，偏见和偏向、自我利益和群体利益以及盲目和意愿，在人们的政治生活中也发挥着重要的作用。

理性的第二个方面是，人们认识并愿意承担这些判断负担的后果。也就是说，人们不会因为存在这样的困难，就放弃对达成一种

---

① 参见［美］罗尔斯：《政治自由主义》（增订本），万俊人译，译林出版社2011年版，第51—53页。

公共的政治正义观念的寻求。相反，这种困难的存在以及由此导致的合理多元论事实，反倒是他们达成一种政治正义观念的必要基础。接下来的问题就是，判断负担和多元论事实将导致什么样的结果。

罗尔斯首先假定，合理性的个人只认肯合乎理性的完备性学说（reasonable comprehensive doctrine）。这类学说具有三个特征：第一个特征，合乎理性的学说乃是一种理论性的实践，它以一种或多或少是一致而连贯的方式涵括了人类生活的主要宗教方面、哲学方面和道德方面；它组织并刻画了已为人们所认识到的各种价值，使这些价值能够相互共融，并表达成一种可以理解的世界观，而每一种这样的学说都以自身的独特性而与别的学说区别开来。也就是说，这样的学说基本上是包含所有理论层面和价值层面在内的统一的世界观。因而它们之间也就有着显著的差异。第二个特征，一种合乎理性的学说同时也是一种实践理性的实践。第三个特征，当合乎理性的完备性学说不一定是固定不变的时，它通常属于或者源于一种思想和学说的传统。也就是说，这种学说既会由于其传承性而保持稳定，但同时也会发生缓慢变化。这就意味着，政治自由主义在建构政治正义观念时，既要着眼于完备性学说的相对稳定性，又要看到它的可变性，这样，建构一种正义观念，既依赖于既有的稳定的多元论事实，又要诉诸恰当的反思平衡，不能走向封闭僵化。

判断负担最为显著的后果是，合理性的个人并不都认可相同的完备性学说。而且，他们也认识到，包括他们自己在内的所有个人同样都负有这些负担。由于这些负担的存在，虽然有许多合乎理性的学说得到了人们的认肯，但并非因为这些学说都是真的，事实上，它们中的任何一种都不可能为真。由此，我们就会同意，那些认肯不同于我们的学说的其他人也是合理性的。由于存在着许多合乎理性的学说，所以，合理性的理念并不要求我们或者他人去相信任何特殊的合乎理性的学说。如此一来，我们会平等地对待持有不同合理性学术的人，我们不打算强迫别人接受一种特殊的学说，也不会把自己所相信的学说强加于人，这样，就没有人会企图依靠某种强制手段，通过独占对正义观念的解释权进而去控制社会、控制其他人。相反，他们都诉诸一种公共的正义观念，准备同其他人一起提出一种规导他们公平合作的公平条款，并自愿接受这些条款的限制。

由此，合乎理性的个人将把利用政治权力（假如他们拥有这种政治权力的话）去压制并非不合乎理性的完备性学说的做法看作是不合乎理性的。这是因为，如果合理多元论事实是既定的，那么在民主社会的公共文化中，就缺少一种适用于各完备性学说的公共的和共享的证明基础。但是，要以能为合理性的公众都可以接受的方式，来标明完备性信仰本身与真正的完备性信仰之间的差别，就需要这样一个基础。而这个基础是各个完备性学说所不能提供的，只能依靠一种公共建构观念，而这也就是政治自由主义的任务。

进一步讲，由于许多学说都被看作是合乎理性的，所以当根本政治问题发生危机时，那些坚持认为自己所坚持的学说是真实的而别人所坚持的学说是不真实的人，在别人看来，就只是在他们拥有政治权力时坚持他们自己的信仰而已。而这样做并不能令人信服，因为这样来行使的政治权力是没有合法性的。

总之，合理性的个人都清楚，这些判断负担给那些可以对别人做出正当性证明的人设置了种种限制，所以他们认肯某种形式的良心自由和思想自由。因此，利用政治权力去压制那些并非不合乎理性的完备性学说，乃是不合乎理性的。

三、自律的特征及其根据

为了建构一种稳定的正义观念，罗尔斯还提出了两种自律概念，即"理性的自律"（rational autonomy）和"充分的自律"（full autonomy）。理性的自律是原初状态中各派代表的自律，而充分的自律则是生活于受一种正义观规导的社会中的公民们的自律。所以，罗尔斯把前者视作一种人为的自律，以区别于政治的自律；把后一种视作政治的自律，以区别于伦理的自律。罗尔斯假定，公民们认为他们在三个方面是自由的：第一，他们具有形成、修正和理性地追求一种善观念的道德能力；第二，他们是各种有效要求的自证之源；第三，他们能够对自身的目的负责。基于这三个方面，公民们就既能达到理性的自律，也能达到充分的自律。

首先，关于理性的自律。

罗尔斯认为，理性自律依赖于个人的理智能力和道德能力，它表现在个人实践他们的形成、修正和追求一种善观念以及按照这一善观念来思考的能力之中。它还表现在个人与他人达成一致契约的能力之中，当他人也服从合理性约束时。

在罗尔斯的建构主义理念中，理性自律是通过使原初状态成为一种纯程序性正义情形而塑造出来的。这就是说，不管原初状态中的各派从呈现在他们眼前的各种选择中挑选什么样的原则，这些原则都是作为正义的原则而为他们所接受下来的。也就是说，这些最终被挑选出的原则之所以是正义的，不是因为它们依照某种另外的标准而被判断为正义的，而是在于它们仅仅是如此被挑选出来的，决定其为正义原则的不是它们本身，而是它们借以被挑选出来的程序。

如此一来，我们就得到了原初状态中各派的理性自律具有的两个方面：第一个方面是，适合于具体规定社会合作之公平条款的正义原则，是那些作为理性（rational）慎思过程的结果而可能被各派接受的原则。原初状态的纯程序性正义意味着，各派在其理性慎思中，都不认为他们自己应该去运用或受制于任何先定的正当原则和正义原则。易言之，他们都认识到，不存在任何外在于他们自己观点的作为理性（rational）代表的立场，他们也不会因此受到先验的和独立的正义原则的约束。第二个方面是，引导各派把他们自己作为公民之代表来考虑，正是利益的本性所致。由于罗尔斯已经假定公民具有两种道德能力，即形成正义感的能力和善观念的能力，所以可以设想，他们也相应地具有两种更高层次的发展和实践这两种能力的兴趣。因为，如果某个人没有最起码的这两种道德能力，他就无法终身成为正常且充分参与合作的社会成员。也即是说，具有这两种能力是他们成为公平合作成员的基本条件。从这一点可以得到，理性自律在原初状态下的体现之一是：作为公民代表的各派，将采取能够保证使这些能力得到充分发展和实践的那些原则。

理性自律虽然是在原初状态中被塑造的，因而各派在选择正义原则时并不是出于某种正义观念本身，而是出于他们的利益考虑，特别是高阶利益的考虑。但是，这种理性自律的设定绝不是可有可无的，相反，它在某些方面对于选出的正义观念在将来现实社会中的运行之稳定性具有重要作用，因为现实中的公民并不是对他们的善无动于衷的，如果一种原初状态中选出的正义观念对人们的善造成了重大的损失，那么该正义观念和正义原则就绝不能说是稳定的。因此，理性自律的假设虽然与合理性和道德原则没有直接联系，但是它对于整个稳定性诉求来说是十分必要的。

当然，正如罗尔斯所提醒人们注意的那样，理性自律仅仅是自由的一个方面，它与充分自律不同。由于设定了各派只是理性自律的，所以他们仅仅只是人为意义上的个人，作为一种代表设置，被安置在原初状态中。①

其次，关于充分的自律。

按照罗尔斯，公民的理性自律是在原初状态下通过作为其代表的各派的慎思方式来塑造的。与之相对，公民的充分自律则是通过原初状态的结构性方面来塑造的，也就是说，是通过各派之间如何相处和他们的慎思所受到的信息限制塑造的。

罗尔斯首先认定，不是各个派别，而是秩序良好之社会的公民在其公共生活中成为充分自律的。这意味着，不仅公民的行为符合正义原则，而且他们也是按照这些正义原则来行动的。进而言之，他们认识到这些原则可能就是那些能够在原初状态中被人们所采用的原则。因此，充分自律是在公民按照正义原则来行动的时候才实现的。②

罗尔斯强调，充分自律是由公民获得的：它是一种政治价值，而不是一种伦理价值。我这样说的意思是，充分自律是在公共生活中通过认肯政治的正义原则和享受基本权利与自由的保障而得以实现的；它也是通过持续参与社会公共事务和分享其集体性的自我决定而得以实现的。因此，必须把这种政治生活的充分自律与自律及个体性的伦理价值区别开来，后者可以适用于整个生活，既包括社会生活，也包

---

① ［美］罗尔斯：《政治自由主义》（增订本），万俊人译，译林出版社 2011 年版，第 69 页。

② ［美］罗尔斯：《政治自由主义》（增订本），万俊人译，译林出版社 2011 年版，第 71—72 页。

括个体生活，康德和密尔的完备性自由主义就表达了这种自律。① 在政治自由的理念中，充分自律作为适用于所有人的政治自律是必要的，而伦理自律及其价值则要留给公民们各自按照他们自己的完备性学说去决定。

说充分自律的基本要素是在原初状态的结构性方面中塑造而成的，乃是在于这些方面塑造了我们视之为公平条件的那些东西，在这些公平的条件下，自由而平等的个人的代表们便在基本结构上具体规定社会合作的条款。而就这种特殊的结构情况而言，这些公平的条件也塑造了我们视之为适当约束的那些东西，各派都把这些约束看作是正当的理由。② 而在现实的公共生活和非公共生活中，当公民们在追求他们的善时，他们通过按照由其公共理性指导的政治正义原则而行动，从而实现了这种自律。

总之，充分自律虽然是一种政治自律，而不是一种伦理自律，它仅仅与自由平等公民之间形成和遵守一种公平合作条款有关，而与人们各自接受的完备性学说及其伦理价值无关。但是，正是这种充分自律，才确保了受一种政治正义规导的政治社会的稳定。

四、个人的道德动机

政治自由主义的政治正义包含着对公民道德能力的设定，以及对

---

① ［美］罗尔斯：《政治自由主义》（增订本），万俊人译，译林出版社 2011 年版，第 72 页。原译文正好搞反了，"which"指的是后者，即"自律及个体性的伦理价值"，而不是前者"充分自律"。因此译文有改动。参见 John Rawls, Political Liberalism, Colubia University Press, 1993, p.78.

② ［美］罗尔斯：《政治自由主义》（增订本），万俊人译，译林出版社 2011 年版，第 72 页。

某种特殊的公民道德动机和道德心理学的倚重。

为了分析这些设定的理念，罗尔斯首先指出作为理性的和合理的公民观念的四个要素：第一，两种道德能力，即形成正义感的能力和善观念的能力；第二，理智的判断、思想和推论的能力；第三，公民在任何时候都具有一种按照某一合乎理性的完备性观点来解释其决定性善观念的能力；第四，公民具有终身成为正常的和参与合作的社会成员所必要的各种能力和才能。① 正是由于公民们都在根本的最起码程度上具有这些能力，所以他们之间是平等的，这不仅是由政治自由主义所设定的事实，而且公民们也具有这样的自我观念，即是说他们把他们自身也看作这样的公民。

除了这四个要素，罗尔斯还设定公民具有四个特征，并把这四个特征看作是体现公民们有理性（reasonable）并负有这种形式的责任的四个方面：第一，公民准备提出可以合理地期待他人认可的公平合作条款的愿望，以及他们遵守这些条款的愿望；第二，他们认识到，判断的负担限制着我们可以向他人证明的限度和唯有合乎理性的完备性学说才能认肯的限度；第三，他们不仅是正常的和参与合作的社会成员，而且他们也想成为或想被认作是这类成员；第四，公民具有"理性的道德心理学"②。上述公民特征的前三项为我们把这些特征归结为一种"理性的道德心理学"（reasonable moral psychology）提供了一个基础，而该心理学的很多方面都是这些特征的结果；而且它将证明后文中将要谈到的重叠共识不是一种乌托邦。

---

① ［美］罗尔斯：《政治自由主义》（增订本），万俊人译，译林出版社 2011 年版，第 75 页。

② ［美］罗尔斯：《政治自由主义》（增订本），万俊人译，译林出版社 2011 年版，第 75 页。

罗尔斯进一步区分了三种欲望，以便详细阐述上述第一个特征和第二个特征，表明公民的这种合理的道德感受性方面是如何体现的。这三种欲望是：依赖于对象的欲望；依赖于原则的欲望；依赖于观念的欲望。

首先，依赖于对象的欲望。对这种欲望的描述将不使用任何道德观念、合理性原则或理性原则。这种界定本身意味着我们已在道德的观念和原则与非道德的观念和原则之间做了区分。依赖于对象的欲望是多种多样的，比如身体的欲望，介入各种娱乐活动的欲望，以及追求地位、权力和荣誉等的社会欲望。

其次，依赖于原则的欲望。区分这类欲望的依据是，如果不使用那些规定着该活动的原则的情况下，我们就无法描述此类欲望的对象或目的。因而，这些欲望是唯有能理解和运用这些原则的理性的或合理的存在者（rational or reasonable being）才有的欲望，也就是说，是只有具有这样去理解和运用这些原则的合理希望的人才能有的欲望。[①]

但是，按照原则是理性的还是合理的，依赖于原则的欲望又分为两种，即依赖于理性原则的欲望和依赖于合理性原则的欲望。第一种，理性的原则主要有四种：（1）采取最有效地达到我们的目的的手段；（2）如果其他情况相等，选择较为可能的抉择；（3）选择较大的善；（4）当我们的目标发生冲突时，安排好我们的目标。罗尔斯把这些理性原则看作是通过计算得出的，而不是从一种实践合理性的定义中推导出来的。因为在政治自由主义的语境中，不得不允许存

---

① ［美］罗尔斯：《政治自由主义》（增订本），万俊人译，译林出版社 2011 年版，第 76 页。译文有改动，参见 John Rawls, Political Liberalism, Colubia University Press, 1993, p.82。

在各种不同的理性观念；在这里，人们普遍认为，这些理性原则指导着出于理性慎思中的单一行为主体，不论该行为主体是什么。第二种依赖于原则的欲望与合理性原则联系在一起：即与那些规导着多元行为主体在其相互关系中如何行动的原则联系在一起，无论这些主体是个体还是群体。界定公平合作项目的公平原则和正义原则是合理性原则的典范。那些与人们的常识所承认的道德美德相联系的原则也是如此。

最后，依赖于观念的欲望。罗尔斯将这些欲望描述为：我们欲望依其而行的那些原则被看作是属于且有益于说明某一理性观念或合理性观念，抑或某一政治理想的。比如，我们可能想要以一种适宜于某个具有理性的人的方式来指导我们自己的行动。想要成为这种个人，意味着有这些依赖观念的欲望并按照这些欲望行动，而不是仅仅按照依赖于对象的欲望来行动。① 也就是说，我们有一种关于人应当如何或者什么是人的理想观念，因而有一种自己也想要成为那样的理想的欲望，这一欲望不同于依赖于现实对象的欲望，也不同于依赖于某种原则的欲望，而是想要成为一种理想的欲望。

在公平正义中，这种理想就是公民理想。当我们说公民不仅是正常且充分参与合作的社会成员，而且他们也想成为并将被认作这种成员时，我们的意思是说，他们想要在他们的人格中实现这种公民理想，并且想使社会承认他们实现了这种公民理想。由此可见，公民们有这样的依赖于公民观念的欲望，那是政治正义得以达成的条件，更是保持这种政治正义之稳定性的重要条件。否则，如果人们不具有这样公民理想，没有想成为这种公民的欲望，那么，这至少会增加他们

① ［美］罗尔斯：《政治自由主义》（增订本），万俊人译，译林出版社 2011 年版，第 77 页。

任意践踏政治正义的风险。

公平正义对这种动机的解释是独特的，因为它把这种欲望或道德动机与实现一种政治之公民理想的欲望与公民的两种道德能力和他们的各种正常能力联系起来了，而公民的这些能力正是通过公共文化及其解释的历史传统的理想教育培养起来的。这一点说明了一种政治观念作为教育的广泛作用。由此也就表明，政治正义本身既来自既有两种道德能力的公民，又反过来影响着公民的道德状况。而这也就揭示了这样一个道理：人与他们生存于其中的环境之间是相互影响的，而并非一种单向关系。

依据上述论证，罗尔斯做出了如下五个方面的总结：第一，除了善观念的能力之外，公民还有一种获得正义与公平观念的能力，和一种按照这些观念而行动的欲望；第二，当他们相信制度或社会实际是正义的或公平的时，他们便准备并愿意履行他们在这些安排中所负的责任；第三，如果其他人有明确的意图去努力履行他们在正义的或公平的安排中所负的责任，那么，公民就容易发展相互间的信任和信心；第四，合作性安排的成功保持的越长久，这种信任和信心便变得越强烈越完善；第五，随着确保我们根本利益（基本的权利和自由）的基本制度更稳固、更能为公民乐意承认，这种信任和信心也将变得更加强烈和完善。①

上述五个方面，是从公民的道德德行或者道德能力方面，对基于平等公民的政治正义何以会具有稳定性所做的论证。这一论证具有基础性的地位，为后文将要谈到的从"重叠共识"和"公共理性"所做的论证奠定了基础。

---

① ［美］罗尔斯：《政治自由主义》（增订本），万俊人译，译林出版社 2011 年版，第 79—80 页。

五、政治自由主义语境中的道德心理学

在本部分内容的最后，罗尔斯指明了政治自由主义语境中的道德心理学的特点，即哲学的而非心理学的。罗尔斯强调，这种心理学不是源于人性科学的心理学，而是从公平正义的政治观念中所引出的一种道德心理学，是表达某种政治的个人观念和公民理想的一种概念的原则的图式。罗尔斯认为，这一图式是否正确，也就是说能否达到整个政治自由主义寄希望于这种图式的目的，不在于从完备性学说或者其他角度来看这一图式是否真实存在，而在于人们对它的理解和运用情况。也就是说，取决于人们在政治生活中能够应用和认可这一图式的原则与理想，取决于人们是否发现它所从属的政治正义观念能为人们恰当的反思所接受。而人性及其自然心理学虽然是可允许的，它们可以限制可行的个人观念和公民理想的限度，也可以限制各种可能支持它们的道德心理学，但是，它并不能给作为政治公民的人们颁布必须采取的指令。即是说，政治自由主义所诉诸人们的道德心理，不是自然人性，而是基于各相互支撑的政治观念所建构起来的一种心理学，它是"改造过的"，是由特定的政治生活而来、仅限于政治生活的一种"次生的"道德心理。

在罗尔斯看来，政治自由主义不是随意地谈论一切，也不试图解决一切问题，哪怕仅限于政治领域，因为仅仅政治领域的问题就已经数不胜数了，政治自由主义仅仅限于解决如何达成公平合作条款，以及靠什么力量来维持这些条款。因此，这里所谈的公民道德心理的理念，也就和其他政治观念一样，其根本在于实践性，所以它的各种要求和公民理想就必须是人们能够理解和运用的，也必须是人们有足够的动机激励他们去尊重的要求和理想。这些都是形成一种可行的正义观念及其政治理想所需的足够严格的条件，尽管这些条件与作为一种

自然科学的人类心理学之条件有所不同。[①]

可以发现，在罗尔斯这里，存在一种结构主义的思维图式，亦即，各政治理念之间不是一种线性的演绎推导关系，而是一种相互规定、相互支撑的立体结构，每一个理念都应当被置于总体观念之中才能被理解，才具有具体的内容。从论证的方法来看，则体现了一种反思平衡的方式，也就是说，如果整体理念系统不协调，或者某个重要理念与其他理念之间不协调，就需要重新对理念系统进行设置，直到这些理念之间相互融贯，协调一致。

当然，罗尔斯也注意到，一种理想可能要以一种人性观和一种社会理论为其前提条件，而如果我们确定了一种政治正义观念的目的，我们就可以说，它将努力把最合乎理性的个人观念具体化，而有关人性和社会的普遍事实则似乎可以允许这样一种个人观念。[②] 自然人性虽然可说是一种政治正义理想的"基底"，但并不是最切近的条件。自然人性是复杂的，也很难概念化，政治自由主义的政治正义理念作为一种理想，它必须要对复杂的人性进行"简化"处理，使之概念化、具体化，使其在整个政治自由主义的理念体系中有明确的位置。为了避免各种无法掌握的偶然性和惊奇给理论构建带来麻烦，罗尔斯把这种探讨仅仅限定在一种现代民主立宪政体的理想。通过这种理想化设置，可以期望弄清这种具体化了的道德人性是否对政治公民产生作用，以及人们能否在社会历史中成功地将其付诸实践。[③]

---

① ［美］罗尔斯：《政治自由主义》（增订本），万俊人译，译林出版社 2011 年版，第 80 页。

② ［美］罗尔斯：《政治自由主义》（增订本），万俊人译，译林出版社 2011 年版，第 81 页。

③ ［美］罗尔斯：《政治自由主义》（增订本），万俊人译，译林出版社 2011 年版，第 81 页。

罗尔斯进而指出，在这些限制之内，立宪政体的政治哲学在两个方面是自律的。第一个方面是，其政治正义观念是一种规范性思想图式，其根本理念族类不能按照某种自然基础来加以分析，比如说，不能按照心理学概念和生物学概念族类来加以分析，也不能按照社会概念和经济概念来加以分析。显而易见，这些理念族类只能按照在现代民主社会的政治概念来进行分析，它们本质上属于政治。因此，在罗尔斯看来，如果我们能够了解这种规范性图式，并能够在我们的道德思想和道德行为与我们的政治思想和政治行为中用这一图式来表达我们自己的思想，这就足够了。①

罗尔斯指出，政治哲学能够自律的第二个方面是，我们并不需要在自然科学的意义上来解释它的作用和内容，比如说，我们不需要按照自然选择的理论来解释它的作用和内容。我们所努力争取的是，我们能够在这个世界所允许的范围内获得最好的结果。② 在罗尔斯这里，政治哲学不再像以往的哲学家们所寄希望于它的那样雄心勃勃，企图包打天下，而是收回了自己的野心，仅仅希望为这个纷繁复杂、多元冲突的世界谋求一种可能的理想和未来。而罗尔斯这样苦心孤诣，根本上还是为了能够在最宽泛的程度上实现社会的统一和稳定。

第二节　重叠共识的达成

重叠共识的理念是罗尔斯建构政治正义的重要依托理念。按照罗

---

① ［美］罗尔斯：《政治自由主义》（增订本），万俊人译，译林出版社 2011 年版，第 81 页。

② ［美］罗尔斯：《政治自由主义》（增订本），万俊人译，译林出版社 2011 年版，第 81 页。

尔斯本人的明确说法，只是在重叠共识理念中，政治正义的稳定性问题才正式提上日程。政治自由主义试图解决的问题是：自由而平等的公民们，持有不同且相互冲突的合理的完备性学说，包括宗教学说、哲学学说和道德学说，但是他们又不能因此而互相隔绝，而是要介入一种公平合作的社会系统。为此，就要形成他们之间进行合作的公平条款，并且要能够保证公民们能够实质性地认肯这些条款。这样一来，罗尔斯把对政治正义的论述就分为两个阶段：第一个阶段是论证政治正义是如何作为一种独立的观念被确立起来的，第二个阶段就要论证这种被确立起来的正义观念如何能够得到公民的一致认可和遵守。这就是稳定性论证。但是，由于政治自由主义的理念已经假定了合理多元论事实的存在，也就意味着人们不可能基于某种完备性学说而达成一致。为了解决这个问题，罗尔斯又引进了重叠共识的理念，这样一来，人们就是依靠重叠共识而达成一致的。

一、政治自由主义的可能性

两类最根本的正义观念。政治自由主义无疑是要追求一种正义观，但是这是一种政治的正义观，是一种相对于各种完备性学说而言独立的观点。为此，罗尔斯首先表明，在诸正义观念之中，最深刻的区别来自正义观念与各种善观念之间不同的关系。按照这一标准，可以把正义观念分为两类：一类是那些允许尽管相互对立，然而却是合乎理性的各种完备性学说保持它们各自的善观念这一多元论状况下的善观念；另一类则是那些坚持只能有一种可以为所有具备充分理性和合理性的公民所承认的善观念存在的正义观。在后一种观念看来，正义原则必须保持或增进某种共同的善，否则正义原则就是无效的；将这一原则延伸到制度，则可得出这样的推论：制度只有在其有效促进善之增长的情况下才能获得其正当性证明。这一观念来自柏拉图、亚里士多德等人的悠久传统，一直延伸到边沁、艾奇沃思和西季威克等现代功利主义者。

毫无疑问，政治自由主义属于前一种观念。政治自由主义假定，存在着许多相互冲突的合乎理性的完备性学说及其善观念，政治正义观念不谋求维护或增进这些学说及其善观念中的任何一种，它只寻求自由平等公民之间的公平合作项目条款，因此它仅限于政治的领域，处理的是政治公民之间的政治关系。

公民的政治关系及其特点。接下来，罗尔斯探讨了立宪政体背景下公民政治关系的特征，为进一步探讨政治价值和重叠共识确立了基础。罗尔斯指出，在立宪政体中，公民的政治关系具有两个特征。第一，它是社会基本结构或基本制度结构内的一种个人关系，对这一基本制度结构我们只能因生而入其中，因死而出其外。也就是说，政治社会是封闭的，我们不能随意出入。这就意味着，我们必须进入政治关系并寻求处理好我们的政治关系，无所逃避。第二，政治权力总是依靠政府使用制裁而形成的强制性权力，因为只有政府在建立其法律时，我们才有使用强权的权威。这里就涉及使用政治权力的合法性问题。这样两个特征表明，一方面，政治领域与联合性的领域不同，后者是自愿性的，其成员可以自由出入，但是政治领域则不是，公民必须生活在政治领域；另一方面，政治领域也不同于个人的领域和家族的领域，后两者的基础是情感，而政治领域却不是，它有属于自身的政治价值，其中之一就是政治正义。

在罗尔斯看来，对于政治领域，依据上述分析可得出非常重要的两点：第一，关于宪法根本和基本正义的问题，应尽可能只通过诉求于政治价值来予以解决；第二，由其原则和理想所正常表达的那些政治价值足以压倒所有其他可能与之冲突的价值。这就是说，政治领域是一个独特的领域，而这一领域的价值即政治价值是一种独特的价值，这些价值在其重要性方面，足以可以压制其他各种完备性学说所认可的价值。这就为我们提供了这样一条思路：从价值序列的角度论证政治自由主义及其政治正义何以是可能的。

政治价值和政治自由主义的可能性。如果从个人出发，在设定公民们都持有一种合乎理性的完备性学说的条件下，那么政治领域的政治价值可以说是价值王国中次级领域的价值。现在的问题是：在正常情况下，这种次级价值如何才能压倒各完备性学说中任何可能与之相冲突的价值呢？罗尔斯对于这个问题的解答，包含相互补充的两个部分。第一个部分是，政治价值是极为重要的价值，因而是不能轻易僭越的，因为这些价值支配着社会生活的基本框架，即我们存在的根基，并具体规定着政治和社会合作的根本条款。至于这种政治生活和社会合作为什么对于我们来说是根本的，前文已经阐述过了。在公平正义中，一些价值是由基本结构的正义原则表达出来的，比如正义的价值、平等的政治自由和市民自由的价值、机会均等的价值、经济互惠的价值、公民之间相互尊重的社会基础等；另一些价值则表现在公共探究的指南中，如公共理性的价值等。所有这些价值共同表达了这样一种自由主义的政治理想：当宪法根本和基本正义问题产生危机时，政治权力只能以人民可以合理地期待全体公民都能按照他们的共同人类理性来认可的那些方式来行使。这就避免了任何个人或团体越过公民公共认可的方式而擅自行使政治权力从而破坏公平合作系统的危险。

罗尔斯解答上述问题的第一个补充部分，正是诉诸历史事实。这一事实是，我们可以以各种不同方式来理解政治价值与其他价值之间的相容性关系，而且历史也表明，不存在一种非合理性的完备性学说的多元论。比较而言，第一部分是一种强意义上的解答，而第二部分则是弱意义上的解答，二者都在于表明政治自由主义是可能的。

二、政治自由主义的稳定性

在罗尔斯的正义理论中，稳定性的问题是他一开始就铭记于心的问题，但是，由于在第一阶段，主要是论证怎样得出一种正义观念及其正义原则，而只有到了第二阶段才能回过头来论证这种正义观念及其正义是否具有稳定性的问题。稳定性是正义理论的一个重要考量，如果第一阶段得出的正义观念及其正义原则是不稳定的，就要从头再来，检视第一阶段论证中出了什么问题，进而修改原初状态的设置以及得出正义原则的其他限定条件。思路虽然如此，但是，作为一个思考的结果，一种正义理论当它呈现出来时，必须表现为是稳定的。现在的工作只在于表明它何以是稳定的。

按照罗尔斯的见解，对稳定性问题包含两个方面：第一，在按照政治正义观念来界定的正义制度下成长起来的公民，是否获得了一种正常而充分的正义感，以使他们都能遵守这些制度；第二，在设定一民主社会之公共文化特征的普遍事实，尤其是合理多元论事实的条件下，这一政治正义观念是否能够成为重叠共识的核心。相应地，对这个问题的回答，也包含不同的方面。在这里，罗尔斯主要讨论了两个方面：对第一个问题，是通过建立一种道德心理学来予以回答的，根据这一道德心理学，公民在一秩序良好的社会里可以获得一种正常而充分的正义感，这种正义感引导人们服从正义的社会制度。这一回答主要体现在《正义论》第八章中，在本书第五章第一节也有讨论。对第二个问题，则是通过重叠共识的理念来回答的。

为了进一步澄清稳定性的理念，罗尔斯区分了政治观念可能关注于这一理念的两种方式。第一种方式是，我们把稳定性仅仅看作是一个纯粹实践的问题。一种不稳定的正义观念是徒劳的，换句话说，无论一种正义观念怎样完美无缺，但是如果没有人们愿意遵守，它就没有什么现实意义或实践意义。为了避免这种徒劳无益，为了使这种正义观念能够得到人们的遵守，我们似乎可以运用各种手段，比如进行说服，甚至使用强制力。

但是，公平的正义并没有诉诸这一方式，而是另有考虑。罗尔斯认为："寻找一种稳定的观念，并不只是一个如何避免徒劳无益的问题。它所包含的毋宁是这样一种稳定性，即各种确保该稳定性的力量之本性。"① 与前文中稳定性问题的两个方面相对应，公平正义通过这样两种途径而关注稳定性问题。一是诉诸公民的正义感，二是诉诸重叠共识。"诉诸正义感"说的是，那些在正义的基本制度中成长起来的人，能够获得一种足以保证这些制度稳定的正义感和理性忠诚，他们的正义感就足以抵制各种非正义的倾向，也即是说，稳定性是靠人们在正义制度下获得的那种恰当的强大动机来保证的。而"诉诸重叠共识"说的是，如果合理多元论的事实是既定的，那么公平正义就可以成为重叠共识的核心，而重叠共识对每个人都是有效的。

由此可见，第一种方式是只问结果而不问手段之正当性的，而在自由主义看来，以不正当手段获得的稳定性是表面的、外在的稳定性，是基于不正当理由的稳定性。罗尔斯追求的是基于正当理由的稳

① ［美］罗尔斯：《政治自由主义》（增订本），万俊人译，译林出版社 2011 年版，第131—132 页。

定性，是内在的稳定性。在他看来，关键的问题是，并不是让那些反对某一观念的人来分享该观念的问题，甚至是通过有效制裁让他们按照该观念来行动的问题，因而我们的任务就是一旦确立了一种正义观念，就要立刻将该观念强加于人。公平的正义完全不是这样的，它始终保持自由主义的基本立场，在对待稳定性问题上也是如此。罗尔斯指出："公平正义只有用一种恰当的方式通过在其自身框架内表明其用意，来赢得每一个公民的理性支持，才能首先成为合乎理性的。惟其如此，公平正义才是一种对政治权威之合法性的解释，……"①

可见，稳定性问题是自由主义理念背景中的稳定性；而公平正义对稳定性的诉求和论证，也是自由主义的。其深刻基础是合理的和理性的公民观念，以及由此而来的合理多元论事实。

三、重叠共识的理念和特征

政治自由主义寻求建立在重叠共识基础上的社会统一。重叠共识理念的提出首先是基于如下两点的考虑：第一，政治自由主义所要寻求的是各种合乎理性的完备性学说的共识。在这里，"合乎理性"这一限制是非常重要的，因为在罗尔斯看来民主社会很少会存在非理性的或不合乎理性的完备性学说，无论事实究竟如何，但是对于罗尔斯的政治自由主义理念，必须如此假设。如果假定了非理性多元论或不合理多元论，那就很难达成合理共识。因此，关键的事实不是一般多元论的事实，而是合理多元论的事实。政治自由主义把这种多元论事实看作是一种持久的自由制度背景内人类理性力量长期作用的结果。

---

① ［美］罗尔斯：《政治自由主义》（增订本），万俊人译，译林出版社 2011 年版，第 132—133 页。

在罗尔斯的政治自由主义视野中，一般多元论（即不合理多元论或非理性多元论）毋宁说是人类生活的一种不幸条件，因为它允许各种不单是非理性的，而且也是疯狂的和侵略性的学说存在。相比之下，合理多元论则是一种有着内在价值的多元论事实，它可以避免一般多元论造成的那些不幸。因此，对于罗尔斯来说，在构造一种政治的正义观念并使其能够获得一种重叠共识时，人们不是屈服于现存的非理性，而是服从于合理多元论的事实，这一事实本身就是自由条件下自由人类理性之自由发挥的结果。①

第二个考虑的要点是，在立宪民主社会里，公共的正义观念应该尽可能地被表述为独立于各种完备性宗教学说、哲学学说和道德学说之外的观念。这就是说，公平正义作为政治正义观念的一个范例，它本身是一个独立的观点，同时，它不提供任何超出该政治正义观念本身意思之外的任何特殊的宗教学说、形而上学说和认识论学说。② 正因如此，公平正义有望被理解为合理多元论背景下人们达成的重叠共识的核心部分。反过来说，重叠共识并不谋求更多的东西，它的目标的核心范围是一种公共的政治正义观及其正义原则。

为了更好地厘定重叠共识的理念，罗尔斯采用了一种模式化情形来展示重叠共识理念所包含的三个观点：第一种观点肯定政治观念，它的宗教手法和对自由信仰的解释导致一种宽容原则，并赞同立宪政体下的基本自由权；第二种观点则是在诸如康德和密尔一类的完备性自由主义道德学说基础之上来认可这种政治观念；第三种观点则除了

---

① ［美］罗尔斯：《政治自由主义》（增订本），万俊人译，译林出版社 2011 年版，第 133 页。

② ［美］罗尔斯：《政治自由主义》（增订本），万俊人译，译林出版社 2011 年版，第 134 页。

包含由一种独立的政治正义观念所系统规定的那些政治价值之外，还包括一长串非政治的价值。在这样一种模式化情形中，三种观点都能导致大致相同的政治判断，因而可以在政治观念上达到重叠共识。这种情形化模式中的三种观点，在随后的讨论中还会出现。

罗尔斯对重叠共识理念的进一步阐释，是结合着回应人们对该理念提出的四种主要反驳意见进行的。这四种反驳意见是：（1）认为重叠共识本质上是一种临时协定；（2）重叠共识理念在政治正义观念是否可以为真这一问题上持冷漠或怀疑主义态度；（3）重叠共识作为一种政治观念不是普遍的和完备的；（4）重叠共识是乌托邦式的。本节从现在开始，后面的内容都是围绕着对这四种反驳意见的回应而展开的。

先看第一种反驳意见。在四种反驳意见中，最明显的一种是认为，重叠共识只不过是一种临时协定，它实际上是放弃了政治共同体和政治解决问题的希望，因此，即使一种重叠共识是稳定的，也必须摒弃一种建立在重叠共识基础上的政治统一理念。也就是说，即使它具有可行性，但是并没有可欲性，没有内在价值。为了反驳这种意见，罗尔斯在临时协定和重叠共识之间做了比较。首先，临时协定往往被用于协调民族之间或国家之间的利益冲突，虽然这种协定可能会在某种程度上得到遵守，但是，临时协定本质上参与方之间力量或利益妥协的产物，随着双方力量或利益的变化，协定也会被改变甚至消失。

重叠共识与这样的临时协定相去甚远。罗尔斯从三个方面进行了分析：第一，重叠共识包含着一种道德目标。重叠共识的目标是政治的正义观念，这一观念本身是一个道德观念。而临时协定的目标则不是某种道德观念。第二，重叠共识是建立在道德基础上的，其稳定性的根据是一种道德根据。重叠共识是在道德的基础上被人们所认可的，这就是说，它既包含着社会的观念和作为个人的公民观念，也包括正义的原则和对政治美德的解释，通过这种解释，那些正义的原则便具体体现在人的品格之中，表现在人们的公共生活中。因此，重叠共识不只是一种对接受某些建立在自我利益或群体利益基础之上的权威的共识，或者只是对服从某些建立在相同基础上的制度安排的共识。认可重叠共识的根据的性质决定了这种认可的性质，这些根据是合理的完备性学说，它们是理性的和合乎理性的，可见达成重叠共识或者认可重叠共识，不是出于利益考量或者对权威的服从。第三，重叠共识是稳定的，不受某些观念力量增长或变化的影响。在政治自由主义的语境中，一旦人们达成和支持一种重叠共识，无论人们各自所坚持的完备性学说的力量增长到什么程度，也无论政治权力的分配发生什么变化，人们都不会抛弃已达成的重叠共识，也不会收回对它的支持。稳定性的这一特征，突出地表现了一种重叠共识与一种临时协定之间的对比，后者的稳定性取决于各种相对力量之间的偶然情形和平衡，因而这种稳定性没有持久的根基。

可见，从"道德目标""道德根据"和"稳定性"三个方面来看，重叠共识全然不是一种临时协定。

第二种反驳意见是：政治正义观念是独立于各种合理的完备性学说的独立观念。它实际上回避了普遍性和完备性学说，这就意味着，它对政治正义观念是否可以为真这一问题持冷漠或怀疑主义的态度，而这与建构主义意义上的合理性（reasonable）是相反的。罗尔斯对这个反驳意见的回应不是很清晰可辨，其基本的意思是想表明，为了达成一种真正自由主义的政治正义观念，政治自由主义尽可能既不申认也不否认任何特殊的完备性学说，或者是与这些学说相联系的真理理论和价值特性。由于已经假定每一个公民都认可这样一些观点，罗尔斯希望有可能使所有的公民都能从他们的自己的完备性观点出发，将该政治观念作为真实而合乎理性的观念的予以接受。这样一来，如果人们能恰当地理解这种政治正义观念，则该观念就无须对哲学真理和道德真理持冷漠态度。[①]

四、政治观念的特征

对政治正义理念和重叠共识理念的第三种反驳意见是：即使重叠共识不是一种临时协定，但是，一种有效的政治观念必须是普遍的和完备的。如果我们不把握这样一种普遍的和完备的学说，就无法调理公共生活中所产生的许多正义冲突。进而，这些冲突的观念基础和哲学基础越深刻，哲学反思的层次就必须越普遍越完备。这种反对意见的结论是：试图撇开任何完备性学说去制定一种基本结构的政治正义观念，乃是毫无益处的。[②]

罗尔斯借助前文中述及的模式化情形中的第三种观点来回应这个反驳。罗尔斯回应的要点是：政治观念可以被看作是一种完备性学说的一部分，但它又不是该学说非政治价值的结果，因为一种完备性学说既包含由一种政治正义观念系统阐述的政治价值之外，还包含一个巨大的非政治价值族类，这个族类中的各个部分都有其自身的解释根源，但与政治观念无关。因此，在罗尔斯看来，一种政治观念没必要

---

① ［美］罗尔斯：《政治自由主义》（增订本），万俊人译，译林出版社 2011 年版，第 139 页。

② ［美］罗尔斯：《政治自由主义》（增订本），万俊人译，译林出版社 2011 年版，第 143 页。

是完备的，它只包含一种特定的观念即政治正义观念，以及特定的价值即政治价值。

为了尽量做到只澄清能够澄清的问题，以及进一步解释政治正义这样的部分完备性学说，罗尔斯对他的探讨进行了一些限制。罗尔斯告诫我们，不要假定对所有问题甚或是许多政治正义问题，都有现成的可以普遍为人们所接受的答案。相反，我们必须准备接受这样一个事实：在我们被迫探究的问题中，所能获得满意解决的只有极少数。他认为，政治智慧正在于辨认出这些能够解决的少数几个问题，因为它们是最为紧迫的。为了实现这一目的，我们必须借助于构造出具有基本结构的各种制度，把问题的探讨限定在特定层面和范围内，而不是漫无边际地游荡。在罗尔斯看来，我们还必须承认制定清晰简明的原则是必要的，而且希望人们能够理解这些原则的普遍形式。因此，一种政治观念最好仅仅作为一种指南性质的框架，至少能帮助我们对宪法根本和基本正义问题达成一致的契约。这就足够了。

同时，罗尔斯还确信：我们只知道，那些认肯该政治观念，并在公共政治文化的基本理念中成长且熟悉该理念的公民们，当他们采用这种慎思框架时，就会发现他们的各种判断都聚集到了同一目标上，因而使建立在相互尊重基础上的政治合作得以保持。人们把这种政治观念本身看作是正常而充分的，他们也不会期望或认为他们需要某种比这一政治观念更高的政治理解。①

罗尔斯的观点表明，政治自由主义探讨的范围是有限的，政治观念也是一种不完备的观念。政治自由主义对政治正义问题的探讨，实际上是采用了一种理想模型的研究方法，它通过构造出具有基本结构

---

① ［美］罗尔斯：《政治自由主义》（增订本），万俊人译，译林出版社 2011 年版，第 145 页。

的各种基本制度框架来限定正义的主题，通过设定各种理念（比如作为公平合作系统的社会理念、秩序良好社会的理念、原初状态的理念以及政治公民理念等）来制定一种装置，一旦把各种理念作为原料投入其中，必然会产生某种结果。这种结果不管是什么（公平正义是其中的一种范例），都是政治自由主义所想要的，也是它所设想的公民所想要的。

不过，罗尔斯认为，对民主立宪政体来说，最合乎理性的政治正义观念将是自由主义的。罗尔斯设定了这样一种疑问：在使民主成为可能的那些合乎理性而又有利的条件下，一种政治正义观念怎样才能表达那些在正常情况下比任何其他有可能与之发生冲突的价值更为重要的价值呢？罗尔斯给出的一种解答是，这意味着它保护人们所熟悉的那些基本权利并赋予它们以特殊的优先性；它还包括确保所有公民都能获得充足的、有效利用这些基本权利的物质手段的种种维度。面对合理多元论的事实，自由主义的观点把那些最易造成隔阂的争执，也就是那些必定会削弱社会合作基础的严重争论，排除在政治议程之外。① 也就是说，自由主义的政治正义只寻求对那些对自由平等公民来说最重要的善的分配，包括权利的分配，以及其他善的分配，这些东西之间是最有可能达成某种一致的。而那些更为深刻的分歧，想要协调它们几乎是办不到的，自由主义的政治正义也不寻求对这些问题的解决。

在罗尔斯看来，政治价值之所以占据优势的另一个原因是，它们与其他价值的严重冲突得到了很大的减缓。这是因为，当一种重叠共识支持该政治观念时，该观念就不再被看作是与基本的宗教价值、哲

---

① ［美］罗尔斯：《政治自由主义》（增订本），万俊人译，译林出版社 2011 年版，第 145 页。

学价值和道德价值不相容的。在政治自由主义的正义追寻中，我们不必考虑这些政治正义的主张与某些完备性观点的主张是否冲突，也不必认为政治价值在内在意义上比其他价值更为重要。这些问题都不是政治自由主义想要解答的问题，也是它解答不了的问题，而寻求一种政治正义层面上的重叠共识，也正好避免了这些比较麻烦的问题。

总而言之，虽然政治正义不是一种完备性观念，但是它本身有它的价值。可以说，政治正义是有意要避免自己成为完备性的，唯其如此，它才可能是一种稳定的和有效的观念。

五、达成宪法共识的步骤

对重叠共识理念的第四种反驳意见认为，政治自由主义背景中的重叠共识乃是乌托邦式的设想。因为，在尚且不存在一种重叠共识时候，就没有足够的来实现一种重叠共识；而假如已经存在一种重叠共识，那也没有足够的政治力量、社会力量或心理力量使其保持稳定。[①] 罗尔斯对这一反驳的回应，是通过抽丝剥茧式地分析重叠共识达成的三个阶段来进行的，首先在人们之间形成一种类似临时协定的东西，然后再发展为一种宪法共识，最后再形成比较"厚实"的重叠共识。这三个阶段也可以合并为两个更具实质性的阶段，第一阶段以达成一种宪法共识而告终，第二阶段以达成一种重叠共识而告终。先看宪法共识的达成。

罗尔斯认为，在第一阶段，宪法满足了政治正义的某些自由原则，这些原则就是宪法共识，它们"仅仅是作为原则而为人们所接

---

① ［美］罗尔斯：《政治自由主义》（增订本），万俊人译，译林出版社 2011 年版，第 146—147 页。

受的，而不是作为具有政治观念的社会与个人之理念根据的原则，更不是作为一种共享的公共观念而为人们接受的"①。也就是说，这些原则还没有被做进一步的限定，它还没有充实的内容，因为它还没有获得自己充实的根据。因为这时候，公平社会合作系统的理念和自由平等公民的理念还没有出现，这些原则还不是从这些理念中推导出来的，它们的具体内容为何，还没有明确的规定。

那么，如此这般的宪法共识又有何实质性意义呢？其程度和范围如何呢？在罗尔斯看来，在宪法共识中，能满足某些基本原则的宪法为缓和社会内部的政治对峙，确立了各种民主的选举程序。② 这些政治对峙是广泛的，不仅包括不同阶层和不同利益之间的对峙，而且也包括持各种不同的自由主义原则的人们之间的对峙。但是，即便人们在宪法共识的层面对某些基本政治权利和自由，包括对选举权、政治言论自由和结社自由，以及民主的选举程序和立法程序所要求的各种权利，能够达成一致；那么，人们在下述问题上仍然会存在分歧，即在有关这些权利和自由之更确切的内容和界限上，有关在更具体的权利中哪些权利才能算作是基本权利，哪些权利应当得到法律的保护，如此这类的问题。由此可见，正如罗尔斯所说，宪法共识既不深刻，也不广泛，它范围狭窄，不包括基本结构，而只包括民主政府的政治程序。③ 基本结构包括基本政治结构和社会经济结构，也就是基本制度框架。这些框架需要处理的基本问题包括基本权利和自由的清单，

---

① ［美］罗尔斯：《政治自由主义》（增订本），万俊人译，译林出版社 2011 年版，第 147 页。

② ［美］罗尔斯：《政治自由主义》（增订本），万俊人译，译林出版社 2011 年版，第 147 页。

③ ［美］罗尔斯：《政治自由主义》（增订本），万俊人译，译林出版社 2011 年版，第 147 页。

这些权利和自由如何分配，以及怎样处理财富等其他社会善的分配，等等问题。而在宪法共识层面，人们还没有就解决这些问题达成一致。

宪法共识虽然既不深刻，也不广泛，但是它并非没有意义。相反，它本身具有独到的意义，因为它业已解决了一些问题，而且，它还是走向更深、更广的共识的必要阶段。那么，宪法共识是如何达成的呢？罗尔斯首先论述了由一种临时协定向宪法共识的过渡，而这种分析更多地体现了一种细致入微的观察，或更恰当地说，一种经验智慧。

罗尔斯设想，在某一个时代，由于各种各样的历史事件和偶然性所致，人们把某些自由主义的正义原则作为一种纯粹的临时协定接受下来，并且将这些原则与现存的政治制度合并起来。这种接受起初是犹犹豫豫地进行的，但是它必定是人们在面对无休无止的和毁灭性的市民纷争时有效选择。接下来的问题是，这种最初犹犹豫豫地、默默地接受下来的原则，是如何发展成为使这些原则本身得到人们认肯的宪法共识呢？也就是说，这些原则是如何与人们的完备性学说相融合，并最终超越各种完备性学说之上，成为一种独立的观念的？

对此，罗尔斯区分了三种情况：第一种情况是，政治原则是从一种完备性学说中推导出来的；第二种情况是，这些政治原则并不是从该完备性学说中推导出来的，但是却与该学说相容；第三种情况是，这些政治原则与完备性学说不相容。罗尔斯认为，在日常生活中，人们对于究竟坚持哪一种情况，是很难做出决定的，因为这个问题本身就是非常复杂的。但是，实际情况却是，绝大多数人并不把他们的完备性学说看作是充分普遍的和完备的，在这里，并不存在一种封闭僵化的情形，而是颇具弹性，这样一来，自由主义的正义原则在许多方面都与那些具有部分完备性的学说保持着松散的联系，而且在许多方面，人们追求不同的部分完备性学说并不超出自由主义正义原则的界限。其结果是，许多公民在没有对政治原则或者正义原则与某种特殊性学说之间的关系做出很清晰的辨识的情况下，就开始慢慢地认可这些规导着他们生活于其中的基本制度的正义原则了，并且，在他们后来发现这些原则与他们原来的部分完备性学说之间存在冲突时，他们会选择调整或修正他们的学说，而不是选择抛弃这些政治原则（包括正义原则）。

我们发现，罗尔斯虽然把这些论证建立在"设想"基础上，但其实倒不如说是真实再现了一种历史过程，是一种历史发生学解释。社会制度的形成大抵都是如此。在人们的社会实践乃至于制度选择上，并不总是存在着理论和实践实践的明显区别，没有那么泾渭分明，一种观念学说诚然影响着制度安排，而且不同学说之间的确存在着不相容性，甚至是深刻的冲突。但是，现实社会仍然在稳定运转，这与其说是源于学说之间、学说和制度安排之间的明确区分，不如说更多的是源于它们之间的融合性、区分的模糊性。在这里，罗尔斯的陈述体现了一种深厚的历史感和现实感，这种论证方式虽然在形式上比之于理论推理的建构主义似乎要"逊色很多"，但它在真实性和说服力上反而似乎更胜一筹。

宪法共识一旦达成，也就是说，自由主义原则一旦被确定下来，其稳定性又如何呢？罗尔斯又回到了原来的"理论论证"的方式上，从三个方面说明了宪法共识的稳定性。

罗尔斯认为，当自由主义的原则有效地调节着基本政治制度时，它们也就达到了一种宪法共识的三个要求。第一个要求是，弱合理多元论事实是既定的，而这一事实最初导致了作为一种临时协定的宪法政府，自由主义的原则就要满足下列要求：最终固定某些政治的基本权利和自由的内容，并赋予它们以特殊的优先性。也就是说，要确保基本权利和自由的优先性，不允许任何其他力量以任何方式干扰到基本的权利和自由，从而减少政治生活的不安全性和敌对性的风险。

一种稳定的宪法共识的第二个要求，是与应用自由主义正义原则所包含的那种公共理性相联系。也就是说，人们要遵从公共理性的原则，按照公共咨询的通常指南和评估证据的规则来运用自有原则，以及诉诸那些普遍适用于公民的推理和论证形式来具体明确这些指南的规则。也就是说，对自由原则的内容以及对该原则的运用，都要按照公共的方式进行，而不能诉诸个人的理性，以及其他的非公共方式。

自由原则能否满足稳定的宪法共识的第三个要求，主要来自公民在政治生活中形成的合作美德，而这个要求实际上是前两个要求得到满足之后的结果。罗尔斯认为，前两个要求得到满足之后，也就是自由主义原则得到遵守的实施之后，往往能够激发人们在政治生活中的合作美德，如合理性的美德和公平感，妥协精神和满足他人作出让步的意愿，而所有这些美德都与那种在每一个人都可以公开接受的政治条件的基础上与他人合作的意志相联系。显而易见，这一点是与一种合理性道德心理学紧密相连的。

以上论述也说明，一种正义原则的实践，会影响人们的道德素质和道德动机，从而表明，人（及其所谓人性）与其生活于其中的社会环境（政治正义是其重要方面）之间是一种双向影响关系，而不是单纯的人决定环境或者环境决定人这样的单向关系。在罗尔斯假定的自由主义条件下，自由主义原则的实践本身培养起了支持自己的力量。

总之，在宪法共识的第一阶段，自由主义的正义原则最初是作为一种临时协定而为人们犹犹豫豫地接受下来并采纳到宪法之中的，这种自由主义的正义原则往往改变着公民的完备性学说，从而使他们至少能接受一种自由宪法原则。这些原则保证了某些基本的政治权利和自由，建立了调和各政治对手并决定社会政策问题的民主程序。在这一范围内，公民的完备性观点就是合乎理性的。于是，简单多元论（其中，大多数学说被假定为非理性的）便趋向合理多元论，宪法共识即可达成。①

六、达成重叠共识的步骤

达成重叠共识的第二个阶段是宪法共识向重叠共识的转化。对于重叠共识的形成的探讨，罗尔斯主要从"重叠共识的深度""重叠共识的广度"和"重叠共识的具体程度"三个方面展开。

一种重叠共识要有一定的深度，这意味着，重叠共识所包含或者形成的政治原则和政治理想必须建立在一种政治的正义原则之基础上，该政治正义原则适用于公平正义所阐释的那种社会理念和个人理念。② 也就是说，这种共识的下限是根本性的理念，必须假定人们能够就这些基本理念达成共识，然后才有可能进一步探讨公平正义的问题，因为公平正义正是在这些根本性的理念内制定出来的。在政治自由主义的语境中，罗尔斯假定，人们所达成的契约一致足够深入，足以达到诸如作为公平合作系统的社会理念，以及作为合理而理性、自由而平等的公民理念一类的根本性理念。这是探讨政治正义的基本条件。

---

① ［美］罗尔斯：《政治自由主义》（增订本），万俊人译，译林出版社 2011 年版，第 152 页。

② ［美］罗尔斯：《政治自由主义》（增订本），万俊人译，译林出版社 2011 年版，第 152 页。

重叠共识的广度，则超出了那些将民主程序制度化的政治原则，进一步含括一种政治观念（在这里即公平正义的观念）的各种原则和价值，并适用于作为整体的基本结构。此外，它的原则也确立了某些诸如良心自由、思想自由以及机会均等和包括某些根本需要的原则的实质性权利。① 由此看来，重叠共识确要比宪法共识范围更为广阔。

至于重叠共识的具体程度，罗尔斯只是做了简明的界定，他假设重叠共识的核心焦点是一种具体的政治正义观念，而公平正义则是其标准范例。当然，还存在其他的可能性，在更为现实的情形中，重叠共识的焦点乃是一类自由主义的观念，由于现实情况的复杂性和具体性，这类观念在某种较为狭窄的范围内发生着改变。因此，随着限定的条件越来越具体，这种共识也就越来越具体。

现在，促使一种宪法共识向重叠共识转变的力量是什么呢？罗尔斯把对这个问题的分析与重叠共识的深度、广度以及具体程度问题联系起来了。他认为，这些力量中的某些力量与这三个观念关系密切。

首先，来自于深度观念相联系的力量。罗尔斯假定，一旦人们达成宪法共识，各政治集团就必须进入政治讨论的公共论坛，并吁求于其他并不分享其完备性学说的那些集团。这样，他们就已经超出了自己的小圈子，在一个更为广阔的公共世界里解释和正当化他们所偏好的政策。这时，他们就已经被引导到系统阐释政治正义观念的方向上来了。另一种情况是，当新的和根本性的立宪问题不可避免地产生时，人们会围绕着宪法修正而展开讨论，迫使相互竞争的各个政治集团去制定各种内含根本性理念的政治观念，而宪法的修正只能在这些政治观念的基础上进行修正。也就是说，他们各派或各政治集团都要

---

① ［美］罗尔斯：《政治自由主义》（增订本），万俊人译，译林出版社 2011 年版，第 152 页。

制定出作为修正宪法之根据的政治观念，比如说社会观念和公民观念。否则，撇开任何这些基础性观念而仅仅考虑在原则层面达成一种宪法共识，这样的共识就只是一纸空文，因为它缺乏实质性的观念资源，是空洞的，不现实的，无效的。最后一种情况是，在司法等更为具体的层面，法官或有关官员发展一种政治正义观念也是必要的，依他们所见，宪法将按照这一观念来加以解释，重要的情况将按照这一观念来做出决定。

其次，来自于广度概念相联系的力量。由于作为一种纯政治的和程序性的宪法共识过于狭窄，无法进入实质性的社会制度层面。比如，它将无法颁定含括现存宪法根本和基本正义问题所必需的立法。因而使得良心自由和普遍的思想自由等得到不来自法律的根本保证，公民的其他基本需要也无法得到保障。总而言之，宪法共识过于狭窄，人们也不会满足于这样的宪法共识，各派或各种力量都倾向于做出修正，以便使其包括更为深刻而广泛的内容，这样，狭窄的宪法共识就有必要进入更为广阔的重叠共识。

最后，关于具体性的问题。罗尔斯给出了两种考虑。一是有关各种观点的范围。在罗尔斯看来，可以从立宪政体的公共文化中所发现的社会与个人的根本性理念出发，对各种观点的范围做出令人信服的详细解释。从社会的基本观点来看，公平正义是作为与自由而平等的个人观念相联系的一公平合作系统而发挥作用的。也即是说，公平正义是政治正义的一个标准范例，也是重叠共识的核心焦点，它建立在基本理念结构基础之上，在特定的设定条件下，公平正义体现了重叠共识之具体性的程度。第二种考虑是，人们可能因不同的社会利益和经济利益而支持不同的自由观念，这会导致利益之间以及有利益决定的观念之间的冲突。那么罗尔斯提供的自由主义观念能够成重叠共识的核心呢？对此，罗尔斯给出了一个简单的回应：当自由观念正确地建立在民主的公共文化中那些根本性政治理念之基础上时，这些自由观念之间的差别越小，在由它们所规导的稳定的基本结构中支持支持着它们的各种基本利益越具有相容性，则规定着该共识之焦点的自由观念的范围也就越小，也就是说，重叠共识就越具体、越聚焦。

总之，重叠共识理念是罗尔斯政治自由主义中几个最基本的理念之一，特别是用来论证一种政治正义观念是否具有稳定的重要理念之一。但是，这一理念遭到了人们的质疑，主要体现在四种典型的反驳意见上。罗尔斯对此一一作了回应，捍卫了重叠共识理念，论证了他所提出的一种政治自由主义的正义观念的稳定性。罗尔斯认为，重叠共识既不是一种临时协定，也不是对道德真理持一种冷漠的或怀疑主义的态度，也会因为其非完备性而成为无效的，更不会是一种乌托邦。总之，它不是那些持不同观点的人们之间的一种妥协，而是建立在每一个公民认肯的完备性学说内部所具体规定的种种理由的总和之上。[①] 重叠共识理念的要旨在于，把维持一种正义观念或社会基本制度的稳定性，建立在人们的理性的和合理性的道德能力基础之上，而不是诉诸任何非道德的力量。

第三节　公共理性的应用

一、公共理性的理念

罗尔斯首先把理性视为任何一行为主体将其计划公式化的方式和

---

① ［美］罗尔斯：《政治自由主义》（增订本），万俊人译，译林出版社 2011 年版，第 158 页。

将其目的置于优先地位并做出相应决定的方式。可见，理性是行为主体的一种行为方式，也可以说，是它用来指导其行为的原则。这样，不管行为主体是个体，还是家庭或联合体，甚或是多政治社会的联邦，按照理性行事就至少是它们都有一种方式之一。而"政治社会的这种行为方式即是它的理性，而尽管是在一种不同的意义上，它实施这种行为的能力也就是它的理性，它是一种植根于其成员能力的理智能力和道德能力"①。行为主体的行为方式可以有多种，政治社会亦是如此。政治社会有其特殊的计划、目的，而政治社会的理性，就是政治社会将其计划公式化、将其目的置于优先地位并做出相应决定的方式。当然，政治社会做出这种理性行为时有一个条件，那就是它的成员（即政治公民）具有基本的理智能力和道德能力。

作为一种行为方式，理性有公共理性与非公共理性之别。罗尔斯认为，公共理性只限于特殊社会制度中的特殊活动层面或领域，因此，一方面，并不是所有的社会理性都是公共理性，比如，存在于各种属于教会、大学和诸多其他市民社会联合体中的理性，虽然是一种社会理性，但并不是公共理性。另一方面，公共理性与一种民主社会制度有关。罗尔斯指出："公共理性是一个民主国家的基本特征。它是公民的理性，是那些共享平等公民身份的人的理性。他们的理性目标是公共善，此乃政治正义观念对社会之基本制度结构的要求所在，也是这些制度所服务的目标和目的所在。"② 这样来看，非民主社会中的政治行为中的理性（假如有的话）实质上也不是公共理性，罗

---

① ［美］罗尔斯：《政治自由主义》（增订本），万俊人译，译林出版社 2011 年版，第 196 页。

② ［美］罗尔斯：《政治自由主义》（增订本），万俊人译，译林出版社 2011 年版，第 196—197 页。

尔斯举例说，在贵族政体和独裁政体中，当人们考虑到社会善时，不是通过公共理性的方式（如果确实存在这种公共方式的话），而是由统治者（不管他们是谁）来考虑社会善的。在这样的政体中，政治社会虽然也会考虑善，也具有一种将其计划公式化的方式，以及考虑它的善的方式，这种方式即使是一种理性，但肯定不是公共理性。

罗尔斯指出："公共理性的理念属于良序宪政民主社会的观念。该理性的形式和内容，即公民理解公共理性的方式和公共理性解释公民之政治关系的方式，乃是民主理念本身的一部分。"① 由此可见，所谓政治社会的理性，也就是民主社会的公民进行某些政治活动时所遵循的一种理性，这种理性被称为公共理性。

相比较，非公共理性方式体现在两个方面：一是非公共领域之行为的理性方式，其行为就其本身来说也许是理性的，但是由于它不是政治社会，所以其理性方式也不能算作是公共理性的方式；二是非民主政体中考虑公共社会善时所采取的理性方式，由于它是由某些人甚至某一个人基于特殊的目的而做出的，因此它所体现的实际上也是非公共理性。

公共理性与合理多元论的事实。罗尔斯指出，公共理性的理念与民主社会的理想相联系，而民主社会的一个基本事实是合理多元论事实的存在，政治自由主义建立在这样的事实基础之上，它不但没有消除或者减弱这种多元论状况的企图，而且还承认和支持这种多元论。因此，公共理性就不仅仅是一个只有在涉及公共领域的问题时才会出现的理念，而是这种多元论社会在探讨某些公共问题时才会涉及的理念。这是因为，民主的基本特征乃是理性多元论的事实，即各种相互

---

① ［美］罗尔斯：《政治自由主义》（增订本），万俊人译，译林出版社 2011 年版，第 408 页。

冲突而又合乎理性的完备性学说，包括各种哲学学说、宗教学说和道德学说，乃是民主之自由制度文化的正常结果。公民们意识到，在他们拥有的各种无法调和的完备性学说的基础上，他们无法达成一致，甚至无法相互理解。有鉴于此，他们需要考量，在对各种根本政治问题发生争执时，他们相互之间可以合乎理性地给出的理由究竟如何。公共理性的理念正是在这样的背景下提出的，为的是解决这样的问题，即人们相互之间只有按照公共理性行事，才能给出合理的理由，才能互相取得理解和认肯。也就是说，"在公共理性中，各种有关真理和正当的完备性学说应由一种在政治上合乎理性的、可以对作为公民之公民谈论的理念来替代。"①

既然假定了政治社会将会按照公共理性行事，那么公共理性将如何反过来对待各种合乎理性的多元论学说呢？罗尔斯给出的答案是："对于公共理性的理念来说，最重要的一点，它既不批评也不攻击任何完备性学说，包括宗教的学说和非宗教的学说，除非该学说与公共理性和一种民主政体的本质不相容。"② 只要一种学说是相容的公共理性的，或者是相容一种民主政体的本质的，它们就是安全无虞的，公共理性并不排斥它们。

罗尔斯还把公共理性与各种不同的政治观联系起来加以考察。按照罗尔斯政治自由主义的观点，"在最为深刻的层面上，公共理性的理念具体规定了那些将要决定宪政民主政府同其公民的关系，以及公民之间的相互关系之基本道德价值和政治价值。简而言之，它关乎我

---

① ［美］罗尔斯：《政治自由主义》（增订本），万俊人译，译林出版社 2011 年版，第 409 页。

② ［美］罗尔斯：《政治自由主义》（增订本），万俊人译，译林出版社 2011 年版，第 409 页。

们将如何理解这种政治关系。那些拒绝宪政民主及其相互性标准的人，当然也会拒绝公共理性的理念本身。对于他们来说，政治关系可能只是敌友关系，即：与那些属于某一特殊宗教或世俗共同体的人的关系，或者是同那些不属于某一特殊宗教或世俗共同体的人的关系；抑或，政治关系可能是一种为了整个真理而赢得整个世界的毫不留情的斗争关系。"①

在这里，罗尔斯勾勒出两大类、三种不同的政治观。一类是拒绝宪政民主的观点。这类观点依其对人与人之间的政治关系的不同理解，又分为两种，一种是把人们之间的政治关系只是理解为敌友关系，即属于不同的特殊宗教或世俗共同体的人们之间的关系；一种是把人们之间的关系理解为一种为了整个真理而赢得整个世界的毫不留情的斗争关系。而另一类观点则是支持宪政民主的观点，即认为人们之间的政治关系是自由而平等的公民之间的公平合作关系。罗尔斯把他的政治自由主义看作这类观念。公共理性就是这样的公民们之间处理某些政治问题时应当遵循的理性。可见，罗尔斯的公共理性理念有着特殊的前提设置，因而也就有着特殊的内涵。

公共理性的结构和五个方面。依据上述界定，罗尔斯认为，公共理性的理念具有一种明确的结构，而且，若忽略其中某一个或多个方面，它就可能不真实、不可信。这个结构包含着五个方面：（1）它所应用的根本政治问题；（2）它所应用的那些个人（政府官员和公共职位的候选人）；（3）一系列合乎理性的政治正义观念所给定的公共理性的内容；（4）这些观念在民主的民族讨论那些以正当法律的形式来具体执行的强制性规范时的应用；以及（5）公民对这些原则

————————

① ［美］罗尔斯：《政治自由主义》（增订本），万俊人译，译林出版社 2011 年版，第 409 页。

（它们由正义的观念推导出来）是否满足相互性标准的实际检验。①

在此基础上，罗尔斯还指出了公共理性之公共性的体现。在《政治自由主义》第六讲中的表述是这样的："作为公民自身的理性，它是公共的理性；它的目标是公共的善和根本性的正义；它的本性和内容是公共的，是由社会的政治正义观念表达的理想和原则所给定，并有待于在此基础上作进一步的讨论。"② 而在《重释公共理性的理念》（1997）中的表述则是："作为自由而平等的公民的理性，它是公共的理性；其主题是关乎根本政治正义问题的公共善，这些根本的政治正义问题有两种，一是宪法根本，二是基本正义问题；最后，它的本性和内容是公共的，公共理性的本性和内容是通过一系列合乎理性的政治正义观念的公共推理而得以表达的，这些观念被认为是能满足相互性标准的。"③

前后两种表述有所差异，第一个方面没有变化；第二个方面，后来的表述更加清楚，明确了根本性的政治正义问题的两个方面；第三个方面，明确指出政治正义观念被认为满足相互性的标准。这个标准的提出引出另一个概念，即文明公民义务。后文还会谈及。

公共理性的适用范围。公共理性是自由民主社会公民们处理基本公共政治问题时采取的一种行为方式，罗尔斯讨论了公共理性的适用范围问题。首先，公共理性的理念并不适用于所有有关根本问题的政治讨论，而只适用于那些可以归之于公共政治论坛的问题讨论。这些

---

① ［美］罗尔斯：《政治自由主义》（增订本），万俊人译，译林出版社 2011 年版，第 410 页。

② ［美］罗尔斯：《政治自由主义》（增订本），万俊人译，译林出版社 2011 年版，第 197 页。

③ ［美］罗尔斯：《政治自由主义》（增订本），万俊人译，译林出版社 2011 年版，第 410 页。

问题都是些包含着宪法根本和基本正义问题的政治问题。这意味着，只有这些政治价值才能解决这些根本问题，如谁有选举权，什么样的宗教应当宽容，应该保障谁的机会均等，应该保障谁的财产等。这些问题以及类似问题都是公共理性的特殊主题。如果与具体的讨论行为相联系，则这样的论坛可以分为三部分：一是法官判决中的言谈，特别是最高法庭上的法官判决中的言谈；二是官员的言谈，特别是那些主要的执行官和立法者们的言谈；三是那些公共职位的候选者以及他们的竞选管理者们的言谈，尤其是他们的公开演讲、政党宣言和政治陈述。① 罗尔斯之所以做出这样的区分，是因为在他看来，公共理性的理念在这三种情形中的应用方式，和在其他地方的应用方式是不相同的。在关于宽泛的公共政治文化的讨论中，公共性的理念更严格地适用于法官，而不是其他人。

其次，公共理性的限制并不适用于人们对政治问题的个人性沉思或反思。公共理性只适用于人们的政治问题的公共推理或者辩谈，而不适用于个人作为私人或者作为某个非政治社会团体的成员对政治问题的思考。在后两种情况下，人们对政治问题的思考或者谈论，可以依照其各自的完备性学说的价值标准和逻辑而进行，也可以依据其团体所共享的理论学说进行思考，但是这样的思考在政治层面上是无效的，或者说不能作为他们提出的有关基本政治问题的观点的依据。当然，这样的思考作为背景文化的一部分，有其自身价值。

一当公民们在公共论坛上介入政治辩护时，公共理性就适用于他们。这样，它就既适用于政治派别的某些成员，也适用于这些政治党

---

① ［美］罗尔斯：《政治自由主义》（增订本），万俊人译，译林出版社 2011 年版，第 410 页。

派的竞选候选人和支持这些候选人的其他群体。而当宪法根本和基本正义问题发生危机时，这种理想也同样适用于公民在选举中投票的情形。因此，"公共理性的理想不仅支配着选举时的公共话语——在其所辩谈的问题包含那些根本性问题的范围内——而且也支配着公民怎样对这些问题投出他们的选票。"①

罗尔斯认为，应当把公共理性应用公民和应用于政府官员的情况区分开来。但是在《政治自由主义》第六讲第一节中，罗尔斯只是提到了这一点，并未给出清晰的分析。在《重释公共理性的理念》中，罗尔斯做了补充。他把对这个问题的讨论与公共理性的理想和文明公民义务的概念联系起来了。

在罗尔斯看来，与公共理性的理念所不同的是公共理性的理想。首先，罗尔斯讨论了政府官员（宽泛意义上——引者）如何实现公共理性的理想。他认为，无论何时，只要法官、立法者、执政首脑和其他政府官员以及公共职位的候选人按照公共理性的理念而行动，遵从公共理性的理念，并且按照公民们视为最合乎理性的政治之正义观念来向其他公民解释支持根本政治看法的理由，公共理性的理想便得以实现，或者说，变得以达成了。以此方式，他们就履行了罗尔斯所谓的他们相互间的文明公民义务。②

对于并非政府官员的公民，他们又将如何实现公共理性的理想，如何履行文明公民的义务呢？罗尔斯以代议制政府中公民的投票行为为例讨论了这一问题。罗尔斯认为，在一个代议制政府中，当公民们

---

① ［美］罗尔斯：《政治自由主义》（增订本），万俊人译，译林出版社 2011 年版，第 199 页。

② ［美］罗尔斯：《政治自由主义》（增订本），万俊人译，译林出版社 2011 年版，第 412 页。

投票选举代表或者投票选举特殊的法律时，理想的公民将会把他们自己看作是立法者，并且反问他们自己，什么样的法令能够得到满足相互性标准的理性支持，其制定也是他们认为最合乎理性的。当公共理性的理想在公民社会获得坚实的基础并广泛传播开来时，公民们把他们自己看作是理想的立法者，并拒不承认那些违反公共理性的政府官员和公职候选人的心理倾向，便是民主的诸种政治根基和社会根基之一种，并且这一根基富有生命力，足以给予民主以持久不断的力量和旺盛的生命力。因此，当公民们投票选举代表（执政首脑、立法者以及诸如此类）时，公民们通过监督政府官员忠诚尽职，来履行他们的文明公民义务，支持公共理性的理念。① 可见，当普通公民这样做时，他们就是现实了公共理性的理想，履行了文明公民的义务。当然，这种义务不是一种法律义务，而是一种政治—道德义务，它兼容于某些法律义务，但不是由法律决定的，而是由政治公民的理念所决定的。

二、公民理念与公共理性

在罗尔斯看来，公共理性的理念源于宪政民主社会中的公民理念。公共理性被看作民主社会中公民一种特殊的行事方式。那么，这种社会中的公民们为什么要选择公共理性呢？比如，在讨论和投票决定最根本的政治问题时，为什么公民应该尊重公共理性的限制？当基本问题产生危机时，为什么要让公民只诉求于公共正义观念而不是诉求于他们认定的那种完整真理，这种做法何以是理性的

① ［美］罗尔斯：《政治自由主义》（增订本），万俊人译，译林出版社 2011 年版，第 412—413 页。

或合理的?① 罗尔斯借助于此前所解释过的自由主义的合法性原则来解答这一疑问,而自由主义的合法性原则则是与民主公民之间的政治关系的特征相关。

在政治自由主义的假设中,民主公民之间的政治关系有两个基本特点:其一,政治关系是公民生于其中并在其中正常度过终生的社会之基本结构内部的一种人际关系,对于该结构,人们只能因生而入其中,因死而出其外;其二,在民主社会里,政治权力(它总是一种强制性权力)乃是一种公共权力,这就是说,它永远是作为集体性实体的自由而平等之公民的权力。② 这两个特征旋即又产生了这样一个问题:当宪法根本和基本正义问题发生危机时,具有如此关系的公民如何才会尊重他们的宪政民主政体的结构,并遵守在此政体下所制定的法律法规呢?

同时,合理多元论的事实使这一问题变得更加尖锐:这意味着,公民之间源于他们的完备性学说的差异——包括宗教的和非宗教的学说——可能是无法相互调和的;罗尔斯还假定,合理多元论的事实是民主社会之公共文化的一个永久性特征,不会轻易消失。现在的问题就是,当根本问题发生危机时,公民什么时候才能通过他们的投票来恰当地相互履行他们的强制权力? 或者说,我们必须按照什么样的原则和理想来行使这种权力,如果这样做对于自由而平等的他人来说是正当的话。

要回答这个问题,就要阐明公民们是怎样看待他们之间的相互关

---

① ［美］罗尔斯:《政治自由主义》(增订本),万俊人译,译林出版社 2011 年版,第 200 页。

② ［美］罗尔斯:《政治自由主义》(增订本),万俊人译,译林出版社 2011 年版,第 200 页。

系的。罗尔斯假定，如果公民们把彼此都看作是世世代代社会合作系统中自由而平等的公民，那么，当他们准备按照他们认为最合乎理性的政治观念来相互提供公平的合作条款时，他们就是有理性的；而当他们一致同意按照这些条款——假定其他公民也接受这些条款——来行动，即使在特殊情况下以牺牲他们自己的利益为代价，这时候，他们也是有理性的。相互性的标准要求，当这些条款被提出来当作最合乎理性的公平合作条款时，那些提出这些条款的公民也必定认为，其他人作为自由而平等的公民，而非受到宰制或操控的或者是因政治或社会地位较低而承受压力的公民，来接受它们至少是合乎理性的。①

现在，对于罗尔斯而言，基于相互性标准的政治合法性理念认为：只有当我们真诚地相信我们为我们的政治行动所提供的那些理由——假如我们作为政府来陈述这些理由的话——是充分的，且我们也能合乎理性地认为其他公民也会合乎理性地接受这些理由时，我们履行政治权力的行为才是合适的。② 同时，在宪法根本或者基本正义问题上，当所有合适的政府官员都按照公共理性行事并遵从公共理性时，当所有合乎理性的公民都把他们自己看作是理想意义上仿佛他们就是遵从公共理性的立法者时，表达大多数人意见的法律制定就是正当合法的法律。在这里，即使一种法律不可能被每一个人都看作是最合乎理性的，或者是最为合适的，但它在政治上（或道德上）对于作为一个公民的他或她具有约束力，并被当作合乎理性的法律而接受。这样就解决了合法性问题，而这一问题的解决是诉诸公共理性来

---

① ［美］罗尔斯：《政治自由主义》（增订本），万俊人译，译林出版社 2011 年版，第 414 页。

② ［美］罗尔斯：《政治自由主义》（增订本），万俊人译，译林出版社 2011 年版，第 414—415 页。

实现的。

这种解决方法同时又包含一种特殊的公民关系，这就是他们之间的文明公民义务关系。正如罗尔斯指出："由于政治权力的行使本身必须合法，所以，公民的理想便给公民们强加了一种能够相互对那些根本性问题作出解释的道德义务（即公民文明义务），而不是一种法律义务。也就是说，他们要相互解释清楚，他们所拥护和投票支持的那些原则与政策怎样才能获得公共理性之政治价值的支持。"① 当公民们之间由于按照公共理性行事而满足了相互性标准时，他们之间就履行了文明公民义务，而相互性标准又是公共理性的一个重要方面。

相互性标准还与公民友谊有关。在罗尔斯看来，为了更清楚地说明公共理性中表达的相互性标准的作用，还需要注意，它的作用是在宪政民主政体中，具体规定作为公民友谊之一的政治关系的本性。因为当政府官员在其公共理性推理中按照公共理性行事，并且其他公民也支持公共理性时，这一标准便塑造着他们的根本制度的形式。②

由此可见，公共理性与一组特殊的政治观念相联系，那些不坚持这样的政治观念的人就不会认可公共理性的理念。罗尔斯指出，由于公共理性的理念在最深刻的层面上具体规定了基本的政治价值，并具体规定了该如何理解这种政治关系，所以，那些相信应该根据他们自己的完整真理的理念来看哪种是最佳理由的理性，而不应该根据所有自由而平等的公民所可能分享的理性来决定根本政治

---

① ［美］罗尔斯：《政治自由主义》（增订本），万俊人译，译林出版社 2011 年版，第 200—201 页。

② ［美］罗尔斯：《政治自由主义》（增订本），万俊人译，译林出版社 2011 年版，第 415 页。

问题的人们，当然会否认公共理性。公共理性只在坚持应该根据所有自由而平等的公民所可能分享的理性来决定根本政治问题的人们那里有其地位。

关于公共理性的应用常常存在一些模糊不清的地方，甚至会引起人们的一些误解，罗尔斯在《政治自由主义》中就此进行了讨论和澄清。

首先，将公共理性的限制只适用于官方论坛是不够的。有一种观点认为，公共理性的限制只适用于官方论坛，因而只适用于立法者，比如当他们在国会大厅里高谈阔论时；或者，只适用于执法者和司法者的公共行为和公共决定。针对这种看法，罗尔斯认为，如果这些立法者、执法者和司法者等尊重公共理性，那么，他们的确给了公民以法律（公民们按法律而行动）的公共理性和政策（社会遵循这些政策）上的公共理性。但仅仅如此还是远远不够的。[1] 这是因为，一方面，在民主社会里，公民们平等地分享着他们通过选举和其他方式相互行使的强制性政治权力。作为理性而合理的公民，而且知道他们认肯合乎理性的宗教学说、哲学学说的多样性，他们应该准备随时根据每一个人都能合乎理性地期待他人可以作为与其自由和平等相一致的说法，相互解释他们的行为。努力满足这一条件，乃是民主政治的理想要求我们做的工作之一。因此，懂得如何作为一位民主公民来表现自己，包含着对公共理性之理想的理解。[2] 即使在没有介入公共政治论坛的情况下，公民也应该具有对公共理性之理想的理解，这是他们

---

① ［美］罗尔斯：《政治自由主义》（增订本），万俊人译，译林出版社 2011 年版，第 201 页。

② ［美］罗尔斯：《政治自由主义》（增订本），万俊人译，译林出版社 2011 年版，第 201 页。

自我理解的一部分。

　　另一方面，公民对公共理性之理想的理解与重大的政治价值有关。罗尔斯认为，通过秩序良好社会的立宪政体所实现的政治价值都是非常重要的价值，是不能轻易僭越的；而这些政治价值所表现的理想也是不能轻易抛弃的。因此，当政治观念获得各种合乎理性的完备性学说之重叠共识的支持时，公共理性的悖论（即在合理多元论背景下公民选择公共理性何以是合乎理性的?）便烟消云散了。公民义务与重大价值的结合，以每一个人都认为可以合乎理性地期待他人能够接受的方式去产生这种支配他们自己的公民理想，而这种理想又反过来得到各理性个人认肯的完备性学说的支持。公民对公共理性之理想的认肯，不是把它作为一种政治妥协的结果，也不是把它作为临时协定，而是从他们自己合乎理性的学说内部出发的。① 可见，公共理性与重叠共识一样，本质上不是一种临时协定，不是可有可无的，而是具有本质性意义，各种合乎理性的完备性学说是其坚实的基础，虽然它不是从这些学说中直接推导出来的。

　　其次，公民们断然放弃某些完整真理常常是合乎理性的。不能指望依靠某种完整真理来解决所有问题，更不用说政治问题了。在罗尔斯看来，一些明显的事实是，在我们所熟悉的许多情况下，我们承认我们不应该诉求于那种我们所认为的真理，甚至在这种真理可能随时随地适用的时候也是如此。罗尔斯举了一些例子，比如刑事审判中的例子。这些例子使我们认识到了一种不根据完整真理去作决定的义务，以便尊重人们的权利或义务，或者增进一种理想的善，或者是两者兼得。这些例子还告诉我们，"断然放弃完整真理为何常常是合乎

---

　　① ［美］罗尔斯：《政治自由主义》（增订本），万俊人译，译林出版社 2011 年版，第 201 页。

理性的"①。罗尔斯认为，"公民们对公共理性限制的普遍尊重，是某些基本权利和自由，以及与之相应的义务所要求的，或是这样做将会增进某些重要的价值，或者同时让人们明白这两点。政治自由主义依赖于这样一种猜测：我们所讨论的基本权利、义务和价值都具有足够的重要性，以至于公共理性的价值是通过各种合乎理性的完备学说的全面评价而获得正当性证明的。"②

可见，面对合理多元论的事实，做出裁决所依据的往往不是某种完整真理，也不依赖个人理性或其他非公共理性，而只能依据公共理性来实现。公共理性的设置不是为了满足最大的善，而是为了减少不必要的损失，也就是优先保证基本权利或保证基本义务的旅行。某种意义上可以说，公共理性的理念体现了一种保守的选择。

最后，以投票为例阐明公共理性的应用不是私人行为。有一类观点认为，关于根本性政治问题的投票行为是一种私下的甚至是个人的行为。其中，一种观点认为，人们尽可以依其偏好和利益（包括社会利益和经济利益）来投其所好，不用管他们的好恶如何；民主应是多数人规则，是多数人能够随其所愿。另一种观点则认为，人们可以根据他们的完备性确信的指示来进行选举，而无须考虑公共理性。罗尔斯认为，公共理性的理念是排斥这类观点的，因为这两种观点在有关宪法根本和基本正义问题的表决上，都同样既不承认公民文明义务，也不尊重公共理性的限制：前一种观点认为投票受人们的偏好和利益的指导，而后一种观点则认为受人们视之为完整真理的指导。而

---

① ［美］罗尔斯：《政治自由主义》（增订本），万俊人译，译林出版社 2011 年版，第 202 页。

② ［美］罗尔斯：《政治自由主义》（增订本），万俊人译，译林出版社 2011 年版，第 202 页。

公共理性的理念及其公民文明义务则要求人们把对根本问题的选举投票视为一种特殊的行为。它分享着卢梭对这一问题的看法，即关于公共问题的投票行为是人们对何种选择最能推进共同善的意见的理想表达。①

三、非公共理性

为了更好地说明公共理性的理念，罗尔斯将公共理性与非公共理性做了比较。首先，公共理性只有一种，而非公共理性则有许多，这与人们的不同活动领域及在活动时遵守的原则有关。在教会、大学、科学社团和职业群体等等中都存在理性，但这都是一种非公共理性。按照理性是行为主体使其计划形式化并将其目的置于优先地位的行为方式的定义，任何个人以及团体都有其理性，都要理性而负责地行动，需要对将要作出的行动进行一种推理。可见，相对于该团体行动的成员来说，这种推理方式是公共的，但相对于政治社会和普遍公民而言，它却是非公共的。

罗尔斯认为，非公共理性属于背景文化。非公共理性由许多市民社会的理性所构成，与公共政治文化相比，它属于"背景文化"。在《重释公共理性的理念》中，罗尔斯指出，同公共政治论坛有所不同的，是"背景文化"。这是公民社会的文化。在民主社会里，这种文化当然不是由任何一种核心理念或者原则——无论是政治的，还是宗教的——所引导的。背景文化的许多相互不同的文化主体和文化联合

---

① ［美］罗尔斯：《政治自由主义》（增订本），万俊人译，译林出版社 2011 年版，第 202—203 页。另见 ［法］卢梭：《社会契约论》，何兆武译，商务印书馆，2003 年版，第 136 页。

体及其内在生活，都不越出法律的框架，正是这种法律的框架，确保了人们所熟悉的思想自由、言论自由以及自由结社的权利。公共理性的理念既不应用于背景文化及其许多非公共理性形式，也不应用于任何一种形式的媒体。①

非公共理性也是社会性的，而非私人性的。罗尔斯指出，公共与非公共的区分，不等于公共与私人之间的区分。罗尔斯否认后一种区分，认为不存在任何私人理性之类的东西。不仅存在社会理性，即社会中许多联合体的理性，它们构成了背景文化；也存在家庭理性，即作为社会中小型群体的家庭理性；但这是公共理性与社会理性之间的对比。作为公民，我们参与所有这些种类的理性之中，而当我们参与时，我们有着平等的公民权利。② 也就是说，在上述界定的意义上，所有的理性都是社会理性，而其中又区分出公共理性，公共理性属于公共政治文化，是公民们探讨某些特殊公共政治问题时遵循的理性；而除此之外的社会理性，则属于背景文化，它是各社会团体内部遵循的理性。

公共理性事关公共推理。罗尔斯认为，无论是个体的推理、联合体的推理，还是政治的推理，所有的推理方式都必须承认某些共同的因素，即判断概念、推论原理、证据规则以及许多其他因素；否则，它们就不是推理方式，或许只是雄辩或说服的手段。因此，一种推理方式必须把各种基本的理性观念和原则统合起来，包括正确性的标准和证明标准。掌握这些理念的能力，乃人类共同理性之

---

① ［美］罗尔斯：《政治自由主义》（增订本），万俊人译，译林出版社 2011 年版，第 410 页。

② ［美］罗尔斯：《政治自由主义》（增订本），万俊人译，译林出版社 2011 年版，第 203 页，注释 7。

一部分。① 而不同的推理也体现了其中所蕴含的理性的不同特质。不同的程序和方法适应着个体和合作性实体自身所坚持的那些不同概念，假如他们进行推理的那些条件和他们的推理所服从的约束各不相同的话。这些约束源自保护某些权利和实现某些价值的必要性。也就是说，各种不同的联合体的非公共理性其标准和方法，部分依赖于如何理解各联合体的本性（目的和观点），以及如何理解各联合体追求其目的的条件。与这种联合体或者合作性实体的推理及其遵循的社会理性不同，政治推理有其特殊的概念系统和程序系统，它遵循的是公共理性。这些概念包括作为公平合作系统的社会理念、公民理念、相互性标准以及公民文明义务等，而其具体方式则包括公共政治论坛等。

非公共理性虽然不是公共理性，但是在政治自由主义的框架中，非公共理性及其所适用的社会事物在一定条件是可允许的，并不是说一切社会活动或社会事物都以公共理性为准，公共理性并不完全排斥非公共理性，在社会世界，非公共理性仍有其地位。罗尔斯主要探讨了以下三种情况：

第一，非公共权力和接受的限制。在民主社会中，既有公共权力，即独一无二的政治权力，也有非政治权力。在罗尔斯看来，非公共的权力，比如教会对其成员的权威所包含的权力，被看作是人们可以自由接受的权力。在教会权力的案件中，由于叛教和异端并不触犯法律，那些不再承认教会权威的人可以在不触犯国家权力的情况下终止其教徒身份。这种行为可以看作教会对其成员的一种基于某种权力

①　［美］罗尔斯：《政治自由主义》（增订本），万俊人译，译林出版社 2011 年版，第 203—204 页。

的处罚，但它不是政治处罚，所依据的也不是公共权力。只要这种处罚或者权力的行使不违背国家法律，在某种范围内是有效的，也就是可以接受的。

罗尔斯补充说，对自由主义所保护的对象不能作狭窄的理解，认为自由主义仅仅以个体权利为中心是不正确的；相反，自由主义所承认的权利是要保护各联合体、各种更小的群体、个体，以及所有的人，使之都能互不侵犯，在其指导性正义原则所具体规定的恰当平衡中各得其所。①

第二，各完备性学说可接受的限制。罗尔斯认为，从政治上说，我们也可以自由接受无论什么样的完备性宗教观点、哲学观点或道德观点。因为，既然肯定我们有良心自由和思想自由，我们自己就可以接受这类学说中的任何一种。他解释说，这并不意味着人们可以通过一种自由选择的行动来这样做，仿佛可以不顾所有在先的忠诚、承诺、依附和依恋情感；而是说，作为自由而平等的公民，我们所认肯的这些观点是否在我们由基本宪法指定的权利和自由具体规定的政治能力所能企及的范围之内。② 各种完备性学术，包括宗教学术、哲学学说和道德学说，只要它们不违背罗尔斯所设想的政治社会状况及其基本政治观念，就都是可允许的。这体现了一种有条件宽容的倾向。

第三，政府权威的可接受性的限制。罗尔斯说，我们也不能回避政府的权威，除非我们离开政府所管辖的地盘，而这种情况并不是总

① ［美］罗尔斯：《政治自由主义》（增订本），万俊人译，译林出版社 2011 年版，第 204 页，注释 8。

② ［美］罗尔斯：《政治自由主义》（增订本），万俊人译，译林出版社 2011 年版，第 204—205 页。

能发生的。政府的权威是由公共理性引导的，但这也并不会改变上述情况。因为离开自己的国家通常都是一个严重的步骤：它意味着离开我们一直都在其中成长的社会和文化，而我们却在言谈和思想中使用社会和文化的语言来表达和理解我们自己、我们的目的、目标和价值。我们依靠社会和文化的历史、风俗、习惯来发现我们在社会世界中的位置。在很大程度上，我们认肯我们的社会和文化，并对它们有一种亲密的和无法表达的了解，即使我们对它们中的许多东西可能存在质疑。① 在这里，罗尔斯似乎是在否定性的意义上来界定政府的权威的，因此，虽然这样存在这样否定意义上的政府权威，但是我们还不能轻易离开它，而是需要继续服从它。因为这来自我们对我们的文化的高度依赖。

总而言之，社会世界不仅只有政治生活及其政治价值，还有诸多非政治生活和诸多非政治价值，理性的应用也不只有公共理性这一种形式，还有许多非公共理性的形式，这些要素一起构成着我们的社会世界。不管是公共理性还是非公共理性，实际上都是规导人们行为的一种原则和方式，都对形成稳定的社会发挥着重要作用。

四、公共理性的内容

公共理性的不同形式。罗尔斯的思路是，存在着不同的自由主义，而不同的自由主义有着不同的政治正义观念以及与之相适应的公共理性的形式。罗尔斯首先从公民介入公共理性的情形谈起。他认为，一旦公民介入公共理性之后，就会在一个被他或她真诚地视为最

---

① ［美］罗尔斯：《政治自由主义》（增订本），万俊人译，译林出版社 2011 年版，第 205 页。

合乎理性的政治正义观念框架内进行协商，这一观念所表达的政治价值是可以合乎理性地期待其他自由平等的公民也能认可的。我作为一个这样介入公共理性的公民，我们每一个人一定都有自己的原则和准则，而我们所诉诸的原则和准则必须满足上述标准。现在，在应以何种方式认同这些原则和准则的问题上，人们会发生分歧：按照罗尔斯的政治自由主义，人们认为在原初状态中就可以就这些原则和准则达成一致，也就是说人们将认同这种情况下所达成的原则和准则；而另一些人则会认为，以其他不同的方式来认同这些原则才是最合乎理性的。人们在某些基础性概念上的这种分歧表明，公共理性的内容是由一系列政治正义观念所给定的，而不是由某一单个的政治正义观念所给定的。①

罗尔斯一直假定，有许多形式的自由主义以及与其相关的观点，因此也有许多为一系列合乎理性的政治观念具体规定的公共理性形式，而公平正义也只是其中之一。但不管其具体形式如何，这些自由主义的公共理性形式都有一个共同的特点，那就是它们都符合相互性的标准，这一标准被看作可应用于自由而平等的公民之间的标准，而这些公民把他们自己看作是合乎理性的和合理的。罗尔斯把公共理性的内容视为通过"政治的正义观念"而系统表达出来的，而具有自由主义品格的政治观念的主要特征有三个：第一，一个包含某些基本权利、基本自由和机会（诸如那些为人们所熟悉的源自立宪政体的基本权利、基本自由和机会）的清单；第二，给予这些权利、自由和机会以特别优先性，尤其是相对于普遍善和完善主义价值的优先性；第三，衡量确保全体公民有效利用其自由（权利）之充分而高

---

① ［美］罗尔斯：《政治自由主义》（增订本），万俊人译，译林出版社 2011 年版，第 418 页。

效的手段的尺度。① 这些自由主义中的每一种都认可基础性的、作为自由而平等之个人的公民理念，和作为长期公平合作系统的社会理念。这是它们的共同之处。

然而，由于人们可以用各种各样的方式来解释这些理念，于是就会产生各种不同的正义原则公式，所达成的公共理性的内容也会各有不同。各种政治观念也会在它们如何规范各种政治原则和政治价值的秩序，甚至于在其具体规定相同的条件下，如何保持这些政治原则和政治价值之间的平衡的方式上各有不同。罗尔斯还假定，这些自由主义包含着实质性的正义原则，因而它们所涵盖的远不只是程序正义。它们需要具体规定平等公民的各种宗教自由和他们的言论表达自由，同时也要具体规定各种包含着公平机会并确保全体公民有效利用其自由的充分而高效之手段，以及其他内容的实质性的公平理念。② 既然存在着许多种形式的自由主义，它们各自所形成的公共理性的形式也就各不相同。

如何看待这种情形呢？按照罗尔斯，可以从两个相反的方向切入这一问题。一方面，政治自由主义允许实质性正义原则之内容的改变和公共理性的理念的一些改变。罗尔斯认为，政治自由主义只是一种观点，它具有多种形式，而这些形式取决于它们所使用的实质性正义原则，以及那些探究指南是如何设定的，这些形式共同具有自由主义的实质性正义原则和一种公共理性的理念；但是在这些限制内（即政治自由主义的限制内），实质性正义原则的内容和公共理性的理念

---

① ［美］罗尔斯：《政治自由主义》（增订本），万俊人译，译林出版社2011年版，第418页。

② ［美］罗尔斯：《政治自由主义》（增订本），万俊人译，译林出版社2011年版，第418—419页。

可能发生改变。①

　　另一方面，相反地，罗尔斯强调指出，接受公共理性的理念及其合法性原则，并不意味着接受某一特殊自由主义的正义观念，乃至那些规定其具体内容的最终原则的细节。我们可以一致同意，自由而平等的公民分享着政治权利，而作为理性而合理的公民，他们有一种诉求于公共理性的文明的义务；然而，我们对究竟哪些原则是最合乎理性的公共证明之基础这一点，却难以归宗为一。而"公平正义"的观点仅仅是一种政治自由主义观念的一个范例，其特殊内容并不是对这一观点的界定。②

　　因此，政治自由主义并不试图使公共理性固定不变，并以一种受到支持的政治正义观念的形式去解释所有问题。罗尔斯不但承认已经存在着其他形式的公共理性形式，比如哈贝马斯的商谈合法性观点，而且认为，即使相对说来极少政治观念会逐渐成为长时间具有宰制力量的观念，甚至某一种观念可能会占据中心地位，可允许的公共理性形式也总会有好几种。罗尔斯还将新观念的出现和旧观念的消亡看作是一种常态，因为它代表着因各种社会变化而产生的新主张或利益诉求。如果坚持只有一种公共理性形式，就意味着对新的主张和新的利益诉求的压制，使人们的政治诉求无法得到适当的表达，这显然有悖于罗尔斯的自由主义基本理念。

　　公共理性的内容是被独立建构的。罗尔斯首先区分了公共理性与世俗理性和世俗价值。罗尔斯指出，我们必须把公共理性与人们有时

---

　　① ［美］罗尔斯：《政治自由主义》（增订本），万俊人译，译林出版社 2011 年版，第 208—209 页。

　　② ［美］罗尔斯：《政治自由主义》（增订本），万俊人译，译林出版社 2011 年版，第 209 页。

说的世俗理性和世俗价值区别开来。罗尔斯把世俗理性界定为按照完备性的非宗教学说来推理的理性。他认为，这类完备性的非宗教学说和价值太过于宽泛，以至无法实现公共理性的目的。政治价值不是道德学说，无论这些道德学说可能多么适合于或可以进入我们的理性推理和常识反思。道德学说同宗教和第一哲学处在同一个层次。与之相对，自由主义的政治原则和政治价值尽管也具有内在的道德价值，却是由自由主义的政治正义观念所具体规定的，属于政治范畴。①

这些自由主义的政治观念具有三个特征：首先，它们的原则应用于基本的政治制度和社会制度（社会的基本结构）；其次，它们的表达独立于任何形式的完备性学说（当然，尽管它们可以获得这类学说合乎理性的重叠共识的支持）；最后，我们可以从那些被视作隐含在宪政的公共政治文化中的根本理念中，创造这些政治观念，诸如，作为自由而平等之个人的公民观念；作为公平合作系统的社会观念。②

也就是说，公共理性的内容是由一系列满足这些条件的自由主义的政治正义观念的原则和价值所给定的。当人们对根本政治问题发生争论而介入公共理性时，便是诉求于这些政治观念中的一种，也就是诉求于这种观念所包含的理想和原则、标准和价值。

当然，在罗尔斯看来，上述要求仍然允许我们在任何时候都可以将我们的完备性学说引入政治讨论，条件是：对于我们的完备性学说所支持的那些原则和政策，我们必须在恰当的时候恰当地证明它们也

---

① ［美］罗尔斯：《政治自由主义》（增订本），万俊人译，译林出版社 2011 年版，第 420—421 页。

② ［美］罗尔斯：《政治自由主义》（增订本），万俊人译，译林出版社 2011 年版，第 421 页。

是得到公共理性的支持的。罗尔斯把这一要求称为"限制性条款"。

政治观念的完善性。首先，罗尔斯认为，自由主义的政治观念有两个部分：一是关于基本结构的实质性正义原则；二是各种探究指南：即推理原则与证据原则。① 这些指南具体规定着各种与政治问题相关的推理方式，和检验各种与政治问题相关的信息标准。没有这些指南，我们就无法运用各种实质性的原则，而且也会导致政治观念的不完善和不完整。② 相应地，自由主义的政治价值也有两种：第一种是政治正义的价值，它属于基本结构的正义原则：即平等的政治自由和公民自由的价值；机会均等；社会平等与经济互惠的价值；共同善的价值，以及所有这些价值所必需的各种必要条件。第二种价值是公共理性的价值，它属于公共探究指南，也使这种探究成为自由的和公共的。在这里，它还包括诸如合乎理性和随时准备尊重公民（道德）义务一类的政治美德，这些公民的美德有助于使有关政治问题的理性的公共讨论成为可能。③

以往的自由主义哲学家们和研究者们，往往只关注一种政治观念的实质性正义原则，而忽略了其中包含的探究指南。罗尔斯则同时强调了两者的同等重要性。因为第二部分内容即公共探究指南（公共理性）作为一种行为方式，直接影响着人们对第一部分内容即实质性正义原则的表达、理解和接受，从而影响着一种政治正义观念及其规导的社会基本制度结构的稳定性。

---

① ［美］罗尔斯：《政治自由主义》（增订本），万俊人译，译林出版社 2011 年版，第 207 页。

② ［美］罗尔斯：《政治自由主义》（增订本），万俊人译，译林出版社 2011 年版，第 206 页。

③ ［美］罗尔斯：《政治自由主义》（增订本），万俊人译，译林出版社 2011 年版，第 207 页。

其次，罗尔斯认为，公共理性的一个重要特征是，它的政治观念应该是完善的，当他把政治观念的实质性内容和探究指南合起来考虑时，正是为了满足这种完善性要求。政治观念的完善性意味着，每一种政治观念都应该表达原则、标准和理想，以及探究的准则，以便它所具体规定的各种价值都能够合适地加以排序或者统一起来。在这里，这些价值是按照它们在政治观念本身内部的结构和特征来排序的，不受各种完备性学说的影响或歪曲。只有这些价值及其恰当的组合，才能给所有的或者说差不多所有的涉及宪法根本与基本正义主体的问题提供一个合乎理性的公共答案。一旦满足了这些条件，那么一种政治观念便是完善的。

罗尔斯还指出，政治观念的完善性要求关乎公共理性之论证的具体化。罗尔斯认为，一个重要的事实是：除非一种政治观念是完善的，否则它就不是一个充分的思想框架，而只有按照这一框架，才能讨论根本的政治问题。由于在公共理性中，我们不能直接从完备性学说开始，或者是从完备性学说的某一部分开始，去推导一种或几种政治原则和政治价值，以及这些政治原则和政治价值所支持的特殊制度。相反，我们需要先阐明一个完善的政治观念的基本理念，由此精心阐发其原理和理想，进而运用它们所提供的论证。否则，公共理性所允许的论证就太过直接和零碎了。① 公共理性的应用不能随意地开始，它依赖于由一整套观念和原则有机构成的一种完善的政治观念，否则其论证就不得要领，甚至无从开始。

总之，正如罗尔斯指出的，公共理性之理想的关键是，公民将在每个人都视为政治正义观念的框架内展开他们的基本讨论，而这一政

---

① ［美］罗尔斯：《政治自由主义》（增订本），万俊人译，译林出版社 2011 年版，第 423 页。

治正义观念则建基于那些可以合乎理性地期待他人认可的价值，和每个人都准备真诚捍卫的观念上。这意味着，对于介入或者打算介入公共理性的每一个人而言，他们都必须具有，而且准备解释他们认为可以合乎理性地期待其他公民与他们一道认可的那些原则和指南的标准。① 可见，公共理性及其所包含的相互性原则，是实现一种政治正义观念及其指导的社会基本制度结构之稳定性的重要力量。

五、公共理性面临的困难

罗尔斯把一种政治观念的实质性内容和探究指南结合起来考虑，是为了使政治观念变得完善。如此一来，该政治观念的各种综合性正义价值和公共理性的价值，可以对所有或几乎所有的根本政治问题做出合乎理性的解答。这些根本政治问题包括宪法根本和基本正义问题。公共理性及其价值是构成一种完善的政治观念的重要组成部分。但是，人们对公共理性还有各种疑虑，也就是公共理性面临的各种困难。罗尔斯主要考察了三种困难，并给出了解答。

公共理性面临的第一个困难是，由于合理多元论的存在，人们实际上很难对某一政治问题达成一致意见，因而应当抛弃公共理性和政治价值，只诉求于各自的完备性学说和非政治价值。

这一情况的产生是这样的：按照政治自由主义的基本设想，因为存在着许多政治价值和刻画这些政治价值的方式，因此，公共理性常常允许人们对任何一个特殊问题提出多种合乎理性的答案。但是这样一来，人们就可以设想会发生这样的状况，即各种价值的不同结合，

---

① ［美］罗尔斯：《政治自由主义》（增订本），万俊人译，译林出版社 2011 年版，第 209 页。

或者是被不同估量的相同价值，很容易在某种特殊的重要领域或场合中占据优势。这种由某一种价值或某些价值的结合而产生的"集中"，会使公平的政治讨论形同虚设，公共理性的应用也会失去本来面目。在这种情形下，虽然大家都想诉求于政治价值，但实际上已经很难达成一致了。人们担心，一旦发生这种现象，诉诸公共理性是根本不能解决问题的，何况这种现象经常发生，就更加削弱了人们对公共理性的信心。一旦不再打算诉诸公共理性，人们就可以顺理成章地以他们认为是令人满意的方式，求助于那些诉诸非政治价值来解决问题的原则。当然，由于合理多元论的事实，并不是每一个人都会引入相同的非政治价值，但至少所有的人都会有一种适合于这些非政治价值的答案。

这样一来，公共理性和政治价值就被抛弃了。但是在罗尔斯看来，这样做是不应该的。公共理性的理想——即作为自由平等的公民只有依照公共理性行事才能满足相互性标准，而这是文明公民义务所要求的——迫使人们在宪法根本和基本正义的问题上避免这样做。罗尔斯认为，如果在平衡各种价值的过程中发生了分歧就抛弃公共理性，这等于是将各种政治价值全部抛弃。而且，"公共理性并不要求我们接受一模一样的正义原则，而毋宁是要求我们按照我们所认可的政治观念来进行我们根本性问题的讨论。我们应该真诚相信，我们对这一问题的观点是建立在可以合乎理性地期待每一个人都会认可的政治价值之基础上的。"①

罗尔斯认为，当公民们就某一问题进行投票时，他们应当这样来要求自己，这是一种很高的公民理想。当人们在这样做时就会意识

---

① ［美］罗尔斯：《政治自由主义》（增订本），万俊人译，译林出版社 2011 年版，第 222 页。

到，一旦他们彻底地抛弃了根本的民主价值和公共理性，他们就不可能就某一问题达成一致，所以，他们根本就不能抛弃根本的民主价值和公共理性，反而求助于各自的完备性学说和非政治价值。在罗尔斯看来，人们可以对某一根本性问题投赞成票，一如对其他任何一个根本性问题一样；而如果公民们是通过诉求于政治价值来讨论这一问题，且公民们的投票表达了他们真诚的意见，那么，这种公共理性的理想就可以继续得到维持。①

公共理性面临的第二个困难是，如果承认政治价值的深厚基础是某些非政治价值或者超验价值，那么继续追求和认可政治价值就是不真诚的。

罗尔斯以关于通过投票来表达我们的真诚意见所包含的意义为例，讨论了这个问题。我们说，只有在满足以下三个条件时，我们才会尊重公共理性及其合法性原则。这三个条件是：（1）我们非常重视公共理性所规定的这一理想，并通常给予这一理想以至高无上的地位；（2）我们相信，公共理性是恰当而完善的，也即至少对绝大多数根本性问题——有可能的话，对所有根本性问题——来说，唯有政治价值的结合和平衡才能合乎理性地表明答案；最后（3）我们相信，我们所提出的特殊观点和建立在这种特殊观点之上的法律或政策，表现出这些价值达到了一种合乎理性的结合和平衡。②

但是这样一来的问题是，我们始终都在假定，公民们认肯完备性的宗教学说和哲学学说，而许多人则会进一步认为，非政治的价值和

---

① ［美］罗尔斯：《政治自由主义》（增订本），万俊人译，译林出版社 2011 年版，第 222—223 页。

② ［美］罗尔斯：《政治自由主义》（增订本），万俊人译，译林出版社 2011 年版，第 223 页。

超验的价值才是政治价值的基础。既然如此，我们再试图寻求一种不同于非政治价值和超验价值的政治价值，这是一种不真诚的行为。对此，罗尔斯的回答是，并非如此。理由是，对这些完备性学说及其所包含的非政治价值和超越性价值怀有信念，与上述三个条件是一致的，并不冲突。在罗尔斯看来，认为政治价值具有某种更深刻的背景，这并不意味着我们不能接受这些政治价值，或不认肯尊重公共理性的那些条件，一如接受几何学的公理并不意味着我们不接受那些定理一样。而且，我们之所以会接受这些公理本身，是由于在很大程度上它们导致了那些定理，其他类似方面也是一样。①

罗尔斯认为，当我们认肯上述三个条件时，我们实际上已经接受了那种诉求于政治价值的义务，同时也接受了采取某种形式的公共辩论的义务。制度和法律永远是不完善的，公共理性作为一种公共辩谈形式也是不完善的，而且无论如何都缺乏我们的完备性学说所阐明的那种完整真理。公共辩谈不期望、也不可能达到完备性学说所追求的那种完整而彻底的真理，它只在于达成某种政治共识。因此，即使这种公共辩谈因其并不能阐明我们相信我们的观点所依赖的那些最基本的依据而看起来很肤浅，但是如果我们认为我们确实对其他公民负有一种公民文明义务的话，我们就会有各种有力的理由来遵守这种公共辩谈。况且，其他公民和我们一样都对这种公共辩谈形式之不完善性有着同感，哪怕是基于不同的理由，就像他们坚持不同的完备性学说，并相信不同的理由一样。因此，只有按照这种方式，即接受公共理性，接受这种公共辩谈方式，接受这种政治，我们才能实现由合法性原则所表达的理想，即按照可以理性地期待我们大家都认可的那些

① ［美］罗尔斯：《政治自由主义》（增订本），万俊人译，译林出版社 2011 年版，第 223 页。

理性来与别人一起过政治生活。

罗尔斯认为，在这样的投票例子中，"公共理性所要求的是，公民能够根据一种政治价值的理性平衡来解释清楚他们各自的投票选举行为，每一个人都明白，公民们当然会认为他们所坚持的合乎理性的完备性学说的多元性，能为这些政治价值提供更深刻的，且常常是超验的背景支持。"① 而根据政治自由主义，在每一种具体情况下，个体公民究竟该认肯哪一种学说，则是一个良心问题，政治自由主义是充分保证良心自由的。

总而言之，每一个公民所主张的政治价值平衡都必须合乎理性，而且一个人也可以被他人看作理性的。但是，并不是所有的这种价值平衡都具有相同的性质。只有那些与公共理性相冲突的完备性学说，才是无法支持政治价值之理性平衡的学说。事实上，在罗尔斯看来，这样的完备性学说是极少的，因为在他看来，在现代民主社会中，只存在合理多元论的事实，而不存在一般多元论的事实。所以，至少绝大多数完备性学说都能与公共理性相容，能够支持政治价值之理性平衡。因而，虽然非政治价值往往是政治价值的深厚基础，但是公共理性和政治价值仍然在现实政治生活中有其地位。

公共理性的第三个困难是，具体确定公共理性何时能成功解决某一问题。

罗尔斯要追求的是一种完善的政治正义观念，这意味着，这种观念所包含的政治价值应该达到一种平衡，可以给予所有或者差不多所有的根本性问题以合乎理性的回答。但是，一些人认为，有许多问题是公共理性所不能解答的。为了回应这一质疑，罗尔斯探讨了他在

① ［美］罗尔斯：《政治自由主义》（增订本），万俊人译，译林出版社 2011 年版，第 224 页。

《政治自由主义》第一讲中提到的所谓"延伸性问题"中的四个难题。第一个难题是，将正义延伸到包括我们对未来各代人的义务（包括正义储存的问题）；第二个难题是，将正义延伸到那些应用于国际法和各民族间政治关系，即传统的万民法的观念和原则问题；第三个难题是，制定正常医疗保健原则的问题；第四个难题是，正义是否可以延伸到我们与动物的关系和自然秩序之中。①

罗尔斯认为公平正义可以合乎理性地延伸到前三个难题，不过他并没有详细讨论这些问题。但是，他给出了一个破解这些问题的基本思路。罗尔斯以"猜测"的方式指出，这三个问题可以用一种相似的方式加以解决：一些由社会契约传统抽演而来的观点首先假定：在我们所讨论的社会里，个人是具有完整身份的成年人（即该社会公民实体的成员），并由此开始，向前进至其他各代人，向外扩及其他社会，向内则进至那些要求正常医疗保健的人。在这每一种情况下，我们都是从成年公民的身份开始的，并由此开始服从理性法律所要求的某些约束。对动物和其他自然的要求，我们也可以采取同样的步骤。② 显然，在罗尔斯看来，公共理性可以适用于对这些具体问题的解决。

接下来的问题是，从公共理性出发又何以是合乎理性的？公共理性的应用是以已经确定的一套观念系统为基础的。当我们应用公共理性来解决某一具体问题时，我们就只需要公共理性仅仅依据这一系统而给出一种合乎理性的解答，也就是说我们只能从公共理性本身出

---

① ［美］罗尔斯：《政治自由主义》（增订本），万俊人译，译林出版社 2011 年版，第 226 页。

② ［美］罗尔斯：《政治自由主义》（增订本），万俊人译，译林出版社 2011 年版，第 226 页。

发，而不能从任何一种完备性学说或者它们所提供的解答出发。现在，人们可能会问，公共理性以如此方式提供的所谓合乎理性的解答，还是合乎理性的吗？对此，罗尔斯的回答是，即使只以公共理性来判断，这种答案即便不是最合乎理性的，也至少是比较合乎理性的。而且还不止于此。在公共理性之外，如果考虑到秩序良好社会的理想情况，我们还希望这种答案在各种合乎理性的完备性学说所留有的余地范围内，能够形成一种重叠共识。罗尔斯所谓的留有余地，是说存在这样一个范围，在其中每一种学说都能接受（即便）公共理性的结论，即便是犹犹豫豫地接受。这意味着，公共理性的结论和各种完备性学说的主张之间并不是截然隔绝的，相反，在通常情况下，二者之间是联系着的，甚至是重合的。这样一来，既然由公共理性给出的结论与由各种完备性学说给出的结论之间不是截然隔绝的，那么以此来质疑公共理性的结论是否合乎理性就是站不住脚的。

罗尔斯还进一步阐述说："一种理性而有效的政治观念可能使各种完备性学说向它自己靠拢，且如果需要，将它们从不合乎理性的学说改造成为合乎理性的学说。"① 政治观念并不是孤芳自赏和自我封闭的，也不是与各种完备性学说隔绝不通的，相反，它会反过来影响完备性学说，使其变得更加合乎理性。当然，罗尔斯提醒说，这只是一种趋势，或者是人们的一种愿望，但它并不是政治自由主义所必然要求的，不能认为每一种完备性学说都应在其留有的余地内找到公共理性的结论。

最后，坚持公共理性是相互性标准所要求的，而按照相互性标准行事被认为是合乎理性的。政治观念是公共理性和自由而平等的公民

---

① ［美］罗尔斯：《政治自由主义》（增订本），万俊人译，译林出版社 2011 年版，第 227 页。

之间正义的政治价值的一种理性表达。由于这一政治观念以基本价值的名义来要求各种完备性学说，所以从政治上讲，那些否定该政治观念的人就有犯不正义的风险。因为，如果人们只认为自己所坚持的完备性学说是合乎理性的，对一切问题的解答只能依赖自己的完备性学说，那么其他人也会以同样的理由坚持同样的观点，这样就会导致一切人反对一切人，使得对某些问题的一致意见无法达成，而这对于自由而平等的公民来说至少是不合乎理性的。

六、公共理性的限制

关于公共理性的限制，在前文中已多少有所论及。这一问题实质上就是探讨，当历史中或现实中实际存在过或存在着公共理性的理想与其他各种完备性学说及其价值诉求之间千丝万缕的联系而并非那么泾渭分明时，或者实际存在的公共理性的形式并非总是典型而明确时，究竟应当怎样全面地理解公共理性的理想？为了探讨这个问题，罗尔斯提出了关于公共理性之限制的"排他性观点"与"包容性观点"，探讨了这两种观点产生的具体情形，以及人们究竟应当选择哪种观点，以及当他们做出选择时是否仍然是合乎理性的。

首先，罗尔斯认为，关于公共理性的一些限制意味着，在基本政治问题上，按照各种完备性学说明确给定的理由永远无法进入公共理性。这种学说当然可以给出公共的理性，但这种公共的理性却不是支持该学说本身的理性。罗尔斯把这种对公共性的理解称作"排他性观点"；与这种排他性观点相反的另一种观点则允许公民在某些境况中提出他们认为是根植于他们完备性学说的政治价值基础——假如他们以强化公共理性之理想的方式来提出其观点的话，罗尔斯把这种对公共理性的理解称作"包容性观点"。①

这样一来就产生了这样一个问题：我们是应该按照排他性观点来理解公共理性的理想呢，还是应该按照包容性观点来理解公共理性的理想呢？罗尔斯给出了选择的标准：哪一种观点最能鼓励公民尊重公共理想的理想，并最能确保秩序良好之社会较长远的社会条件，我们就按照哪种观点来理解公共理性的理想。依此标准，包容性观点似乎更正确一些，所以人们应该选择包容性观点。罗尔斯分析了其中的原因，比较了两种观点的优劣。他认为，在不同的政治条件和社会条件下，根据不同的学说和实践，公共理性的理想必定要以不同的方式得到发展和实现，有时候是通过看起来像是排斥性的观点，而另一些时候则是通过看起来像是包容性的观点，来发展和实践这种理想。因此，是这些现实条件决定着到底何种方式最能实现这种理想，或以短期的方式，或以长远的方式。由于包容性观点更具弹性和包容性，它允许有这种方式的变化。因此，对于推进公共理性的理想来说，相比于排他性观点，包容性观点是我们所需要的一种较为灵活的观点。

为了进一步解释上述论点，罗尔斯分别探讨了一种秩序良好社会、秩序近乎良好社会以及不是秩序良好社会中，公共理性及其实现与完备性学说之间不同的关系状况。

第一种状况是一种理想情形，假定所讨论的社会是一个秩序良好的社会。在这一社会中，社会成员承认在各合乎理性的学说之间，有一种强有力的重叠共识，这一共识不为任何争论所动摇。在此情况下，公民们熟悉这种政治观念的价值，且通过诉求于这些价值而最清醒地尊重这种公共理性的理想。除了日常政治的动机以外，他们对其

---

① ［美］罗尔斯：《政治自由主义》（增订本），万俊人译，译林出版社 2011 年版，第 228 页。

他考虑没有多大兴趣。他们的根本权利已经得到保障，也不存在他们觉得必须去反对的基本的不正义。人们一般会认为，在这种秩序良好的社会里，公共理性似乎可以遵循排他性观点。因为公民们所持的各完备性学说对某些根本政治问题已经达成了可以说足够的一致，重叠共识已经很充分，因而根本性的分歧已经不存在了，这时候，仅仅诉诸公共理性就可以解决问题，或者说公共理性的理想可以说基本实现了。人们完全可以不去求助于完备性学说，因此也就不需要考虑公共理性的理想与完备性学说的某些结论之间是否相容或者一致的问题了。况且，按照公共理性的理想性要求，只求助于政治价值，乃是公民尊重公共理性的理想并履行公民义务的明显的和最直接的方式。所以，在这种秩序良好的理想社会中，人们应当选择排他性观点。而且，在这种情况下，选择包容性观点似乎也是没有必要的。

第二种情况是一种接近于秩序良好的社会。在这里，人们在应用正义原则时，存在着一种严重的争执。可以设想，如果将正义原则应用于全体公民的教育，那么人们之间的这种争执还会涉及机会均等的原则。比如说，各种宗教集团会在这个问题上相互对峙，某一拥护政府的宗教集团可能只支持公共教育，而另一拥护政府的宗教集团则支持教会学校。前一集团把后一种政策看作是与所谓教会和国家的分离不相容的，而后一集团却否认这一点。在这种情况下，这些有着不同信仰的人可能会渐渐怀疑他们各自之间对根本政治价值的忠诚。① 也即是说，即使正义原则已被选出，因而人们已经就基本政治价值达成了一致，但却在将正义原则应用于某一具体问题时，又产生了分歧。这样，持不同信仰或者不同完备性学术的人们之间就会相互怀疑对方

---

① ［美］罗尔斯：《政治自由主义》（增订本），万俊人译，译林出版社 2011 年版，第 229 页。

是否真正认可或者忠实于已经在他们之间达成一致的那些政治价值。

罗尔斯认为，在这种情况下，能够消除这种怀疑的一种方式是，各对立集团的领袖们在公共论坛上讲明他们的完备性学说到底是如何认肯这些价值的。这已经涉及背景文化的问题了，即各种学说如何支持或不支持一种政治观念的问题。但是在罗尔斯看来，在目前的情形下，已经赢得人们承认的领袖们应该认肯公共论坛上的事实，他们的这种认肯可能有助于表明，重叠共识不是一种纯粹的临时协定。这种认识肯定会强化人们的相互信任和公共信心，它可能是鼓励公民尊重公共理性之理想的社会学基础中至关重要的一部分。倘若如此，那么在此类情况下，强化公共理性之理想的最佳方式，可能是在公共论坛上解释清楚人们的完备性学说如何认肯政治价值的方式。① 当公共理性的理想不能顺利实现的时候，人们可以诉诸公共论坛，经过在论坛上讲清楚各自的完备性学说是如何认可政治价值的，这不仅无损于公共理性理想的实现，无损于公民之间的友谊，相反，这种公开化、论坛化的处理问题的方式，反而强化着人们对公共理性的信念，强化着人们对各自的完备性学说与政治价值之间的关系的理解，从而强化着公民之间的相互信任。可见，在这种情况下，对公共理性的理解应该采取"包容性观点"。

第三种情况是，在一个不是秩序良好的社会里，对公共理性的理解应该采取哪种观点。罗尔斯认为，当某一社会不是秩序良好的社会，且对宪法根本内容存在一种深刻分歧时，就会产生一种极为不同的情形。罗尔斯以美国南北战争时期甚至更早时期的废奴运动和马丁·路德·金领导的民权运动为例。废奴主义者中存在这样一种观

---

① ［美］罗尔斯：《政治自由主义》（增订本），万俊人译，译林出版社 2011 年版，第 229—230 页。

点，即认为奴隶制度违反了上帝的法则。当废奴主义者基于这样的理由而掀起废奴运动时，是基于他们凭借宗教根据所提供的种种论证。在这种情形下，某些基督教教会的非公共理性就证实了这些明确的公共理性的结论。也就是说，结论虽然是相同的，但是得出结论的方式是不同的，废除奴隶制的结论，既可以是依据教会的非公共理性得出的，也可以是依据公共理性得出的。马丁·路德·金领导的民权运动也是如此，不同的是，金诉求于正当宪法所表达出来的那些政治价值，而废奴主义者却不是这样。①

现在的问题是：在支持奴隶解放运动的情形中，废奴主义者的推理和结论违反了公共理性的理想吗？罗尔斯认为，我们应该从观念上而不是从历史上来看待这一问题。罗尔斯说，我们姑且假定，废奴主义者的政治鼓动是导致内战爆发的一种必然的政治力量，因而也是导致毁灭大恶和诅咒奴隶制的一种必要的政治力量。当然，废奴主义者希望产生这种结果，他们可能已经看到，他们的行动是实现秩序良好的和正义的社会的最佳方式，只有在这样的社会中，公共理想的理想才可能最终得到人们的尊重。对马丁·路德·金等民权运动的领袖们也可以提出类似的问题。

可见，这些运动虽然不是直接来自对公共理性的应用，即不是遵循公共理性而行事，但是，他们的行为却有两个重要之点：一是尚且不存在应用公共理性的条件，或者至少是不存在以理想的方式应用公共理性的条件；二是他们的行为创造了或者少是增加了实现公共理性之理想的条件。因此，在罗尔斯看来，"如果废奴主义者和金所领导的各种政治力量都是基于政治正义所需的必要历史条件的话（他们

---

① ［美］罗尔斯：《政治自由主义》（增订本），万俊人译，译林出版社 2011 年版，第 230—231 页。

在其所处的境况中确乎如此），那么，废奴主义者和金在这些假设性的信念上就不是不合乎理性的。"①

在罗尔斯看来，废奴主义者和民权运动的领袖们并没有反对公共理性的理想；或者毋宁说，他们并没有想到或在反思后并未想到（正如他们本该想到的那样），他们所诉求的完备性理性需要为随后得以实现的那种政治观念提供足够的支持。当然，人们通常并不在完备性理性与公共理性之间作出区分，但是我们可以教育人们在各种特殊情况中认识到这种区分。② 比如，废奴主义者可能会说，他们支持人人自由平等的政治价值，但是，如果他们所主张的完备性学说和他们那个时代所流行的各种学说已是既定事实，那么，求助于这些完备性的理性则就是必然的了，其他的人正是根据这些理性才广泛明了那些政治价值的。在此情形下，公共理性的理想允许有这种包容性观点。③ 可见，基于历史和现实中的状况，以及人们通常不会在公共理性与完备性理性之间做出明确区分（尽管他们应该这么做），但只要他们所诉诸的价值和现代民主社会中的政治价值是一致的，那么对公共理性的理解就应该采取包容性观点。

通过对上述三种社会中公共理性的实际应用以及这种应用与完备性理性的应用之间关系的分析，罗尔斯得出这样的结论，即公共理性的恰当限制的改变取决于各种历史条件和社会条件。罗尔斯认为上述讨论表明"公共理性的恰当限制的改变，取决于各种历史条件和社

---

① ［美］罗尔斯：《政治自由主义》（增订本），万俊人译，译林出版社 2011 年版，第 231 页。

② ［美］罗尔斯：《政治自由主义》（增订本），万俊人译，译林出版社 2011 年版，第 232 页。

③ ［美］罗尔斯：《政治自由主义》（增订本），万俊人译，译林出版社 2011 年版，第 232 页。

会条件。……在不同流行学说和不同实践的条件下，我们最好还是以不同的方式来实现公共理性的理想，在良好的时代条件下，则按照看起来可能是包容性的观点来实现这一理想"①。

对公共理性的这种理解还关乎政治正义观念及其公共理性之理想的稳定性。罗尔斯假定，政治正义观念和人们所尊重的公共理性的理想是相互支持的。他指出："一种为人们承认的政治观念所公开而有效规导的秩序良好之社会的公民能够获得一种正义感，这种正义感使他们乐于履行其公民文明义务，不至于产生与之相对抗的强烈冲动。另一方面，秩序良好社会的制度又反过来支持已在其公民行为中坚实确立起来的公共理性的理想。"② 使一种政治正义观念和它所包含的公共理性的理想相辅相成，从而使它们稳定、可行，这正是罗尔斯所希望的，是他的正义理论（包括"公平的正义"和政治自由主义中的政治正义）所力图解决的问题。当然在罗尔斯看来，这也是所有人都希望的。

在这一讲的最后，罗尔斯对他所阐述的公共理性进行了简洁的反思和评价。他认为他对公共理性的解释，有两点创新之处：一是把公共理性置于一种民主理想的公民文明义务的中心地位；二是阐述了由政治价值和政治正义观念所给定的公共理性的内容，认为公共理性的内容不是由一般政治道德给定的，而只是由一种适合于立宪政体的政治观念给定的。③

---

① ［美］罗尔斯：《政治自由主义》（增订本），万俊人译，译林出版社 2011 年版，第 232 页。

② ［美］罗尔斯：《政治自由主义》（增订本），万俊人译，译林出版社 2011 年版，第 232—233 页。

③ ［美］罗尔斯：《政治自由主义》（增订本），万俊人译，译林出版社 2011 年版，第 234 页。

罗尔斯还务实地指出，并非所有的自由主义观点都会接受他所表达的这种公共理性的理念。而对那些可以接受这种理念的某些形式（可能有多种变化形式）的自由主义观点，我们可以称之为政治自由主义。

总之，罗尔斯不满意西方社会的道德领域长期被功利主义所占据，而人们对功利主义的反驳总是要么不能击中要害，要么不能提出取而代之的正义理论。罗尔斯的理论抱负就是要做这件事情。随着《正义论》的发表以及公平的正义观念的横空出世，人们终于发现了道德领域的另一片天地。这不仅带来了西方所谓实践伦理学和政治哲学的当代复兴，而且从此之后，罗尔斯提出的公平的正义观念成为人们讨论正义问题绕不过去的一座高峰。在《正义论》中，罗尔斯不但论证了一种全新的正义观，而且也论证了这种正义观的稳定性特征。但是《正义论》对稳定性问题的讨论与全书的观点有不一致之处，其根本之点是忽视了现代社会合理多元论事实的存在，从而使他精心构建的公平的正义观念面临着缺乏现实性的危险。这迫使罗尔斯转向了《政治自由主义》，重构了正义观念，以政治正义观念取代了作为一种完备性观念的公平的正义。前者更适合现代多元化社会，更具现实性。在《政治自由主义》中，罗尔斯不忘对这种新的正义观之稳定性进行复杂的论证，其结果是，这种正义观比作为一种完备性学说的公平的正义更具现实性和稳定性。

罗尔斯对一种正义观之稳定性的不懈追求，对我们来说有着重要的借鉴意义。任何观念，包括正义观念，不管其本身如何完美无缺，但是如果不能解决现实问题，不能在现实社会中得到人们的认可和自觉遵守，它就是一句空话。另一个值得借鉴之处是，罗尔斯告诉我们，社会制度的稳定性很大程度上依赖于它所遵守的原则的公平正义，也就是说，制度越是体现公平正义，人们就越能够支持制度、维护制度，社会也就越稳定。同时，公平正义的社会制度还会使生活于其中的人们培养起相应的道德正义感，这种道德能力会反过来成为维护社会稳定的重要力量。

但是，罗尔斯的论证始终是着眼于当代西方社会的。自近代资产阶级革命以来，西方社会形成了独特的政治制度和政治文化传统，而罗尔斯的正义理论，特别是政治的正义观念，显然是在这种传统中成长起来的，是其文化传承的一个必然结果。正如罗尔斯本人所指出的，他的理论是从西方政治文化传统内部开始的。特定的正义观念和正义理论源于特定的社会状况和政治文化传统，这是罗尔斯已经明确指出了的。因此，我们在借鉴他的理论的同时，也要清醒地看到，它只是西方人基于西方特有的社会状况和政治文化背景而做出的一种理论努力，并没有理所当然的普遍性。

参 考 文 献

［1］［美］罗尔斯：《道德哲学史讲义》，张国清译，上海三联书店2003年版。

［2］［美］罗尔斯：《正义论》（修订版），何怀宏等译，中国社会科学出版社2009年版。

［3］［美］罗尔斯：《政治自由主义》（增订本），万俊人译，译林出版社2011年版。

［4］［美］罗尔斯：《作为公平的正义》，姚大志译，中国社会科学出版社2011年版。

［5］［美］罗尔斯：《政治哲学史讲义》，杨通进等译，中国社会科学出版社2011年版。

［6］《罗尔斯论文全集》全二册，陈肖生等译，吉林出版集团有限责任公司2013年版。

［7］［美］罗尔斯：《万民法》，陈肖生译，吉林出版集团有限责任公司2013年版。

［8］［古希腊］柏拉图：《理想国》，郭斌和、张竹明译，商务印书馆1986年版。

［9］苗力田主编：《亚里士多德全集》第八卷，中国人民大学出版社

1994 年版。

[10]［古希腊］亚里士多德:《政治学》,吴寿彭译,商务印书馆 1965 年版。

[11]［英］霍布斯:《利维坦》,黎思复、黎廷弼译,商务印书馆 1985 年版。

[12]［英］洛克:《政府论》下篇,叶启芳、瞿菊农译,商务印书馆 1964 年版。

[13]［法］卢梭:《社会契约论》,何兆武译,商务印书馆 2003 年版。

[14]［英］休谟:《人性论》,关文运译,商务印书馆 1980 年版。

[15]［英］休谟:《道德原则研究》,曾晓平译,商务印书馆 2011 年版。

[16]［德］康德:《历史理性批判文集》,何兆武译,商务印书馆 1990 年版。

[17]李秋零主编:《康德著作全集》第 5 卷,中国人民大学出版社 2006 年版。

[18]李秋零主编:《康德著作全集》第 6 卷,中国人民大学出版社 2007 年版。

[19]［德］康德:《实用人类学》,邓晓芒译,上海人民出版社 2005 年版。

[20]［英］边沁:《道德与立法原理导论》,时殷弘译,商务印书馆 2000 年版。

[21]［德］黑格尔:《法哲学原理》,范扬、张企泰译,商务印书馆 1961 年版。

[22]《马克思恩格斯全集》第 40 卷,人民出版社 1982 年版。

[23]《马克思恩格斯选集》第 1 卷,人民出版社 2012 年版。

［24］《马克思恩格斯全集》第 3 卷，人民出版社 2002 年版。

［25］［英］密尔：《论自由》，顾肃译，译林出版社 2012 年版。

［26］［英］穆勒：《功利主义》，徐大建译，上海人民出版社 2008 年版。

［27］［英］西季威克：《伦理学方法》，廖申白译，中国社会科学出版社 1993 年版。

［28］［英］摩尔：《伦理学原理》，长河译，商务印书馆 1983 年版。

［29］［英］罗斯：《正当与善》，斯特拉顿·莱克编，林南译，上海译文出版社 2008 年版。

［30］［英］艾耶尔：《语言、真理与逻辑》，尹大贻译，上海译文出版社 2015 年版。

［31］［荷］莱宁：《罗尔斯政治哲学导论》，孟伟译，人民出版社 2012 年版。

［32］［英］莱斯诺夫：《二十世纪的政治哲学家》，冯克利译，商务印书馆 2001 年版。

［33］［美］麦克里兰：《西方政治思想史》，彭淮栋译，海南出版社 2003 年版。

［34］［加］金里卡：《当代政治哲学》，刘莘译，上海三联书店 2003 年版。

［35］［美］罗尔斯等：《政治自由主义》，万俊人等译，广东人民出版社 2003 年版。

［36］［美］博格：《康德、罗尔斯与全球正义》，刘莘等译，上海译文出版社 2010 年版。

［37］［美］博格：《罗尔斯》，顾肃、刘雪梅译，中国人民大学出版社 2010 年版。

［38］［法］内莫：《民主与城邦的衰落》，张垃译，华东师范大学出

版社 2011 年版。

［39］［英］莱斯诺夫：《社会契约论》，刘训练等译，江苏人民出版社 2012 年版。

［40］［英］安德森：《思想的谱系》，袁银传等译，社会科学文献出版社 2012 年版。

［41］［德］霍耐特：《自由的权利》，王旭译，社会科学文献出版社 2013 年版。

［42］［美］弗雷曼：《罗尔斯》，张国清译，华夏出版社 2013 年版。

［43］［美］诺奇克：《无政府、国家和乌托邦》，姚大志译，中国社会科学出版社 2014 年版。

［44］［英］科恩：《拯救正义与平等》，陈伟译，复旦大学出版社 2014 年版。

［45］［美］博格：《实现罗尔斯》，陈雅文译，上海译文出版社 2015 年版。

［46］宋希仁主编：《西方伦理思想史》，中国人民大学出版社 2003 年版。

［47］石元康：《罗尔斯》，广西师范大学出版社 2004 年版。

［48］龚群：《罗尔斯政治哲学》，商务印书馆 2006 年版。

［49］李志江：《良序社会的政治哲学》，人民出版社 2009 年版。

［50］吴潜涛等：《当代中国公民道德状况调查》，人民出版社 2010 年版。

［51］陈晏清等：《政治哲学的当代复兴》，中国社会科学出版社 2011 年版。

［52］姚大志：《罗尔斯》，长春出版社 2011 年版。

［53］姚大志：《当代西方政治哲学》，北京大学出版社 2011 年版。

［54］杨伟清：《正当与善》，人民出版社 2011 年版。

［55］丛占修：《确证正义》，人民出版社 2011 年版。

［56］《伦理学》编写组：《伦理学》，高等教育出版社、人民出版社 2012 年版。

［57］《马克思主义哲学史》编写组：《马克思主义哲学史》，高等教育出版社、人民出版社 2012 年版。

［58］赵亚琼：《罗尔斯政治哲学中的理性观念研究》，中国社会科学出版社 2012 年版。

［59］吴增定：《利维坦的道德困境》，生活·读书·新知三联书店 2012 年版。

［60］樊浩等：《中国伦理道德报告》，中国社会科学出版社 2012 年版。

［61］龚群，陈真：《当代西方伦理思想研究》，北京大学出版社 2013 年版。

［62］李德顺：《我们时代的人文精神：当代中国价值哲学的建构及其意义》，北京师范大学出版社 2013 年版。

［63］周保松：《自由人的平等政治》，生活·读书·新知三联书店 2013 年版。

［64］李淑梅：《政治哲学的批判与重建》，人民出版社 2014 年版。

［65］虞新胜：《正当优先于善》，中国社会科学出版社 2014 年版。

［66］邓肆：《罗尔斯政治哲学解读》，中国政法大学出版社 2014 年版。

［67］杨晓畅：《罗尔斯后期正义理论研究》，上海人民出版社 2014 年版。

［68］张伟涛：《权利的优先性》，中国政法大学出版社 2014 年版。

［69］孙伟平：《伦理学之后》修订本，中国社会科学出版社 2014 年版。

［70］ 何怀宏:《正义理论导引》,北京师范大学出版社 2015 年版。

［71］ John Rawls, A Theory of Justice, Belknap Press of Harvard University Press, Revised edition, 1999.

［72］ John Rawls, Political Liberalism, Colubia University Press, 1993.

［73］ John Rawls, The Law of Peoples, Harvard University Press, 1999.

［74］ John Rawls, Lectures on the History of Moral Philosophy, edited by Barbara Herman, Harvard University Press, 2000.

［75］ John Rawls, Justice as Fairness: A Restatement, edited by Erin Kelly, Belknap Press of Harvard University Press, 2001.

［76］ John Rawls, Lectures on the History of Political Philosophy, edited by Samuel Freeman, Belknap Press of Harvard University Press, 2007.

［77］ Aristotle, Politics, translated by C. D. C. Reeve, Hackett Publishing Company, 1998.

［78］ Brian Barry, The Liberal Theory of Justice: A Critical Examination of the Principal Doctrines in A Theory of Justice by John Rawls, Clarendon Press, 1973.

［79］ Edited by Norman Daniels, Reading Rawls: Critical Studies on Rawls´ A Theory of Justice, Basic Books, Inc., 1975.

［80］ Edited by Paul J. Weithman, Moral Psychology and Community, Garland Publishing, Inc., 1999.

［81］ Edited by Samuel Freeman, The Cambridge Companion to Rawls, Cambridge University Press, 2003.

［82］ T. M. Scanlon, The Difficulty of Tolerance: Essays in Political Philosophy, Cambridge University Press, 2003.

［83］ Michael Smith, Ethics and the A Priori: Selected Essays on Moral Psychology and Meta-Ethics, Cambridge University Press, 2004.

［84］ Edited by Anthony Giddens and Patrick Diamond, The New Egali-tarianism, Polity, 2005.

［85］ R. Jay Wallace, Normativity and the Will: Selected Essays on Moral Psychology and Practical Reason, Oxford University Press, 2006.

［86］ Ralph Wedgwood, The Nature of Normativity, Oxford University Press, 2007.

［87］ David Lewis Schaefer, Illiberal Justice: John Rawls vs. the Ameri-can Political Tradition, University of Missouri Press, 2007.

后　记

　　本书稿是由我的博士论文修改而成的。我在南开大学读博士期间，得到了导师李淑梅教授的悉心指导，也得到了其他各位老师的指导和帮助。由于本人根底浅薄，最终做出来的博士论文，还是有很多不尽如人意之处，感觉愧对导师、愧对母校。一转眼五年多过去了，我也已经奔上了工作岗位。本来是不敢把论文拿出来出版的，我工作的西北师范大学马克思主义学院各位领导和老师给了我很大的鼓励和支持，我才鼓起勇气，在工作之余，对论文做了较大的补充，硬着头皮交给了出版社。书稿对罗尔斯思想的理解还不够深刻和全面，甚至可能有谬误之处，请大家批评指正。

　　本书稿的出版得到了马克思主义学院的资助，在此深表感谢。

　　马克思主义学院副院长马俊峰教授十分关注本书稿的出版，亲自帮助我协调出版事宜，付出了很多辛劳，在此深表感谢。

董 伟 伟

2021 年 7 月

责任编辑:吴广庆

封面设计:徐　晖

图书在版编目(CIP)数据

罗尔斯正义理论中的稳定性问题研究/董伟伟 著. —北京:人民出版社,
　2021.10
ISBN 978－7－01－022864－8

Ⅰ. ①罗…　Ⅱ. ①董…　Ⅲ. ①罗尔斯(Rawls,John Bordley 1921-2002)-
正义-理论研究　Ⅳ. ①B712.59

中国版本图书馆 CIP 数据核字(2020)第 252084 号

罗尔斯正义理论中的稳定性问题研究

LUOERSI ZHENGYI LILUN ZHONG DE WENDINGXING WENTI YANJIU

董伟伟　著

人民出版社 出版发行

(100706　北京市东城区隆福寺街 99 号)

中煤(北京)印务有限公司印刷　新华书店经销

2021 年 10 月第 1 版　2021 年 10 月北京第 1 次印刷
开本:710 毫米×1000 毫米 1/16　印张:20.5
字数:270 千字

ISBN 978－7－01－022864－8　定价:79.00 元

邮购地址 100706　北京市东城区隆福寺街 99 号
人民东方图书销售中心　电话 (010)65250042　65289539